Österreichisches Raumentwicklungskonzept
ÖREK 2030

Raum für Wandel

Beschluss der
Österreichischen Raumordnungskonferenz (ÖROK)
20. Oktober 2021

ÖREK 2030 kompakt
und digitales ÖREK
www.oerek2030.at

Raum für Wandel
Die großen Veränderungen gemeinsam gestalten!

Raumordnung und Raumplanung stimmen die unterschiedlichen Ansprüche und Interessen der Gesellschaft an unseren gemeinsamen Lebensraum ab. In Österreich werden diese Aufgaben von Bund, Ländern, Städten und Gemeinden gemäß den jeweils verfassungsrechtlich definierten Zuständigkeiten wahrgenommen.

Zur besseren Abstimmung dieser Aufgaben wurde 1971 die Österreichische Raumordnungskonferenz (ÖROK) als politisches Organ gegründet. Sie setzt sich aus den Mitgliedern der Bundesregierung, den Landeshauptleuten, den Präsidenten von Städte- und Gemeindebund sowie (mit beratender Funktion) der Wirtschafts- und Sozialpartner zusammen.

Eine ihrer wichtigsten Aufgaben liegt in der Erstellung des Österreichischen Raumentwicklungskonzepts (ÖREK). Das ÖREK wird etwa alle zehn Jahre überarbeitet und ist das gemeinsame Steuerungsinstrument aller österreichischen Regierungsebenen für die räumliche Entwicklung des Landes.

Fragen der Raumordnung und Raumplanung sowie der räumlichen Entwicklung werden damit als gemeinsame Aufgabe von Bund, Ländern, Städten und Gemeinden festgelegt. Die Österreichische Raumordnungskonferenz (ÖROK) und das Österreichische Raumentwicklungskonzept sind Ausdruck dieses Verständnisses.

Der fortschreitende Klimawandel und die damit verbundenen und bereits spürbaren Auswirkungen sind das bestimmende Thema für das ÖREK 2030. Die Herausforderung besteht in der Dekarbonisierung aller Lebenswelten, insbesondere in der Umstellung unserer Mobilität.

Die nächsten zehn Jahre erfordern weichenstellende Entscheidungen und Maßnahmen zur Erreichung der vereinbarten Klimaziele bis 2030. Die rasche Umsetzung von konkreten Maßnahmen ist das Gebot der Stunde. Hinzu kommt die Bewältigung der Corona-Pandemie. Ihre räumlichen Auswirkungen sind bisher bereits in Ansätzen erkennbar. Noch unklar ist, ob und wie sie auch längerfristig wirken werden.

Eine abgestimmte Raumentwicklungs- und Raumordnungspolitik kann zur Erreichung der Klimaziele einen wichtigen Beitrag leisten, da es um die Abwägung von Interessen und das Finden von tragfähigen Lösungen geht. Als Basis für diese Entscheidungen werden im ÖREK 2030 übergeordnete Grundprinzipien formuliert: Die Raumentwicklung Österreichs muss klimaverträglich und nachhaltig, gemeinwohlorientiert und gerecht sein.

Die Herausforderungen für eine erfolgreiche Gestaltung des Wandels sind für die (Stadt-)Regionen und Teilräume Österreichs sehr unterschiedlich. Daher ist in der Umsetzung des ÖREK 2030 jedenfalls eine räumlich differenzierte Herangehensweise zu verfolgen und in diesem Sinne auf länder- und regionsspezifische Gegebenheiten Rücksicht zu nehmen.

Das ÖREK 2030 ist in erster Linie ein freiwilliges und gemeinsames Übereinkommen von Bund, Ländern, Städten und Gemeinden und wurde von allen beteiligten ÖROK-Mitgliedern im Konsens erstellt und beschlossen. Das ist eine starke Grundlage für die Umsetzung. Am Grad der Umsetzung wird das ÖREK 2030 schließlich auch gemessen werden. Gelingen kann dies nur durch die Zusammenarbeit aller Partner auf gleicher Augenhöhe, wie sie im Rahmen der ÖROK bereits seit über 50 Jahren geschieht. Das kommt auch im gemeinsamen Mission Statement zum Ausdruck und bildet den Grundstein für das Handlungsprogramm und die konkreten Umsetzungsschritte des ÖREK 2030.

Bund, Länder, Städte und Gemeinden werden gemeinsam dafür arbeiten, dass die erforderlichen Schritte gesetzt werden und das Österreichische Raumentwicklungskonzept zu einem Erfolg wird.

Bundesministerin Elisabeth Köstinger
Vorsitzende der Österreichischen
Raumordnungskonferenz

Landeshauptmann Günther Platter
Erster Stellvertretender Vorsitzender der
Österreichischen Raumordnungskonferenz

Bürgermeister Dr. Michael Ludwig
Präsident des Österreichischen Städtebundes

Bürgermeister Mag. Alfred Riedl
Präsident des Österreichischen Gemeindebundes

1

Was wir mit dem ÖREK 2030 erreichen wollen
Das Mission Statement der ÖROK

Was wir mit dem ÖREK 2030 erreichen wollen

Die ÖROK als gemeinsame Trägerorganisation

Die Österreichische Raumordnungskonferenz ist die von uns als Bund, Länder, Städte, Gemeinden sowie Wirtschafts- und Sozialpartner gemeinsam getragene Einrichtung zur Koordination der Raumentwicklung in Österreich.

Wir sehen die ÖROK als die Organisation zur Koordination raumbezogener Handlungen in Österreich.

Wir arbeiten in der ÖROK über alle Ebenen des Staates und Fachbereiche hinweg bereits seit 50 Jahren erfolgreich zusammen und nehmen uns dies ausdrücklich auch für die nächsten zehn Jahre vor. Das ÖREK 2030 leitet unsere Tätigkeiten im Bereich der Raumentwicklung.

Das ÖREK 2030 als Strategie für eine „Raumentwicklung im Wandel"

Das ÖREK 2030 steht unter dem Leitmotiv „Raum für Wandel".

Wir leisten mit dem ÖREK 2030 einen ambitionierten Beitrag zur Bewältigung der Klimakrise – insbesondere für den erfolgskritischen Zeitraum bis 2030 – sowie zum Erhalt der natürlichen Ressourcen und ihrer Vielfalt.

Wir verstehen den Wandel zu einer nachhaltigen postfossilen Gesellschaft und Wirtschaft mit einer hohen Lebensqualität und gleichwertigen Lebensbedingungen für alle Räume als zentrale Herausforderung für die Raumentwicklung der Zukunft, der wir uns gemeinsam stellen. Zu diesen Herausforderungen zählen auch die Beiträge der Raumplanung zur Energie- und Mobilitätswende.

Wir vereinbaren mit dem ÖREK 2030 eine zukunftsgerichtete, positive und stärkende gemeinsame Strategie. Wir definieren die Arbeitsaufträge zur Bewältigung der Herausforderungen und bekennen uns zu einer kooperativen Umsetzung.

Das ÖREK 2030 als Leitbild für die räumliche Entwicklung

Das ÖREK 2030 hält unsere gemeinsamen Grundsätze und Ziele für die Raumentwicklung in Österreich fest.

Wir verstehen das ÖREK 2030 als unser gemeinsames Leitbild für die räumliche Entwicklung in Österreich.

Wir vereinbaren, unser Handeln in der Raumentwicklung entlang dieses Leitbildes mit den drei übergeordneten Grundsätzen „Klimaverträgliche und nachhaltige Raumentwicklung", „Gemeinwohlorientierte Raumentwicklung" und „Gerechte Raumentwicklung" und den daraus abgeleiteten räumlichen Zielen auszurichten.

Das ÖREK 2030 als Handlungsprogramm für die Umsetzung

Mit dem ÖREK 2030 beschließen wir ein gemeinsames Handlungsprogramm.

Auf Basis des Handlungsprogramms vereinbaren wir prioritäre Themen und Umsetzungspakte, die wir in den nächsten zehn Jahren umsetzen.

Wir vertrauen dabei auf die Unterstützung der ÖROK-Geschäftsstelle, die uns als Koordinations- und Netzwerkstelle bei unseren Aufgaben professionell begleitet.

Das ÖREK 2030 als Orientierung nach innen

Das ÖREK 2030 richtet sich als gemeinsames Leitbild für die räumliche Entwicklung an alle Mitglieder der ÖROK.

Wir bekennen uns dazu, die Handlungsaufträge des ÖREK 2030 als Richtschnur für die raumbezogenen Aktivitäten in unseren Verwaltungen, nachgelagerten Institutionen und im eigenen Wirkungsbereich heranzuziehen.

Wir bekräftigen die gemeinsame Umsetzung der Handlungsaufträge über die ÖREK-Partnerschaften sowie unser Wirken in den ÖROK-Gremien.

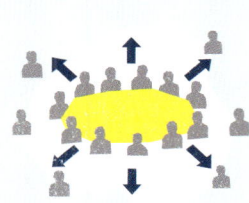

Das ÖREK 2030 als Orientierung nach außen

Das ÖREK 2030 richtet sich darüber hinaus an alle Akteur:innen, die in der räumlichen Entwicklung tätig sind.

Das ÖREK 2030 hält die wesentlichsten Grundsätze, Ziele und Handlungsaufträge der Raumentwicklung für die nächsten zehn Jahre fest.

Wir laden alle weiteren Akteur:innen der Raumentwicklung – Planer:innen, Lehrende an Universitäten oder Schulen, Forscher:innen, Betriebe, Unternehmen, Bürger:innen – ein, sich am ÖREK 2030 zu orientieren und an der Umsetzung seiner Ziele und Handlungsaufträge mitzuwirken!

Das ÖREK 2030 als zugängliches und transparentes Dokument

Das ÖREK 2030 unterstützt Transparenz, Zugänglichkeit und Einbeziehung.

Wir stellen sicher, dass die Dokumente des ÖREK 2030 sowie seine Umsetzung öffentlich und barrierefrei zur Verfügung stehen und laden ausdrücklich zum weiteren offenen Diskurs – zu seinen Inhalten und seiner Umsetzung – ein.

Wir sehen eine transparente Evaluierung des Dokuments und seiner Umsetzungsschritte zur Halbzeit der Wirkungsdauer sowie im Rahmen der Raumordnungsberichte vor. Ganz im Sinne eines lebenden Dokumentes soll das die stetige Weiterentwicklung und „Transformation" der Inhalte unterstützen.

2

Den Wandel klimaverträglich
und nachhaltig gestalten!
**Das Leitbild
des ÖREK 2030**

Die Philosophie des ÖREK 2030: Raum für Wandel

Die nächsten zehn Jahre erfordern weichenstellende Entscheidungen und Maßnahmen zur Erreichung der vereinbarten Klimaziele bis 2030 und für den Weg zur Klimaneutralität. Es ist eine zentrale Aufgabe der Raumentwicklung und Raumordnung, dazu einen Beitrag zu leisten. Vor diesem Hintergrund hat das ÖREK 2030 den Anspruch, Antworten auf folgende Fragen zu geben:

- Welche Beiträge können durch räumliche Planung und Entwicklung für die Bewältigung des Wandels zu einer klimaneutralen und nachhaltigen Welt geleistet werden?
- In welchem Zustand sollen die Räume und Regionen Österreichs an die nächsten Generationen übergeben werden?
- Wie sollen die knappen räumlichen Ressourcen im Sinne eines größtmöglichen Gemeinwohls genützt, verteilt und gestaltet werden?
- Wie soll sich Österreich an der europäischen Raumentwicklung beteiligen?

Das Leitmotiv des ÖREK 2030 ist daher „Raum für Wandel!". Der Wandel prägt das ÖREK 2030 in mehrfacher Hinsicht:

Wandel findet statt!

Das ÖREK 2030 steht unter dem Eindruck dynamischer Veränderungsprozesse. Dynamik und Veränderung sind in unserer modernen Gesellschaft an sich nichts Neues, sondern können sogar als ihr Wesensmerkmal bezeichnet werden. Neu sind jedoch die Dimensionen und die Intensität des Wandels. Dürren, Starkniederschläge, Stürme, Hitzeperioden zeigen die Präsenz der Klimakrise. Die Covid-19-Pandemie führt vor Augen, wie vernetzt und verletzbar die globalisierte Welt geworden ist. Die Digitalisierung revolutioniert die Arbeits- und Freizeitwelten, die sozialen Kontakte oder die mediale Kommunikation. Bevölkerungswachstum und eine älter werdende Gesellschaft sind mit großen Herausforderungen verbunden. Globale Megatrends konfrontieren die Gesellschaft mit schwer zu beeinflussenden Entwicklungen.

Dieser aktuelle Prozess des Wandels ist mit Unsicherheiten, hohen Risiken und großen Herausforderungen, aber auch mit Chancen verbunden. Das ÖREK 2030 reagiert auf die großen Megatrends und die damit einhergehenden Herausforderungen.

> „Mit dem ÖREK 2030 ist Österreich für die raumplanerischen Herausforderungen der kommenden Jahre gewappnet. Nun gilt es die Entwicklungsvorstellungen unter die Leute zu bringen, Bevölkerung und Behörden für die Maßnahmen zu sensibilisieren und dafür zu sorgen, dass sie umgesetzt werden. Hierfür braucht es Überzeugungskraft, politischen Willen und viel Ausdauer."
>
> **Lukas Bühlmann, Jurist und Raumplaner Bellaria Raumentwicklung, Schweiz**

Wandel ist nötig!

Die Bewältigung der großen Herausforderungen benötigt globale, europäische, nationale, regionale genauso wie lokale Transformationsprozesse. Das trifft ganz besonders auf die Klimakrise zu.

Das ÖREK 2030 ist dabei eingebettet in das Geflecht internationaler, europäischer und nationaler Vereinbarungen, die Orientierung für die notwendigen Transformationsprozesse vorgeben. Dazu zählen die Nachhaltigkeitsziele der UNO im Rahmen der Agenda 2030 ebenso wie die Klimaziele der Europäischen Union oder die nationalen Klimaziele. Österreich hat sich verpflichtet, diese Vereinbarungen in seinen nationalen Politiken umzusetzen.

Den Wandel klimaverträglich und nachhaltig gestalten!

Gemeinsame Aufgabe ist es, eine nachhaltige klimaneutrale und klimaresiliente Welt zu schaffen und den nachkommenden Generationen ein gutes Leben in einer inklusiven Gesellschaft zu ermöglichen.

Es gilt den Raum der Zukunft zu gestalten

- mit einer gesunden, sauberen, intakten Umwelt und gleichzeitig einer florierenden und nachhaltig wachsenden Wirtschaft mit attraktiven Arbeitsplätzen
- mit gerecht verteilten Chancen auf ein gutes Leben, die es Menschen, die unter schwierigen Bedingungen leben, ermöglichen ihren Lebensstandard zu verbessern
- mit Platz für Wohnen, Arbeiten, Produzieren, Lernen, Einkaufen, Erholen, für kulturelle und sportliche Aktivitäten
- mit Sicherheit vor Naturgefahren wie Überschwemmungen, Muren, Lawinen, Stürmen oder Waldbränden
- mit mehr Raum für die Natur, damit die Arten- und Lebensraumvielfalt erhalten wird und Ökosysteme sich erneuern können
- mit Möglichkeiten für alle Menschen, ihre Aktivitäten verantwortungsbewusst im Raum auszuüben und die Orte der Wahl klimafreundlich und barrierefrei erreichen zu können

Viele dieser Bedürfnisse und Wünsche sind jedoch schwer vereinbar, stehen im Widerspruch zueinander und sind mit Konflikten verbunden. Wie können diese nachhaltig und gerecht ausbalanciert werden?

Der Raum und der Boden sind knappe Ressourcen, die nicht vermehrbar sind. Die Gestaltung der beschriebenen Bedürfnisse und Wünsche im Raum erfordert in demokratischen Gesellschaften ständige Abwägungs- und Aushandlungsprozesse.

Kern des ÖREK 2030 ist die **„Gestaltung des Wandels"**. Dazu werden für die Raumentwicklung Österreichs bis 2030 Grundsätze, Ziele und ein Handlungsprogramm formuliert. Aus diesen werden prioritäre Themen für die nächsten zehn Jahre in einem 10-Punkte-Programm und Umsetzungspakte abgeleitet.

Das Leitbild des ÖREK 2030 – Grundsätze für die Raumentwicklung

gerecht

gemeinwohl-orientiert

ÖREK 2030

klimaverträglich & nachhaltig

Die Grundsätze des ÖREK 2030

Die Gestaltung des Wandels braucht eine starke Orientierung, die den Weg in die Zukunft weist. Das ÖREK 2030 wird von den drei Grundsätzen „Klimaverträgliche und nachhaltige Raumentwicklung", Gemeinwohlorientierte Raumentwicklung" und „Gerechte Raumentwicklung" geleitet. Diese sind nicht getrennt zu sehen, sondern sie überlagern einander.

Klimaverträgliche und nachhaltige Raumentwicklung

Klimaverträgliche und nachhaltige Raumentwicklung hat die langfristige, generationenübergreifende Perspektive im Blick. Die räumlichen Wirkungen setzen sich aus einer Vielzahl an kleinen Einzelentscheidungen zusammen, die erst in der Summe nach längeren Zeiträumen erkennbar und spürbar werden. Es ist schwer möglich, diese Entwicklungen wieder rückgängig zu machen und sehr kostenaufwendig, die unerwünschten Konsequenzen zu kompensieren.

Daher muss Raumentwicklungspolitik der Klimaverträglichkeit und Nachhaltigkeit in besonderem Ausmaß verpflichtet sein. Im Sinne der Generationengerechtigkeit überlagert sich dieser Grundsatz auch stark mit dem jenem der gerechten Raumentwicklung.

Im Sinne der Nachhaltigkeitsziele der UNO werden wirtschaftliche, soziale und ökologische Nachhaltigkeit als gleichberechtigte Dimensionen angesehen. Das ÖREK 2030 konkretisiert die Beiträge der Raumentwicklung und Raumordnung zu den Nachhaltigkeitszielen und übersetzt sie in Handlungsaufträge.

Ökologische Nachhaltigkeit in der Raumentwicklung
Die Klimakrise, der Verlust an Biodiversität, aber auch Umweltbelastungen sowie der Rückgang an landwirtschaftlichen Nutzflächen durch die Flächeninanspruchnahme für Siedlungen und Infrastruktur gefährden die Zukunftschancen und Handlungsspielräume der nächsten Generationen.

Die räumliche Dimension der ökologischen Nachhaltigkeit bedeutet daher vor allem einen klimaverträglichen, sparsamen und schonenden Umgang mit den räumlichen Ressourcen. Nicht nachhaltiges Wachstum zeigt sich zunächst in einer Verschärfung der Klimakrise, in einer Übernutzung und in letzter Konsequenz in einer Erschöpfung und Zerstörung räumlicher Ressourcen. Eine der wesentlichsten Aufgaben der Raumentwicklung und Raumordnung ist das frühzeitige Aufzeigen und Festlegen von Wachstumsgrenzen sowie das konkrete Begrenzen von Nutzungen.

Die Nutzung lokaler und regionaler erneuerbarer Energieträger ist zur Vermeidung einer Verschärfung der Klimakrise unabdingbar. Sie bietet neue wirtschaftliche Chancen, erzeugt aber auch neuen Druck auf räumliche Ressourcen. Raum- und Siedlungsstrukturen müssen daher so entwickelt werden, dass eine Zunahme der Bodenversiegelung minimiert und durch Entsiegelung kompensiert wird.

Die Absicherung der Freiraumfunktionen und der Ökosystemleistungen hat wichtige gesundheitspolitische Funktionen und ist für die Tourismus- und Freizeitwirtschaft von größter Bedeutung. In urbanen Gebieten geht es um die Sicherung und Erweiterung der Grünräume mit ihrer Erholungsfunktion und ihrer enormen mikroklimatischen Bedeutung in der Klimakrise.

Nationalparks, Naturschutz- und Landschaftsschutzgebiete, Natura 2000 und Naturparks sowie UNESCO-Schutzgebiete sind Hot Spots der Biodiversität und übernehmen eine zentrale Funktion für die Vernetzung der Ökosysteme.

Schließlich übernimmt die Raumentwicklung und Raumordnung eine wichtige Rolle bei der Gestaltung einer klimaneutralen Mobilität: Kompakte Siedlungs-strukturen ermöglichen kurze Wege sowie die Nutzung öffentlicher Verkehrs-mittel. Sie unterstützen die aktive Mobilität, also den Rad- und Fußverkehr.

Soziale Nachhaltigkeit in der Raumentwicklung

Die räumliche Dimension der sozialen Nachhaltigkeit zielt darauf ab, den sozialen und räumlichen Zusammenhalt zu stärken. Wandel führt immer zu unterschiedlichen sozialen und räumlichen Betroffenheiten. Es geht darum, regionale Ungleichheiten der Lebensqualität, der Wirtschaftsleistung und der Einkommen zu verringern und dabei besonders auf die Bedürfnisse von Frauen und Mädchen zu achten (Gender Mainstreaming). Soziale Nachhaltigkeit im räumlichen Kontext bedeutet außerdem, die Versorgung mit Dienstleist-ungen der Daseinsvorsorge auch für Personen ohne eigenes Kraftfahrzeug und Menschen mit Behinderungen in einer inklusiven Gesellschaft zu sichern. Es bedeutet, leistbares und barrierefreies Wohnen für alle zu gewährleisten. Des Weiteren gilt es, die sozialräumlichen Qualitäten des öffentlichen Raums im Kontext mit dem Klimawandel (z.B. Hitzestress in bebauten Gebieten) zu verbessern. Die kulturelle Dimension der sozialen Nachhaltigkeit ist auch für die Raumentwicklung ein wesentlicher Aspekt. Dafür ist Baukultur ein wesentlicher Handlungsansatz.

Einer der wichtigsten Einflussfaktoren für die Raumentwicklung und Raum-ordnung ist der demografische Wandel – die Veränderung der Alterszusam-mensetzung der Bevölkerung, die Zuwanderung aus dem In- und Ausland, die regionale Verteilung von Bevölkerungszuwächsen und -rückgängen. Dienstleis-tungen und Infrastrukturen müssen an die altersspezifische Nachfrage ange-passt werden. Räumlicher Segregation von ethnischen und sozialen Gruppen muss entgegengewirkt und Ab-, Rück- und Zuwanderung in einer verträglichen Balance gehalten werden.

Wirtschaftliche Nachhaltigkeit in der Raumentwicklung

Ein Ziel der Raumentwicklung und Raumordnung ist es, die Wettbewerbsfähig-keit und Resilienz des Standortes Österreich mit all seinen Regionen in einer globalen und europäischen Wirtschaft zu sichern und zu stärken. Das ist für eine offene, exportorientierte und international stark verflochtene Volkswirtschaft von größter Bedeutung.

Dabei geht es um die Stärkung Österreichs als Standort für Forschung und Entwicklung ebenso wie die Ausrichtung der Regionen an ihren Stärken und Potenzialen ("smarte Spezialisierung"). Vor dem Hintergrund des nötigen Wandels zu einer postfossilen Wirtschaft und Gesellschaft geht es aber auch darum, Österreich in einen klimaneutralen und klimaresilienten Wirtschafts-standort zu transformieren. Dabei können die Innovationspotenziale der öster-reichischen Wirtschaft genutzt werden, um als technologischer Vorreiter neue Marktpotenziale zu erschließen. Das bedeutet, eine ressourcenschonende Kreislaufwirtschaft und Wirtschaftskreisläufe möglichst regional zu organisie-ren. Das heißt auch, auf eine nachhaltige Entwicklung der Tourismus-, Kultur- und Freizeitdestinationen zu achten, die in regionale Wertschöpfungsketten gut eingebunden sind.

Die städtischen Regionen sollen dabei unterstützt werden, ihre Funktion als international wettbewerbsfähige Spitzenstandorte und attraktive Produktionsstandorte wahrnehmen zu können. Die ländlichen Regionen sollen sich als spezialisierte Bioökonomie- und Industriestandorte unter Wahrung von Klimaschutz und Biodiversität profilieren. Aber auch die städtischen Potenziale der Bioökonomie sollen verstärkt genutzt werden.

Ein wesentlicher Aspekt der wirtschaftlichen Nachhaltigkeit ist eine klima- und umweltverträgliche Verbesserung der internationalen, nationalen und regionalen Erreichbarkeit der Wirtschaftsstandorte. Schwerpunkt ist in Zukunft der Ausbau des öffentlichen Verkehrs und der Schienennetze mit ihren Knoten.

2.2.2 Gemeinwohlorientierte Raumentwicklung

Das ÖREK 2030 orientiert sich am Gemeinwohl. Das Aufeinandertreffen unterschiedlichster Ansprüche und Bedürfnisse im begrenzten und daher knappen Raum wird von persönlichen und wirtschaftlichen Interessen dominiert. Individuelle Eigentumsinteressen haben das Gemeinwohl nicht prioritär im Blick. Der Markt führt nicht automatisch zur optimalen Nutzung und Gestaltung des Raums im Sinne des öffentlichen Interesses.

Es ist daher die Aufgabe der Raumentwicklung und Raumordnung, die Interessen des Gemeinwohls zu vertreten und zu wahren. Die Wahrung von Eigentumsrechten und individuellen Freiheiten muss mit dem gemeinwohlorientierten öffentlichen Interesse in Einklang gebracht werden. Insbesondere bei Grund und Boden als nicht vermehrbare Güter muss ein Ausgleich zwischen individuellen Eigentums- und Freiheitsrechten und einer dem Gemeinwohl dienenden Gesamtgestaltung des Raumes gesucht werden. Das gilt auch für die Wahrung der Gemeinwohlinteressen bei Wertsteigerungen durch den Einsatz öffentlicher Mittel (z.B. infrastrukturelle Erschließung, öffentliche Dienstleistungen, Änderungen in der Widmung und Nutzbarkeit). Vertragsraumordnung oder städtebauliche Verträge stellen dafür wichtige Instrumente dar. Aber auch der Zugriff auf Daten muss in einer digitalen Welt als wichtige Ressource für die Planung geklärt werden. Eine gemeinwohlorientierte Raumentwicklung ist angewiesen auf eine entsprechende finanzielle Ausstattung räumlicher Einheiten und Institutionen. Aus der Sicht einer gemeinwohlorientierten Raumentwicklung ist daher ein gesellschaftlich unerwünschter Steuerwettbewerb zwischen Gemeinden, Regionen, Bundesländern und Staaten kontraproduktiv.

Das Gemeinwohl wird durch die jeweils aktuellen gesetzlichen Regelungen, Normen, Verträge und Vereinbarungen bestimmt. Im Kapitel 4 „Wandel ist nötig" werden wichtige Rahmenbedingungen für eine gemeinwohlorientierte Raumentwicklung zusammengefasst. Dieser normative Rahmen reicht aber nicht, um in jedem konkreten Einzelfall eine eindeutige Lösung ableiten zu können. Ziele, Bedürfnisse und Wünsche stehen oft im Widerspruch zueinander und können im konkreten Fall zu Konflikten führen. Ein wichtiger Teil der Gemeinwohlorientierung besteht daher in der Gestaltung von Mechanismen der Kooperation und Koordination. Die Beteiligung von betroffenen Akteur:innen für lösungsorientierte Abwägungs- und Aushandlungsprozesse ist unverzichtbar.

Gerechte Raumentwicklung

Gemeinden, Städte und Regionen sind als Räume mit sehr unterschiedlichen Ressourcen ausgestattet. Dazu zählen natürliche ebenso wie soziale und wirtschaftliche Ressourcen, die sich historisch in gesellschaftlichen Prozessen entwickelt haben. Räume sind in einer global vernetzten Welt aufeinander angewiesen. In rein marktwirtschaftlich orientierten Gesellschaften besteht die Gefahr, dass sich soziale und räumliche Ungleichheiten eher verstärken als verringern. Wenn diese Ungleichheiten zu groß werden, kann es in beiden Fällen zu unerwünschten Effekten und zu einer Schwächung des territorialen Zusammenhalts kommen.

Das **Grundprinzip der räumlichen Gerechtigkeit** bedeutet:

- Eine Raumentwicklung, die dazu beiträgt die regionalen Ungleichheiten nicht zu vergrößern, sondern zu verringern. Das kann z.B. erreicht werden durch eine an den jeweiligen regionalen Stärken und Potenzialen ausgerichtete Förderung, eine Abgeltung für besondere natürliche Erschwernisse (z.B. Ausgleichszulage für Berggebiete), für gemeinwohlorientierte Leistungen (z.B. Landschaftspflege, Naturschutz, Ökosystem-Dienstleistungen) oder die Übernahme zentralörtlicher Funktionen der Daseinsvorsorge (z.B. Gesundheits- oder Bildungseinrichtungen mit regionaler Bedeutung).
- Eine Raumentwicklung, in der Menschen gleiche Startchancen haben, ihren Wohn- und Arbeitsort möglichst nach ihren Präferenzen zu wählen (Chancengerechtigkeit).
- Eine Raumentwicklung mit einem Anspruch auf eine Mindestausstattung mit Infrastrukturen und Dienstleistungen der Daseinsvorsorge. Sie sind eine unabdingbare Voraussetzung für gleichwertige Lebensbedingungen und die Verwirklichung individueller Lebensentwürfe (Chancen- und Verteilungsgerechtigkeit).
- Eine Raumentwicklung, die nicht nur die Verteilung der Ausstattung von Räumen in den Blick nimmt, sondern in der auch die objektiven Ergebnisse (z.B. Lebenserwartung, Gesundheitszustand, Bildungsabschlüsse, Erreichbarkeiten, Umweltqualität) und die subjektive Einschätzung der Lebensqualität (z.B. Zufriedenheit mit dem Wohnumfeld, mit den Beschäftigungsmöglichkeiten, dem sozialen Leben, den Erreichbarkeitsverhältnissen) handlungsleitend sind.
- Eine Raumentwicklung, die raumtypenspezifisch an den besonders relevanten Ungleichheiten ansetzt und dazu beiträgt, diese zu reduzieren. So haben etwa in städtischen Räumen ausreichend leistbarer Wohnraum, die Ausstattung mit wohnungsnahen Grün- und Erholungsräumen oder eine gute Umweltqualität eine größere Bedeutung als n ländlichen Regionen. Dort stehen die Erreichbarkeit von Arbeitsplätzen und Einrichtungen der Daseinsvorsorge, hohe Mobilitätskosten oder die Entwicklungschancen von Mädchen und Frauen im Vordergrund.
- Eine Raumentwicklung, die für den Standort Österreich insgesamt vorteilhaft ist und dem Wohlergehen aller zu Gute kommt.

Gerechte Raumentwicklung bedeutet nicht, Räume „gleich zu machen". Das würde einer volkswirtschaftlich effizienten und effektiven Gesamtentwicklung und der wünschbaren Vielfalt für die Auswahl von Lebensstandorten widersprechen. Räumliche Ungleichheit darf aber nicht zu einer ungerechtfertigten Benachteiligung und Einschränkung von Lebenschancen führen.

Der Grundsatz der räumlichen Gerechtigkeit adressiert in hohem Ausmaß die Ausstattung räumlicher Einheiten mit finanziellen Mitteln, die regionale und kleinräumige Handlungsmöglichkeiten eröffnen. Aus der Sicht der Raumentwicklung sind daher Regelungsmechanismen gegen den gesellschaftlich unerwünschten Steuerwettbewerb zwischen Standorten in einer Welt mit weitgehend liberalisierten Waren-, Finanz- und Personenverkehr von hoher Bedeutung. Die europäischen Kohäsionsprogramme und der gesamtstaatliche Finanzausgleich sowie regionale finanzielle Ausgleichsmechanismen sind zentrale Instrumente für eine gerechte Raumentwicklung.

Das Grundprinzip der Gerechtigkeit im ÖREK 2030 korrespondiert mit dem Europäischen Green Deal mit seinen „gerechten Transformationsmechanismen". Auch die Territoriale Agenda 2030 der Europäischen Union spricht von einem „gerechten Europa, das Zukunftsperspektiven für alle Orte und Menschen" bietet. In der Neuen Leipzig Charta für europäische Städte stellt die „gerechte Stadt" eine der drei Dimensionen auf dem Weg zu einer nachhaltigen und resilienten europäischen Stadt dar.

Sowohl Gemeinwohl als auch Gerechtigkeit sind im konkreten Fall zu präzisieren und in Handlungen zu übersetzen. Auch hier sind Aushandlungs- und Abwägungsprozesse erforderlich, für die die Raumentwicklung und Raumordnung die Datengrundlagen und die Governance-Mechanismen bereitstellt (Beteiligungsgerechtigkeit).

2.3 Die räumlichen Ziele des ÖREK 2030

Die folgenden räumlichen Ziele leiten die Handlungen und Aktivitäten in der Raumentwicklung und Raumordnung für Österreich bis 2030. Sie tragen dazu bei, die notwendige Transformation hin zu einer klimaneutralen, nachhaltigen, gerechten und am Gemeinwohl orientierten Raumstruktur zu unterstützten.

Klimaschutz in der Raumentwicklung und Raumordnung verankern – räumliche Strukturen an den Klimawandel anpassen

Bis 2030 wurden ambitionierte Ziele zum Klimaschutz festgelegt. Die Raumentwicklung muss dazu beitragen, die räumlichen Nutzungsformen und die räumliche Struktur so zu gestalten, dass das langfristige Ziel der Klimaneutralität erreicht werden kann. Gleichzeitig geht es darum, die Raumstruktur an die nicht mehr vermeidbaren Veränderungen anzupassen, damit durch präventive Maßnahmen Risiken minimiert und notwendige Schutzmaßnahmen umgesetzt werden können. Dazu müssen der Klimaschutz und die Klimawandelanpassung in den rechtlichen Rahmenbedingungen verankert, in die Entwicklungskonzepte und Pläne aufgenommen und in der Praxis operationalisiert werden. Dafür ist eine institutionen- und sektorübergreifende Zusammenarbeit erforderlich.

Energiewende gestalten – den Ausbau erneuerbarer Energien und Netze räumlich steuern

Die Klimaziele können nur mit einer Energiewende weg von fossilen Energieträgern hin zu erneuerbaren Energiequellen erreicht werden. Mit der Wende hin zu erneuerbaren Energieträgern wie Biomasse, Solar- und Windenergie gewinnen die Flächen für Energieproduktion, Energiespeicherung und Energietransport an Bedeutung. Die Raumentwicklung und Raumordnung steht vor einer völlig neuen Herausforderung mit vielfältigen Aufgaben: Ermittlung und Auswahl der Flächen und Standorte mit der besten Eignung, Sicherung von Flächen für den Netzausbau, von Produktions- und Speicherstandorten,

Vermittlung bei Nutzungskonflikten und Ausgleich zwischen den unterschiedlichen Flächenansprüchen.

Kompakte Siedlungsstrukturen mit qualitätsorientierter Nutzungsmischung entwickeln und fördern

Die Reduktion der Flächeninanspruchnahme durch kompakte und qualitätsvolle Siedlungsstrukturen spielt bei der Vermeidung der Klimakrise eine zentrale Rolle und ist daher ein Gebot der Stunde.

Bis 2050 wird sich nach den aktuellen Prognosen die Zahl der Einwohner:innen in Österreich um ca. 9 %, die der Haushalte um ca. 15 % erhöhen. Der Bedarf für Siedlungs- und Verkehrsflächen wird weiter wachsen. Der Raumordnung kommt ein hohes Maß an Verantwortung zu: Kompakte Siedlungsstrukturen und eine qualitätsvolle Innenverdichtung haben höchste Priorität auch angesichts der notwendigen Energiewende hin zu erneuerbaren Energieträgern sowie des Schutzes der landwirtschaftlichen Produktionsflächen, der übergeordneten Grünflächen, des unversiegelten Bodens und der Waldflächen als CO_2-Senkern.

Am Weg zu einer wissens- und dienstleistungsorienierten Wirtschaft mit emissionsarmen Produktionsbetrieben bietet sich die Chance für eine Rückkehr zu einer starken Nutzungsmischung mit einer qualitätsvollen Nachverdichtung. Damit werden Wege wieder kürzer, können Flächen revitalisiert statt neu versiegelt und Orts- und Stadtzentren wiederbelebt werden. Damit wird auch eine stärkere Nutzung der Verkehrsträger des Umweltverbundes (Fuß- und Radverkehr, öffentlicher Verkehr) ermöglicht und der Weg zur klimaneutralen Mobilität geebnet.

Die Lebensqualität und gleichwertige Lebensbedingungen für alle Menschen in allen Regionen bedarfsorientiert verbessern

Im Sinne einer gerechten und nachhaltigen Raumentwicklung geht es darum, gleichwertige Lebensbedingungen in allen Regionen zu sichern. Die räumliche Vielfalt in Österreich ist ein hohes Gut. Daraus erwächst aber ein unterschiedliches Angebot an ortsspezifischer Lebensqualität. Die Bevölkerung soll die Chance haben, ihre Standortentscheidungen nach den jeweiligen subjektiven Interessen treffen zu können. Daher geht es darum, die Räume so auszustatten und zu gestalten, dass die zentralen Grundbedürfnisse durch das Angebot an Infrastrukturen und Dienstleistungen der Daseinsvorsorge in zumutbarer Qualität und Erreichbarkeit abgedeckt sind.

Polyzentrische Strukturen für eine hohe Versorgungsqualität an Gütern und Dienstleistungen stärken

Das bedeutet ein Netz von Zentren (Groß-, Mittel- und Kleinstädte, regionale Zentren) unterschiedlicher Größe und damit die Sicherung einer möglichst wohnortnahen Versorgung der Bevölkerung mit all jenen Diensten, die auch in Zukunft physisch gebraucht werden. Klein- und Mittelzentren übernehmen dabei wichtige Funktionen als Ankerpunkte in der lokalen und regionalen Versorgung. Überregionale und internationale Zentren leisten das für überregionale und internationale Funktionen sowie für die Versorgung mit Einrichtungen, die an eine hohe Nachfrage und vielfältige Interaktionen gebunden sind (z.B. Universitäten, kulturelle Spitzeneinrichtungen, internationale Organisationen, Universitätskliniken).

Einen wesentlichen Beitrag für die Versorgung mit Diensten der Daseinsvorsorge soll in Zukunft die Nutzung digitaler Kommunikationsmöglichkeiten erbringen. Dazu ist eine flächendeckend gute Versorgung mit leistungsfähiger digitaler Infrastruktur und eine Unterstützung bei der Aneignung der Nutzungsmöglichkeiten eine Voraussetzung.

Für die Sicherung einer hohen Qualität der Leistungserbringung sowie einer gerechten, effektiven und effizienten Versorgung mit Gütern und Diensten ist eine Kooperation in Funktionsräumen der Daseinsvorsorge anzustreben. Dazu ist eine (stadt-)regionale und interkommunale Handlungsebene, in der Abwägungs- und Aushandlungsprozesse insbesondere für einen interkommunalen Ausgleich stattfinden können, eine wesentliche Voraussetzung. Damit soll eine ineffiziente und ineffektive Standortkonkurrenz vermieden werden.

Leistungsfähige Achsen und Knoten des öffentlichen Verkehrs als Rückgrat für die Siedlungsentwicklung nutzen

Die Entwicklung an leistungsfähigen Achsen und Knoten bedeutet eine Orientierung an den Bahnhöfen und Haltestellen eines attraktiven öffentlichen Verkehrsnetzes. Die Siedlungsentwicklung soll grundsätzlich an der Erschließung bzw. der Erschließbarkeit mit öffentlichen Verkehrsangeboten orientiert werden. Gleichzeitig soll aber auch die Anbindung an das hochrangige Netz verbessert werden. In bestehenden Siedlungsgebieten außerhalb der Einzugsbereiche öffentlicher Verkehrsangebote soll die Versorgungsqualität durch bedarfsorientierte Verkehre ausgebaut werden, damit die Erreichbarkeitschancen für Menschen ohne eigenes Kraftfahrzeug sichergestellt werden können. Die Orientierung der Siedlungsentwicklung am öffentlichen Verkehrssystem ist ein zentraler Beitrag der Raumentwicklung im Kampf gegen die Klimakrise.

In regionalen und funktionalen Lebensräumen denken, planen und handeln

Die Alltagsräume der Menschen haben sich durch die Mobilitätsmöglichkeiten in den letzten Jahrzehnten stark ausgeweitet. Wohnort, Arbeits- und Bildungsort, Einkaufs- und Freizeitorte liegen oft weit auseinander und alltags- bzw. lebensräumliche Beziehungen decken sich oft nicht mehr mit den Grenzen der Gebietskörperschaften. Die damit verbundenen Herausforderungen können meist nicht mehr ausschließlich innerhalb der administrativen Grenzen gelöst werden.

Mit der Digitalisierung verlieren Stadt-, Gemeinde- aber auch Landesgrenzen nochmals an Bedeutung. Zudem erfordern weitere Entwicklungen eine wirkungsvolle stadtregionale und regionale Zusammenarbeit. Dazu zählen die Bewältigung der Klimakrise, die Dekarbonisierung unserer Wirtschaft und Gesellschaft, eine regionale Kreislaufwirtschaft, die umwelt- und klimaverträgliche Bewältigung der Mobilitätsströme, die Organisation der Daseinsvorsorge, die Bereitstellung von leistbarem Wohnen, die Sicherung von Natur- und Erholungsräumen, aber auch die Aufrechterhaltung und Stärkung des sozialen Zusammenhalts.

Insbesondere zwischen den meist wirtschaftsstarken Städten bzw. regionalen Zentren und deren Umlandgemeinden braucht es eine Kooperation auf Augenhöhe. Regionalentwicklung und Regionalplanung sind dafür wichtige Instrumente.

Die regionale Resilienz stärken

Der Klimawandel (Naturgefahren, Extremwetterereignisse, etc.) und die mit der Globalisierung verbundenen Abhängigkeiten und Wechselwirkungen können zu rasch auftretenden Ereignissen (z.B. Finanz- und Wirtschaftskrisen, Pandemien, etc.) mit gravierenden Auswirkungen auf die gesellschaftlichen und wirtschaftlichen Systeme führen. Regionale Kreisläufe, regionale Versorgungssicherheit und regionale Katastrophenvorsorge leisten einen wichtigen Beitrag zur Erhöhung der Resilienz des gesellschaftlichen und wirtschaftlichen Systems.

An den lokalen und regionalen Stärken ansetzen und bestehende Potenziale fördern

Räume und Regionen sind bei aller strukturellen Ähnlichkeit durch eine unverwechselbare Kombination von historischer Entwicklung, Ressourcenausstattung, Traditionen und Mentalitäten gekennzeichnet. Für die Bewältigung von Problemen wie Bevölkerungsrückgang, wirtschaftlichen Umbrüchen oder gesellschaftlichen Veränderungen gibt es keine Patentrezepte. Lösungen müssen ausgehend von den Stärken und Potenzialen gemeinsam mit den regionalen und lokalen Akteur:innen gefunden werden.

Freiräume mit ihren vielfältigen Funktionen schützen und ressourcenschonend entwickeln

Nicht bebaute und unversiegelte Freiräume umfassen ca. 90 % der Fläche Österreichs. Sie übernehmen wichtige Funktionen sowohl in städtischen wie in ländlichen Räumen. Sie sind die zentrale Quelle für die land- und forstwirtschaftliche Produktion, die Gewinnung von mineralischen und biogenen Rohstoffen und eine wertvolle Ressource für den Tourismus. Sie sind Teil des Risiko- und Schutzmanagements bei Naturgefahren und sichern Biodiversität von Fauna und Flora. Mit dem Ausbau erneuerbarer Energien kommen zusätzliche Ansprüche auf die knappen Flächen hinzu. Im städtischen Raum geht es auch um die Zugänglichkeit und Erweiterung von Grünräumen sowie die Aufrechterhaltung und Verbesserung der mikroklimatischen Funktionen.

Es ist Aufgabe der Raumentwicklung und Raumordnung, zur Sicherung der Vielfalt und Qualität der Frei- und Grünräume, zum Schutz der natürlichen Ressourcen und der Biodiversität in Abstimmung mit der wirtschaftlichen Nutzung beizutragen. Dazu zählt auch das Management von Flächenkonkurrenzen.

Eine lebenswerte Kulturlandschaft und schützenswerte Kulturgüter erhalten und entwickeln

Ziel der Raumentwicklung und Raumordnung ist eine Kulturlandschaft und eine bauliche Umwelt, in der sich die Menschen wohl fühlen und in der sie sich gerne aufhalten. Das Bewusstsein für den Wert ästhetischer Qualität ist aber auch eine Voraussetzung für die Akzeptanz raumordnerischer Maßnahmen. Die österreichische Kulturlandschaft mit ihren Orten und Städten ist ein Schatz, den es zu erhalten, aber auch weiterzuentwickeln gilt. Dazu zählen lebendige Orts- und Stadtkerne mit einem funktionierenden Wirtschaftsleben ebenso wie öffentliche Räume mit einer hohen Aufenthaltsqualität. Die Instrumente der Raumplanung und des Städtebaus können dazu einen wesentlichen Beitrag leisten.

3

Wandel findet statt!
Megatrends mit hoher Relevanz für die Raumentwicklung und Raumordnung

Megatrends bezeichnen Entwicklungen von globaler und langfristiger Bedeutung, die nicht von einzelnen Ländern, Regionen oder Gemeinden verändert werden können. Megatrends zu beeinflussen oder in eine bestimmte Richtung zu lenken, erfordert ein Handeln der Vielen, also letztlich globale Abstimmung und konzertierte Umsetzung auf allen Ebenen.

Gelingt das nicht oder sind die Entwicklungen unvermeidlich (z.B. technische Neuerungen, irreversible Entwicklungen), geht es um bestmögliche Anpassung, also um das Vermeiden von Risiken oder die Nutzung von Chancen.

Obwohl Megatrends umfassend wirksam und unumkehrbar sind, können sie dennoch Gegenbewegungen erzeugen, die neue Märkte entstehen lassen, zu neuen Verhaltensmustern oder Produktwelten führen.

Im Folgenden werden jene Megatrends im Überblick dargestellt, die das Raumverhalten von Einzelpersonen, Haushalten und Unternehmen und damit die Raumstruktur und die Raumentwicklung besonders beeinflussen. Dafür müssen Antworten durch die Raumentwicklungs- und Raumordnungspolitik gefunden werden.

3.1

Klimawandel und Klimakrise

Seit Beginn des industriellen Zeitalters ist die Konzentration von CO_2 in der Atmosphäre um ca. 44 % gestiegen. „Die Welt hat Fieber", das ohne Gegenmaßnahmen dramatisch ansteigen könnte. Klimamodelle zeigen, dass bis zum Jahr 2100 ein durchschnittlicher Temperaturanstieg um bis zu 4,5 °C eintreten könnte.

Der Klimawandel wirkt global, langfristig und ist mittlerweile teilweise irreversibel. Es geht nun um die Begrenzung des Temperaturanstiegs.

Klimaszenarien bis 2100

Veränderung der globalen durchschnittlichen Oberflächentemperatur im Vergleich zu 1986–2005

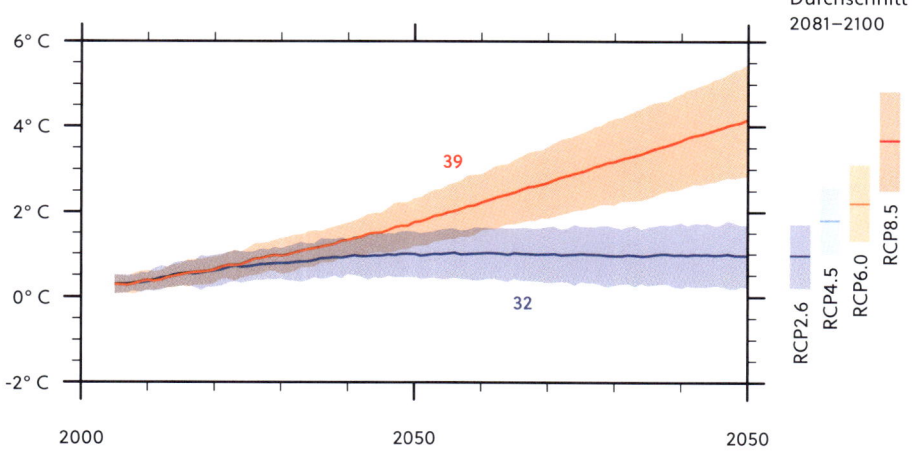

Abbildung SPM.6 aus IPCC, 2014: Zusammenfassung für politische Entscheidungsträger. In: Klimaänderung 2014. Synthesebericht. Zusammenfassung für politische Entscheidungsträger, S. 11. (*) Ausgangspublikation: Figure SPM.6 from IPCC, 2014: Summary for Policymakers. Climate Change 2014: Synthesis Report. Contribution of Working Groups I, II and III to the Fifth Assessment Report of the Intergovernmental Panel on Climate Change [Core Writing Team, R.K. Pachauri and L.A. Meyer (eds.)]. IPCC, Geneva, Switzerland, 151 pp.

Klimaprojektion: Hitzetage >30°C

Vergleich 1971–2000 mit 2071–2100, moderates Szenario

Absolute Änderung der Anzahl der Tage
Österreich: +7 Tage

- > 15
- > 12 bis 15
- > 9 bis 12
- > 6 bis 9
- > 3 bis 6
- ≤ 3

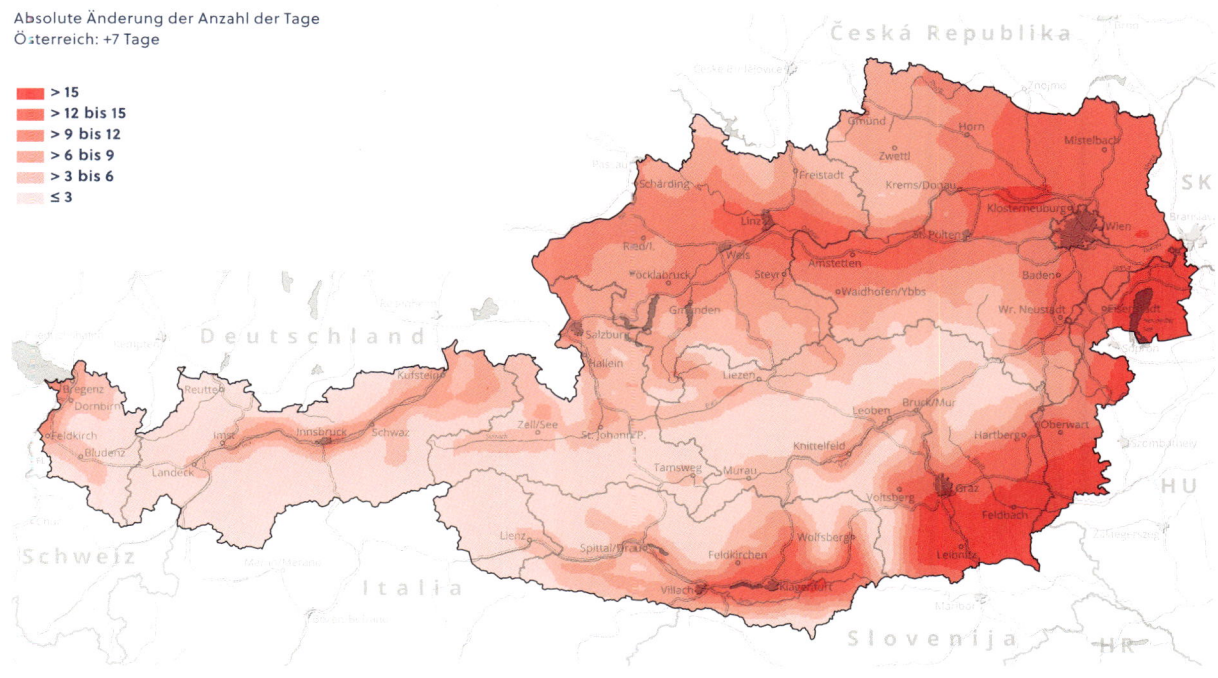

© ÖROK-Atlas; Quelle: ÖKS15 Klimaszenarien für Österreich

Vergleich 1971–2000 mit 2071–2100, business as usual-Szenario

Absolute Änderung der Anzahl der Tage
Österreich: +17,4 Tage

- > 15
- > 12 bis 15
- > 9 bis 12
- > 6 bis 9
- > 3 bis 6
- ≤ 3

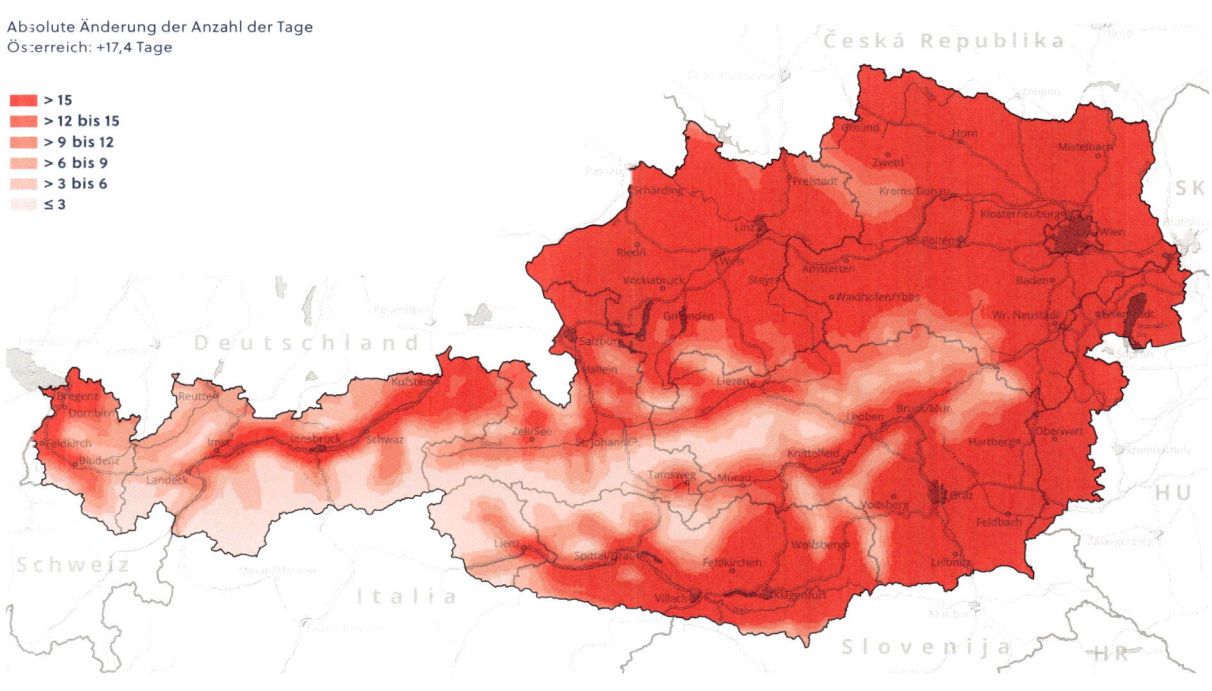

© ÖROK-Atlas; Quelle: ÖKS15 Klimaszenarien für Österreich

Megatrends mit hoher Relevanz für die Raumentwicklung und Raumordnung

Klimaprojektion: Eistage <0°C

Vergleich 1971–2000 mit 2071–2100, moderates Szenario

Absolute Änderung der Anzahl der Tage
Österreich: -21,3 Tage

- > -7
- > -14 bis -7
- > -21 bis -14
- > -28 bis -21
- > -35 bis -28
- ≤ -35

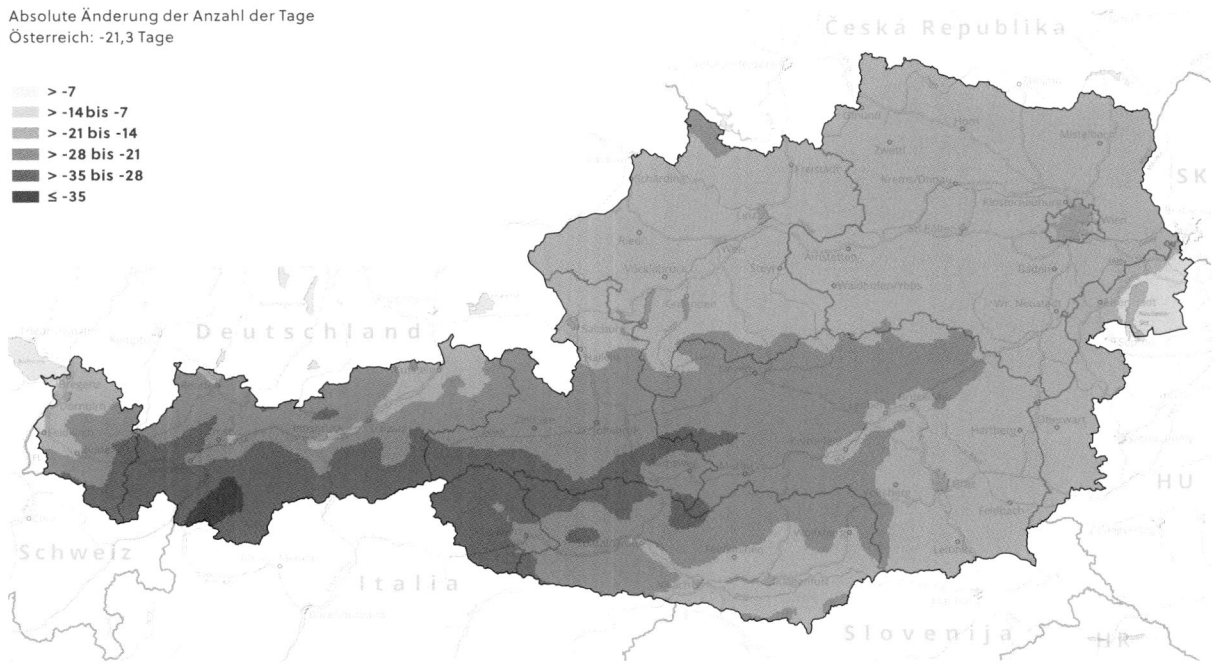

© ÖROK-Atlas; Datenquelle: ÖKS15 Klimaszenarien für Österreich

Vergleich 1971–2000 mit 2071–2100, business-as-usual-Szenario

Absolute Änderung der Anzahl der Tage
Österreich: -33,7 Tage

- > -7
- > -14 bis -7
- > -21 bis -14
- > -28 bis -21
- > -35 bis -28
- ≤ -35

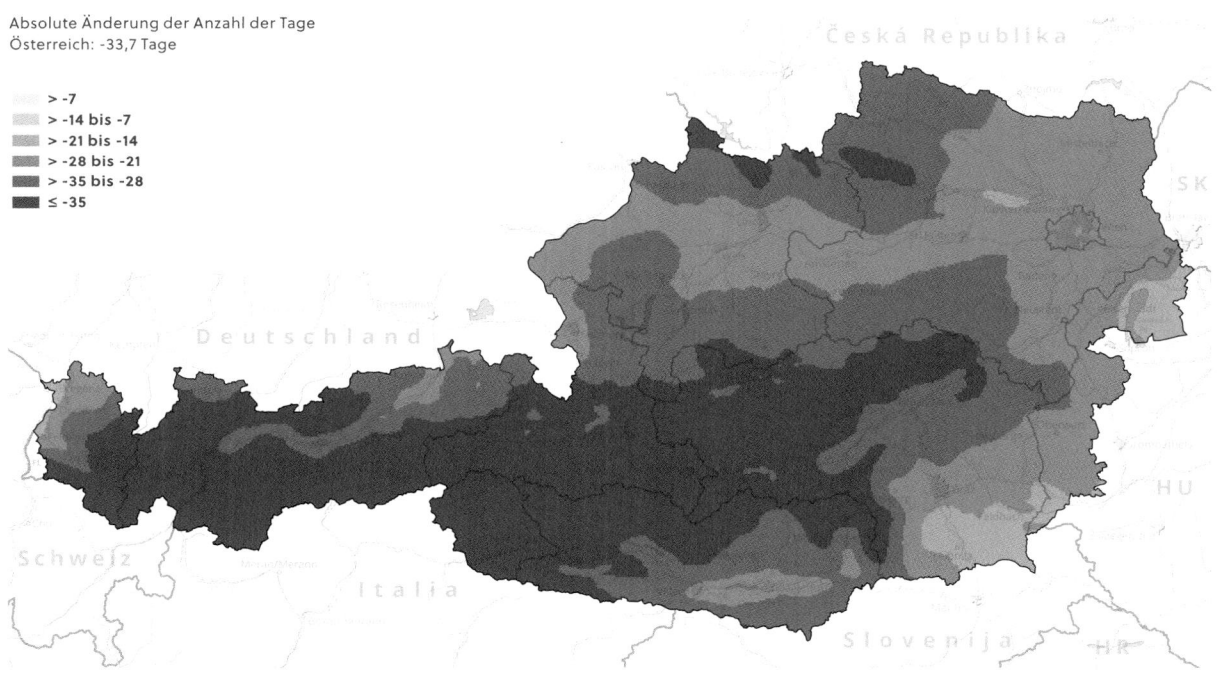

© ÖROK-Atlas; Quelle: ÖKS15 Klimaszenarien für Österreich

Die räumliche Verteilung sowohl der Verursacher:innen als auch der Konsequenzen ist sehr unterschiedlich. Österreich als entwickelte Industrienation trägt pro Kopf unverhältnismäßig stark zur Klimakrise bei, ist jedoch auch besonders stark betroffen. Einerseits manifestiert sich die Erwärmung in Österreich als Binnenland stärker als im globalen Durchschnitt, zum anderen erhöht die Topografie eines Alpenlandes die Schadensanfälligkeit und Verwundbarkeit. Die Risiken durch Naturgefahren sind besonders hoch und die wirtschaftliche Betroffenheit ist vor allem im Wintertourismus sehr ausgeprägt.

Der Temperaturanstieg seit dem späten 19. Jahrhundert um 2° C wirkt sich bereits heute auf die alpine Umwelt und die im Alpenraum lebende Bevölkerung aus. Zudem ist die regionale Produktion hochwertiger Lebensmittel durch die klimawandelbedingte Zunahme von lokalen Starkniederschlägen, Trockenheit und der Verschiebung der Niederschlagsmuster massiv gefährdet. Die Städte sind durch Überhitzungserscheinungen und den damit verbundenen Gesundheitsgefährdungen stark betroffen.

Das ÖREK 2030 steht daher ganz im Zeichen der Bekämpfung der Klimakrise und der notwendigen Klimawandelanpassung zur Verringerung der Risiken mit den Instrumenten der Raumentwicklung und Raumordnung. Dazu zählen zum Beispiel eine engere Abstimmung von Raumordnungs- und Mobilitätsmaßnahmen, der Schutz von Grün- und Freiräumen oder die Begrenzung der Naturgefahren durch eine präventive Raumplanung. Das ÖREK steht aber auch für die Nutzung neuer regionaler Wertschöpfung durch Innovationen bei Vermeidungs- und Anpassungsmaßnahmen oder neuen touristischen Potenzialen.

Digitalisierung

3.2

Bereits 28 % des Wirtschaftswachstums in Österreich wird auf die Branchen der Informations- und Kommunikationstechnologien zurückgeführt (WIFO 2019). Die Versorgung mit leistungsfähiger digitaler Infrastruktur wurde Teil der Daseinsvorsorge wie früher das Telefonnetz. Digitale Infrastruktur entscheidet über die Standortqualität für Haushalte und Betriebe besonders in der Entwicklungs- und Ausbauphase. Die Befähigung der Bevölkerung zur Nutzung der neuen Technologie wird zu einer wichtigen Frage für den gerechten Zugang zu Lebenschancen. Eine marktgetriebene Einführung des Breitbands begünstigt aus Rentabilitätsgründen Gebiete mit hohem Nachfragepotenzial. Gebiete ohne ausreichendes Nachfragepotenzial benötigen das Engagement der öffentlichen Hand.

Die Digitalisierung ist mit umfassenden, aber noch schwer abschätzbaren räumlichen Wirkungen verbunden. Digitale Dienste könnten der Daseinsvorsorge neue Impulse geben. Die virtuelle Vernetzung könnte zu Veränderungen im Mobilitätsverhalten führen, multilokale Lebensformen („Digital Sprawl") könnten gestärkt werden. Eine Zunahme von Leerständen durch die Schließung großflächiger Einkaufszentren als Folge des wachsenden Online-Handels ist wahrscheinlich. Gleichzeitig kann mit einer wachsenden Nachfrage nach flächen- und verkehrsintensiven Logistikzentren gerechnet werden. Big Data wirft die Frage nach dem Zugang zu Daten für die planenden Institutionen auf. Offen ist auch, welche Strukturveränderungen in städtischen und ländlichen Räumen zu erwarten sind, ob die Entwicklung eher städtische oder ländliche Räume bevorzugt oder neutral bleibt.

Bereits ersichtliche Gegentrends wie die neue Wertschätzung von Handarbeit, persönlichen Dienstleistungen oder „Live"-Erlebnissen bieten gleichzeitig neue Chancen für die Regionalentwicklung. Im ÖREK 2030 wird die Digitalisierung mit ihren Konsequenzen als Querschnittsthema behandelt.

Anteil an Haushalten, wo im Festnetz Ende 2020 Breitbandgeschwindigkeiten von über 100 Mbit/s zur Verfügung standen

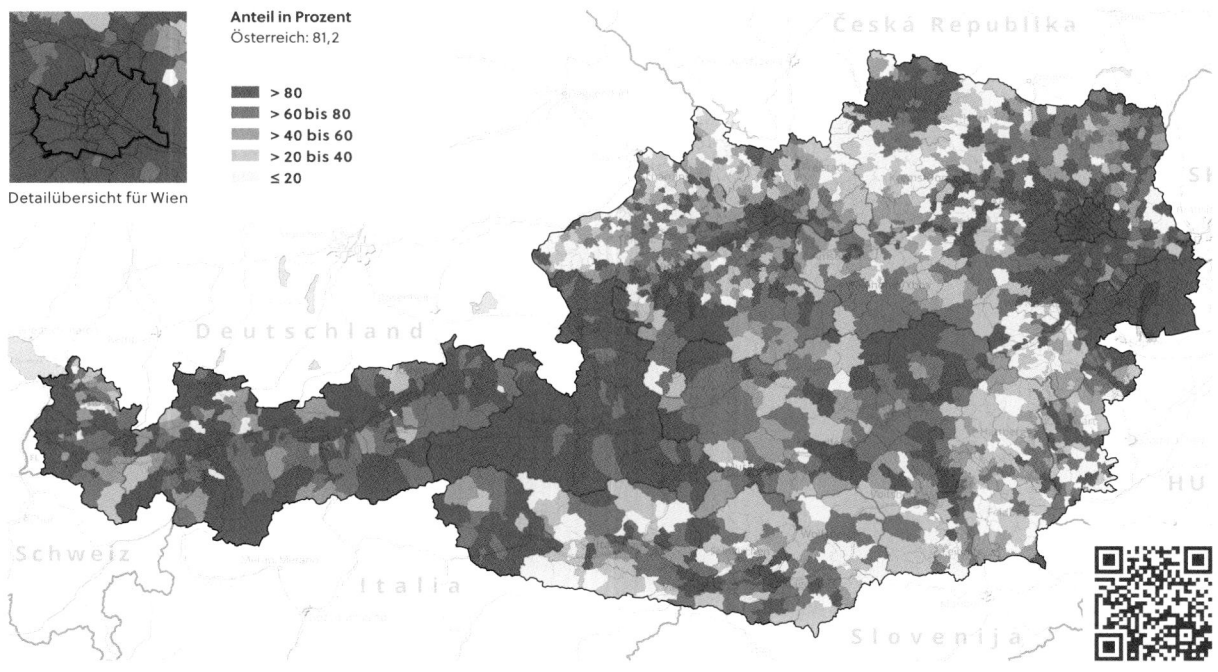

Detailübersicht für Wien

Anteil in Prozent
Österreich: 81,2

> 80
> 60 bis 80
> 40 bis 60
> 20 bis 40
≤ 20

© ÖROK-Atlas; Quelle: BMLRT auf Basis Statistik Austria Haushaltsdaten (4. Qu. 2018) und Zentrale Informationsstelle für Breitbandversorgung (ZIB) (4. Qu. 2020)

3.3

Globalisierung

Die Globalisierung bezeichnet zunehmende transnationale Personen-, Waren-, Dienstleistungs-, Finanz- und Informationsströme, das Entstehen weltumspannender Konzerne und wachsende wechselseitige Wirkungszusammenhänge und Abhängigkeiten. Die Globalisierung ist ein menscheitsgeschichtlicher Prozess, der durch eine Vielzahl an Faktoren angetrieben wird. Dazu zählen der technischen Fortschritt der Verkehrs- und Kommunikationssysteme, ausreichend verfügbare leistbare Energie, der Abbau von Handelshemmnissen, unterschiedliche Arbeitskosten, fehlende Kostenwahrheit im Transport oder der durch Wohlstand wachsende Tourismus.

Angesichts zahlreicher technischer, sozialer und institutioneller Innovationen hat seit Beginn der industriellen Revolution ein Globalisierungsschub stattgefunden, der sich in den letzten 30 Jahren nochmals beschleunigt hat. Der Median des Globalisierungsindex (misst das Ausmaß der Globalisierung) ist von 1990 bis 2016 von 44 Punkten auf 64 Punkte gestiegen (Bertelsmannstiftung 2018). Österreich weist einen hohen Globalisierungsgrad auf und liegt am 7. Platz von 42 Ländern, die 90 % der Weltwirtschaftsleistung erbringen. Österreichs Globalisierungsindex ist von 1990–2016 stark gewachsen (von 64,3 auf 75,5). Österreich profitiert überdurchschnittlich bei Wachstums- und Einkommenszuwächsen (Rang 13 von 42 Ländern). Den Globalisierungsgewinner:innen stehen aber auch

Verlierer:innen gegenüber. In einzelnen Branchen, aber auch Regionen verlieren Betriebe an Konkurrenzfähigkeit, gehen Arbeitsplätze verloren oder stehen Erträge und Einkommen unter Druck.

Bereits die Wirtschafts- und Finanzkrise 2008, verstärkt nochmals die Covid-19-Pandemie 2020, haben vor Augen geführt, dass sich Österreich als export- und tourismusorientiertes Land der Globalisierung nicht entziehen kann. Das gilt noch viel stärker für die Klimakrise als große globale Herausforderung.

Es ist offen, in welchem Ausmaß die Covid-19-Pandemie die Globalisierung bremsen wird, wie lange es dauern wird bis sich die Tourismusströme wieder frei entfalten und ob die Erzeugung kritischer Produkte wieder in einem höheren Maß regional erfolgen wird. Aber Regionalisierung hat sich als Gegentrend zur Globalisierung bereits vor der Pandemie etabliert. Für die regionalwirtschaftliche Entwicklung ergeben sich vor allem durch die Konzentration auf eine verstärkte Kreislaufwirtschaft mit qualitätsorientierten Wertschöpfungsketten neue Chancen.

Die regionale Standortentwicklung im globalen und europäischen Kontext ist ein zentrales Thema des ÖREK 2030.

3.4

Demografischer Wandel

Ein wesentliches Element des demografischen Wandels ist die Migration. Die Bevölkerung Österreichs ist in den letzten Jahren dynamisch gewachsen. Diese Zunahme ist in erster Linie auf die positive Wanderungsbilanz mit dem Ausland zurückzuführen. Auch Regionen mit Bevölkerungsrückgang weisen eine Zuwanderung aus dem Ausland aus. Diese kompensiert zumindest teilweise

ÖROK-Regionalprognose: Veränderung 2018–2040 der Bevölkerung im Alter von 85 und mehr Jahren in Prozent

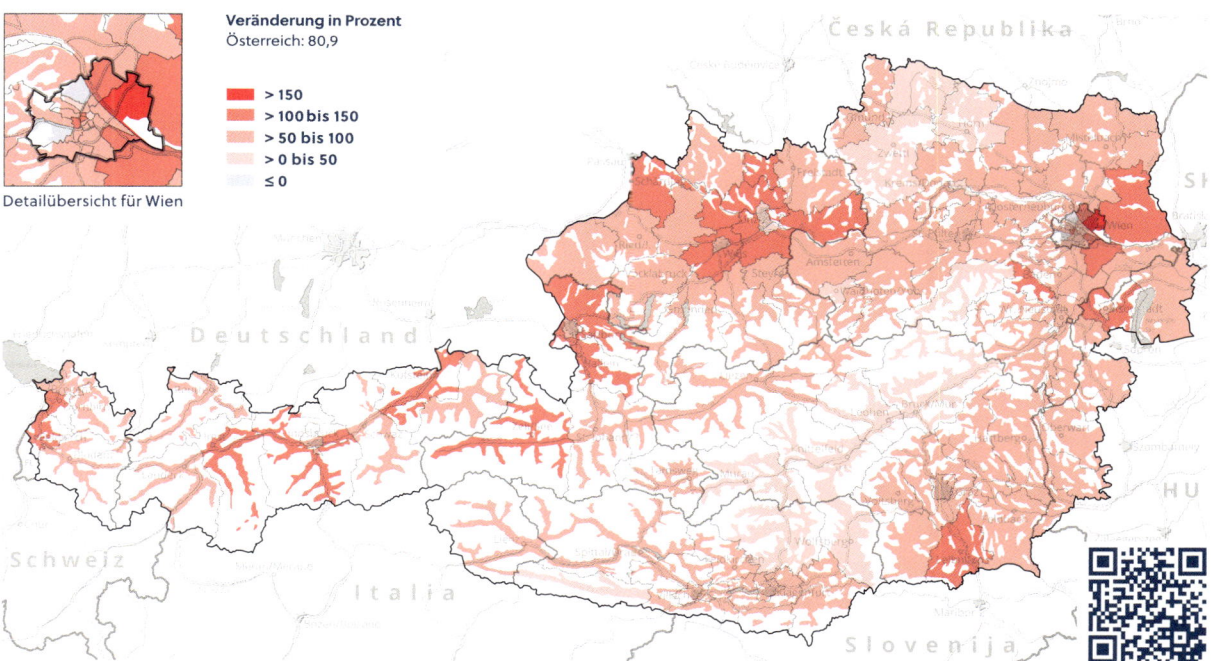

© ÖROK-Atlas; Quelle: ÖROK-Regionalprognosen 2018 – Bevölkerung (Hauptvariante)

Megatrends mit hoher Relevanz für die Raumentwicklung und Raumordnung

den Rückgang durch negative Geburtenraten und negative Binnenwanderungsbilanzen. Die vorliegenden Prognosen gehen von einer Fortsetzung dieser Entwicklung aus.

Der demografische Wandel wird auch durch regionale Verschiebungen geprägt, die zu Wachstums- und Rückgangsregionen geführt haben. Ein großer Teil der politischen Bezirke in Österreich ist von Bevölkerungsrückgängen insgesamt oder zumindest in Teilregionen betroffen. Hauptgründe dafür sind negative Geburtenraten und Binnenwanderungsbilanzen. In den städtischen Agglomerationen hat hingegen eine durchgängige Bevölkerungszunahme vor allem durch Zuwanderung stattgefunden. Auch hier weisen die Prognosen darauf hin, dass sich ohne Gegensteuerung die Entwicklung fortsetzen wird.

Schließlich zeigt sich der demografische Wandel in einer Veränderung der Altersstruktur. Die Zahl der Personen in den jungen, besonders aber in den älteren Bevölkerungsgruppen wachsen, während die Zahl der Personen im erwerbsfähigen Alter abnimmt. Diese Verschiebungen in der Altersstruktur sind in den österreichischen Regionen unterschiedlich stark ausgeprägt. Besonders ländliche Regionen sind mit einem starken Rückgang an erwerbsfähiger Bevölkerung konfrontiert.

Da die ÖROK-Bevölkerungsprognosen erwarten lassen, dass sich der demografische Wandel fortsetzen wird, bleibt dieses Thema auch für die Raumentwicklung und damit für das ÖREK 2030 höchst relevant.

Gesellschaftlicher Wandel und Multilokalität

Der gesellschaftliche Wandel äußert sich in einer zunehmenden Individualisierung von Lebensentwürfen, einer Zersplitterung der Gesellschaft in soziale Milieus, in veränderten Geschlechterrollen und Altenbildern. Er zeigt sich in häufigeren Orts- und Berufswechseln, nicht mehr planbaren Berufskarrieren und einer größeren Vielfalt an Haushalts-, Familien- und Lebensformen. Die Aktivitäten der Menschen werden zeitlich und räumlich flexibler.

Der gesellschaftliche Wandel geht einher mit der Entwicklung von mobilen Lebensformen mit stabilen, aber auch temporären Ankerpunkten. Immer mehr Menschen führen ein Leben an mehreren Wohn- und Arbeitsstandorten. Eine repräsentative Erhebung in der Schweiz hat gezeigt, dass bereits 50 % der Bevölkerung multilokal lebt oder zumindest bereits multilokale Lebenserfahrung hat (Schad 2015). Für Österreich sind ähnliche Größenordnungen anzunehmen. Es wird erwartet, dass die Zahl der multilokalen Personen weiter zunimmt. Damit verbunden sind unterschiedliche Ansprüche an den Raum, wie zum Beispiel die Auseinandersetzung um Zweit- und Freizeitwohnsitze zeigt.

Insgesamt entsteht eine heterogenere Gesellschaft. Daraus resultieren schwierigere Planungs- und Entscheidungsprozesse sowie Herausforderungen für die Aufrechterhaltung des räumlichen und sozialen Zusammenhalts.

Bei aller Fragmentierung ist der gesellschaftliche Wandel aber auch mit dem Bedürfnis nach Nähe, nach Gemeinwesen, öffentlichen Räumen, Teilhabe und Mitwirkung verbunden.

Der gesellschaftliche Wandel bietet für die Raumentwicklung Chancen und Risiken. Das ÖREK 2030 versucht darauf Antworten zu geben.

Wissensgesellschaft

Die moderne Wirtschaft ist innovationsgetrieben. Der technische Fortschritt, insbesondere Mechanisierung und Automatisierung, treiben den wirtschaftlichen Strukturwandel von einer landwirtschaftlich geprägten Gesellschaft zu einer Industrie- und in den letzten Jahrzehnten zu einer Dienstleistungsgesellschaft voran. Der globale Wettbewerb mit Ländern und Standorten mit deutlich niedrigeren Lohnkosten erfordert in Österreich eine Konzentration auf innovations- und wissensbasierte „High-Tech"-Wirtschaftszweige.

Österreich ist es gelungen, sich als hochproduktiver und innovativer Industriestandort mit einer hohen F & E-Quote zu behaupten. Die Zahl der Beschäftigten in den wissensorientierten Branchen haben stark zugenommen. Eine gute maßgeschneiderte Ausbildung, qualifiziertere Lehr- und Studienabschlüsse, lebenslange Weiterbildung, Investitionen in Forschung und Entwicklung sind die Lebensversicherung für Hochlohnstandorte wie Österreich.

Die verstärkte Orientierung der Wirtschaft auf High-Tech-Produktion und wissensbasierte Dienstleistungen ist gleichzeitig mit einem wachsenden Bedarf an qualifizierten persönlichen Dienstleistungen verbunden: Kinderbetreuung, Gesundheitsdienste, Rehabilitation, Altenbetreuung und Pflege, Coaching, Beratung, Psychotherapie, Körperarbeit, Gastronomie und Animation in Freizeit und Urlaub gehören dazu. Diese unter „High-Touch" zusammengefassten Dienste stellen ein wachstumsorientiertes Segment der Wirtschaft dar.

Auch die technischen Anforderungen bei der Installation und Wartung technischer Umgebungen (erneuerbare Energien, elektronische Geräte, energieeffiziente Häuser etc.) verlangen die Kombination von guter handwerklicher Ausbildung mit hoher Lernbereitschaft und Lösungsorientierung. Qualifizierte Facharbeit ist daher ein wesentlicher Bestandteil der innovationsorientierten Wissensgesellschaft (High-Skills).

Das ÖREK 2030 legt besonderes Augenmerk auf die Entwicklung der räumlichen Rahmenbedingungen für eine wissens- und innovationsorientierte Wirtschaft und Gesellschaft.

Urbanisierung und Suburbanisierung

Der gesellschaftliche Wandel, der Wandel hin zu einer innovationsorientierten Dienstleistungs- und Wissensgesellschaft geht mit einem Urbanisierungsprozess einher, der mit der industriellen Revolution im 19. Jahrhundert begonnen hat. Auch die Urbanisierung ist ein globales Phänomen.

Bis 2050 wird erwartet, dass die Bevölkerung in Städten mit mehr als 50.000 Einwohner:innen in Österreich um 20 % zunehmen wird. Für alle anderen Gebiete in Österreich wird im Vergleich dazu nur ein Zuwachs um 5 % prognostiziert (Statistik Austria 2019).

Das erzeugt in den Städten Handlungsdruck in Richtung Wohnungsbau, Ausbau leistungsfähiger Infrastrukturen für umwelt- und klimaverträgliche Verkehrsarten, Erhalt und Schaffung von qualitätsvollen Freiräumen, nachhaltigem Ressourceneinsatz, aber auch in Richtung Gemeinwesenarbeit, Organisation von Teilhabe und Engagement.

Die Urbanisierung war in den letzten Jahrzehnten mit einer Suburbanisierung verbunden, die die Vorteile der kompakten Städte mit kurzen Wegen, einer flächensparenden Bebauungsstruktur und einer effizienten Versorgung mit Infrastrukturen nicht bieten. Für die Erreichung der Klimaschutzziele und für einen sparsamen Umgang mit Boden kommt der gewachsenen europäischen Stadt eine neue Bedeutung zu.

ÖROK-Regionalprognose: Bevölkerungsveränderung 2018–2040 in Prozent, insgesamt

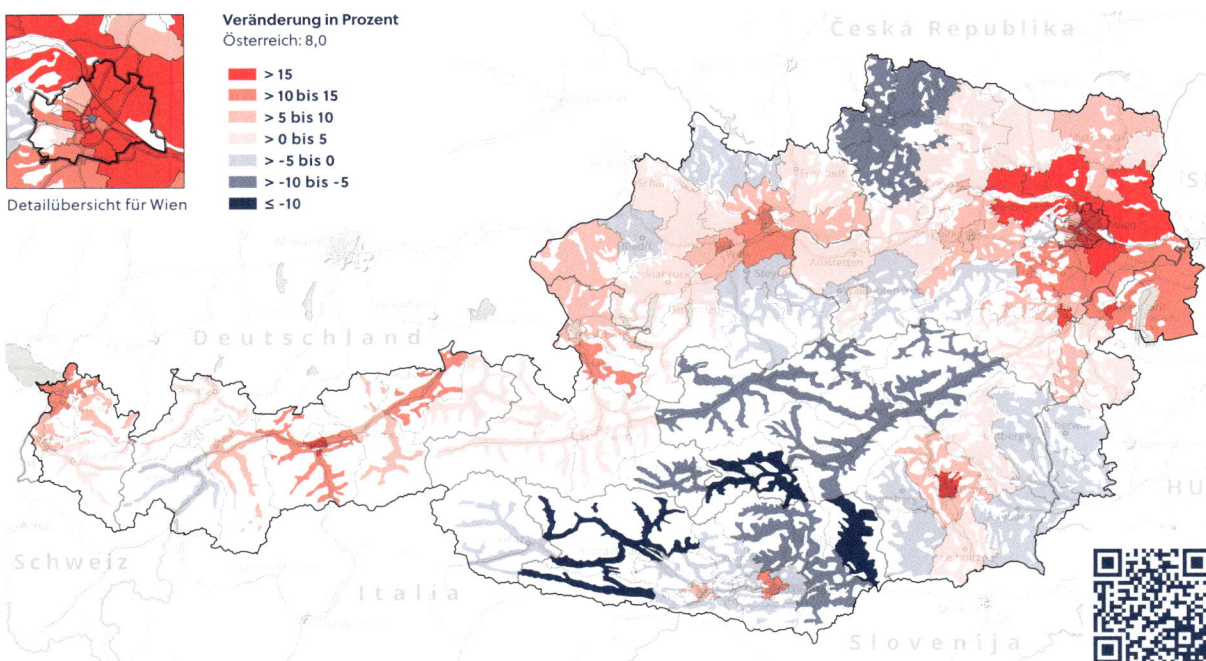

© ÖROK-Atlas; Quelle: ÖROK-Regionalprognosen 2018 – Bevölkerung (Hauptvariante)

Sowohl die nachhaltige Gestaltung der Urbanisierungsprozesse als auch die Stärkung der Entwicklungspotenziale und der Lebensqualität in den ländlichen Räumen werden die Raumentwicklung in den nächsten Jahren verstärkt beschäftigen. Für das ÖREK 2030 steht die Gestaltung des funktionsräumlichen Zusammenwirkens zwischen städtischen und ländlichen Räumen als wichtiger Faktor für den räumlichen Zusammenhalt im Vordergrund.

Steigender Energiebedarf

3.8

Die aktuelle Prognose der Internationalen Energieagentur (IEA 2019) erwartet einen weiter steigenden globalen Energiebedarf aus (+30 % bis 2040). Für Österreich wird von einer Zunahme des Endenergieverbrauchs inklusive Energieeffizenzmaßnahmen bis 2040 um 7 % ausgegangen (BMNT 2019a). Besonders stark steigen wird der Stromverbrauch, der in Österreich bis 2040 um 20 % wachsen dürfte (BMNT 2019a). Das ist einer zunehmenden Elektrifizierung der Wirtschaft, der Haushalte und der Mobilität geschuldet. Die Digitalisierung erfordert einen hohen Strombedarf. Automatisierung, Roboterisierung, das Internet oder Kryptowährungen haben einen hohen Strombedarf. Gleichzeitig muss aber die fossile Produktion von Energie zur Abbremsung des Klimawandels drastisch gekürzt und der Umstieg in eine dekarbonisierte Wirtschaft und Gesellschaft gestaltet werden. Damit die Dekarbonisierung gelingen kann, muss zusätzlich zur Steigerung der Energieeffizienz die Stromproduktion aus erneuerbaren Energieträgern massiv gesteigert werden: Wasserkraft +19 %, Biomasse +20 %, Windkraft +220 %, Photovoltaik +400 % (Integrierter nationaler Energie- und Klimaplan für Österreich 2021–2030). Durch die Festlegung noch ambitionierterer Ziele durch die EU und die Bundesregierung wird der Ausbaubedarf noch weiter erhöht.

Für die Raumentwicklung und Raumordnung ist der steigende Energiebedarf bei gleichzeitiger Umstellung auf erneuerbare Energieträger mit außerordentlichen Herausforderungen, aber auch mit großen wirtschaftlichen Chancen vor allem für ländliche Regionen verbunden. Die Abwägung zwischen der notwendigen Energiewende und den Anliegen der Anrainer:innen, der Lebensmittelproduktion sowie des Natur- und Landschaftsschutzes erfordert die Aushandlung von tragfähigen Lösungen. Deren Entwicklung wird die Raumentwicklung und Raumordnung unter anderem auch im Zuge einer Energieraumplanung in den nächsten Jahren stark fordern. Das ÖREK 2030 gibt dafür eine Orientierung.

Trends im Raumverhalten von Personen, Haushalten und Unternehmen

Raumverhalten umfasst die langfristigen, periodischen und kurzfristigen Entscheidungen, die Personen und Haushalte hinsichtlich ihrer Wohn-, Arbeits-, Einkaufs- und Freizeitorte treffen und wie Unternehmen ihren Betriebsstandort und ihre Beschaffungs- und Absatzmärkte suchen.

Die Standortentscheidungen lösen wiederum Mobilität, Transporte und Kommunikation zwischen den Standorten aus. Jede Einzelentscheidung durchläuft komplexe Auswahlprozesse, die wiederum eingebettet sind in eine Vielzahl an begrenzenden Rahmenbedingungen. Dazu zählen technologische Möglichkeiten (Verkehr, Transport, Nachrichtenübertragung, Energieverfügbarkeit etc.) genauso wie Preise und Kosten (Bodenpreise, Transportkosten, Transaktionskosten) oder rechtliche und fiskalische Rahmenbedingungen.

Die Raumplanung und Raumordnung hat ebenso wie die Verkehrsplanung die Aufgabe, das Raumverhalten gemeinwohlorientiert zu steuern. Gleichzeitig werden ihre Möglichkeiten durch demokratische Prozesse, Marktprozesse oder Interessenvertretungen beeinflusst. Es ist daher wichtig, die Trends des Raumverhaltens zu beobachten und die Entwicklungen abzuschätzen, um wohlüberlegte und gut begründete Ziele und Maßnahmen festlegen zu können.

Die Gründe für das Raumverhalten der unterschiedlichen Akteur:innen sind Veränderungen unterworfen. Diese Veränderungen resultieren vielfach aus den beschriebenen Megatrends, die mit neuen Optionen, aber auch Einschränkungen verbunden sind.

Im Folgenden wird eine Einschätzung von Expert:innen vorgenommen, wie sich das Raumverhalten unterschiedlicher Gruppen von Akteur:innen entwickeln könnte.

Wahrscheinliches Raumverhalten unterschiedlicher Gruppen und Akteur:innen

Akteur:innen	Wahrscheinliches Verhalten	Betroffene Regionstypen / Standorträume
Arbeitskräfte	Arbeitskräfte gehen dorthin, wo die besten Karrierechancen, Einkommens- und Auswahlmöglichkeiten bestehen	Große und kleine Stadtregionen, regionale Verdichtungsräume, Achsenräume, Tourismusregionen als bevorzugte Zielstandorte
Wohnungssuchende inklusive Zuwander:innen aus dem Ausland	Wohnungssuchende wollen Standorte, wo Erreichbarkeit von Arbeitsplatz, Ausbildungsort, soziale und kulturelle Community für den gesamten Haushalt und die jeweilige Lebensphase am besten mit Lebensqualität kombinierbar und die Wohnungskosten finanzierbar sind	Große und kleine Stadtregionen, regionale Verdichtungsräume, ländliche Standorte mit günstigen Bodenpreisen und guter Erreichbarkeit als bevorzugte Zielstandorte
Auszubildende	Auszubildende gehen dorthin, wo das Ausbildungsangebot hoch ist und/oder besondere Qualifikationen erworben werden können	Zentren der größeren und kleineren Stadtregionen und Standortgemeinden für Ausbildungsangebote (Universitätsstädte, Fachhochschulstandorte, Schulzentren) als Zielstandorte
Freizeit- und Nebenwohnsitzsuchende	Freizeit- und Nebenwohnsitzsuchende fragen Standorte mit spezifischen oder vielfältigen landschaftlichen, kulturellen, sportlichen und gastronomischen Qualitäten nach	Regionen mit Bevölkerungsrückgang, Tourismusregionen mit sanftem Tourismus, Tourismusregionen mit hohem Image als Zweitwohnsitzorte als bevorzugte Zieldestinationen
Tourist:innen, Tagesgäste, Ausflugstourist:innen	Tourist:innen, Tagesgäste und Ausflügler:innen suchen nach Destinationen mit spezifischen oder vielfältigen landschaftlichen, kulturellen, sportlichen und gastronomischen Qualitäten	Tourismusregionen mit hoher Dichte an touristischen Angeboten sowie landschaftlich und baukulturell attraktive Gebiete als bevorzugte Zieldestinationen
Globale agierende Produktionsunternehmen mit Bedarf an hochqualifizierten Mitarbeiter:innen	Für den Weltmarkt produzierende Industrieunternehmen brauchen ein branchenspezifisch qualifiziertes Arbeitskräfteangebot, Grundstücke mit Expansionsmöglichkeiten und gute infrastrukturelle Erschließung	Achsenräume, Stadtregionsgemeinden, ländliche Räume mit guter infrastruktureller Ausstattung
Gewerbliche Betriebe mit hohem ökologischen Qualitätsanspruch	Gewerbliche Betriebe mit hohem ökologischem Qualitätsanspruch und Einbettung in regionale Wertschöpfungsketten brauchen Nähe zu den Rohstoffquellen	Kleinere Stadtregionen und regionale Verdichtungsräume und Achsenräume, ländliche Räume als bevorzugte Standorträume
Wissensorientierte Dienstleistungsunternehmen	Wissensorientierte Dienstleistungsunternehmen suchen Standorte mit räumlicher Nähe zu Partner:innen, Kund:innen, bester IT-Infrastruktur	Zentren der größeren und kleineren Stadtregionen als bevorzugte Standorträume
Innovationsorientierte Start Ups	Innovationsorientierte Unternehmen, Start Ups, hochqualifizierte Forscher:innen suchen Standorte mit innovativen Milieus	Zentren der größeren und kleineren Stadtregionen, Herkunftsorte von zur Ausbildung abgewanderten Gründer:innen als bevorzugte Standorte
Spezialisierte wachstumsorientierte Unternehmen	Spezialisierte Unternehmen bevorzugen Standorte mit hoher Lebensqualität und hochwertiger Internet-/Breitbandversorgung	Größere und kleinere Stadtregionen, regionale Verdichtungsräume, Achsenräume als bevorzugte Standorträume
Logistikunternehmen	Logistikunternehmen suchen Standorte an hochrangiger Infrastruktur	Achsenräume als bevorzugte Standorträume
Einkaufszentren (EKZ)-Entwickler:innen	EKZ-Entwickler:innen bauen bestehende, schlechter ausgelastete Standorte etwa zu Infotainmentcentern um und schließen schlechte Standorte	Zentren von größeren und kleineren Stadtregionen, weniger gute Lagen ohne Agglomerationseffekte z.B. in Achsenräumen durch Schließung von Standorten
Private Anbieter:innen von Dienstleistungen der Daseinsvorsorge	Dienste der Daseinsvorsorge werden in regionalen Zentren und an regionalen Qualitätsstandorten gebündelt	Regionale und kleinregionale Zentren als Standorte, kleine Dörfer und Siedlungen durch Schließung von Standorten
Anbieter:innen von Gütern des langfristigen Bedarfs	Die Anbieter:innen etablieren Showrooms an hochwertigen Standorten mit guter Erschließung durch Straßen und öffentlichen Verkehr und bieten wieder innerstädtische Standorte an	Zentren der größeren und kleineren Stadtregionen, Achsenräume als Standorträume
Büroimmobilienentwickler:innen	Büroimmobilienentwickler:innen suchen Standorte mit hoher Nachfrage an Dienstleistungsarbeitsplätzen und guter Erschließung durch öffentlichen Verkehr	Größere Stadtregionen, Achsenräume als bevorzugte Standorträume
Tourismusbetriebe	Tourismusbetriebe bevorzugen Standorte mit zweisaisonaler Nachfrage und vielfältigen Koppelungsmöglichkeiten zu Ausflugs-, Wellness-, Erholungs- oder Seminartourismus	Zentren der Stadtregionen, Tourismusregionen, ländliche Regionen mit attraktiven Landschafts-, Kultur- und Gastronomieangeboten als bevorzugte Standorträume

Akteur:innen	Wahrscheinliches Verhalten	Betroffene Regionstypen / Standorträume
Private Tourismusanbieter:innen	Private Tourismusanbieter:innen stellen ihre privaten Räumlichkeiten (Zimmer, Apartments und Wohnungen) großteils über Plattformen auf dem Markt zur Verfügung	Zentren der Stadtregionen, Tourismusregionen, ländliche Regionen mit attraktiven Landschafts-, (Bau-)Kultur- und Gastronomie-angeboten
Energieproduzent:innen	Energieproduzent:innen suchen Standorte und Flächen für erneuerbare Energieproduktion	Ländliche Regionen, Regionen mit geringer Bevölkerungsdichte als Standorträume
Finanzdienstleister:innen	Finanzdienstleister:innen brauchen Flugha-fennähe, Börsenstandorte, höchste digitale Qualitäten und suchen Standorte mit hoher Lebensqualität	Große Stadtregionen als bevorzugte Standort-räume

Aus der Entwicklung des Raumverhaltens lassen sich folgende große Trends erkennen:

Bereits sichtbare Entwicklungen werden verstärkt
- der Zuzug von Wohnungssuchenden, Arbeitskräften, Auszubildenden, wissens- und innovationsorientierten Unternehmen in Stadtregionen und regionale Ver-dichtungsräume und die damit verbundene Verteuerung des Wohnraums
- eine anhaltende Nachfrage nach Wohnstandorten in Stadtrand- und Stadtum-landgebieten auch als Folge der Covid-19-Pandemie und die damit verbundene Steigerung des Verkehrsaufkommens
- die Nachfrage nach Standorten entlang hochrangiger Infrastruktur von flächen-intensiven Produktionsunternehmen sowie Logistikdienstleistern
- zumindest zeitweilige Abwanderungen aus Ausbildungs- und Karrieregründen aus ländlichen Regionen, die vielfach bereits jetzt schon von Bevölkerungsrück-gang betroffen sind
- die Nachfrage nach Zweit- und Freizeitwohnsitzen in baukulturell und land-schaftlich attraktiven Räumen sowie Tourismusregionen mit hoher Angebots-dichte und hohem Image
- die Umnutzung von Wohnungen für touristische Zwecke vor allem in Städten und Tourismusorten, wenn sich die Situation nach der Überwindung der Covid-19-Pandemie wieder normalisiert
- das An- und Abschwellen der Bevölkerungszahl in den Regionen mit hoher Torismusintensität durch Saisonarbeitskräfte

Neue Entwicklungen zeichnen sich ab
- Schließung oder Neunutzung von Einkaufszentren
- Rückkehr von Dienstleistungen in Stadt- und Ortszentren
- Umnutzungen von Büros, falls sich die pandemiebedingte Home-Office-Arbeit als dauerhaftes Phänomen erweist
- Umnutzung von touristischen Appartements/Zimmern für (Zweit-)Wohnnutzungen
- tageweise oder dauerhafte Auslagerung von Arbeitsplätzen in den Wohnbereich
- verstärkte Nutzung von Zweit- und Freizeitwohnsitzen als Arbeitsorte (Home-Office)
- Nachfrage nach Flächen für die Energieproduktion mit erneuerbaren Energieträger
- Chancen für ländliche Regionen als Standorte für regionale und lokale Ressourcen
- neue regionale Disparitäten durch die Versorgung mit Breitbandinfrastruktur

Die abgeschätzten Trends sind weder in der Richtung noch im Ausmaß als unaus-weichliche Entwicklungen anzusehen. Es geht vielmehr darum, Ansatzpunkte zu erkennen, wie das Raumverhalten verschiedener Gruppen im Sinne der räum-lichen Grundsätze und Ziele beeinflusst und gelenkt werden kann und sollte. Es ist außerdem davon auszugehen, dass gerade als Folge der Covid-19-Pandemie neue Muster des Raumverhaltens entstehen und nachhaltig bestehen bleiben könnten.

4 Wandel ist nötig!
Globale, europäische und nationale Aufträge an das ÖREK 2030

Die Raumentwicklung und Raumordnung ist eingebettet in ein dichtes Gewebe an internationalen Verträgen und Vereinbarungen, europäischen Rahmenbedingungen und Strategien sowie nationalen sektoralen Zielsetzungen und Aufträgen.

Die Raumentwicklung und Raumordnung hat dabei einerseits die Aufgabe, die übergeordneten Ziele und Maßnahmen durch Aktivitäten im eigenen Wirkungsbereich zu unterstützen und muss andererseits auf die räumlichen Wirkungen übergeordneter Politiken reagieren. Im Folgenden werden die wichtigsten Dokumente dargestellt, in denen grundlegende Orientierungen für den nötigen Wandel enthalten sind. Österreich hat sich dazu als Vertragspartner (UNO), als Mitgliedsland (Europäische Union) und im eigenen Wirkungsbereich verpflichtet.

4.1

Transformation unserer Welt: die Agenda für eine nachhaltige Entwicklung

2015 haben die Vereinten Nationen die Resolution „Transformation unserer Welt: die Agenda 2030 für eine nachhaltige Entwicklung" verabschiedet. Darin wurden 17 Ziele – die sogenannten **Sustainable Development Goals (SDGs)** – mit 169 Unterzielen verankert.

Abbildung: Vereinte Nationen, UNRIC - Regionales Informationszentrum der Vereinten Nationen

Die Nachhaltigkeitsziele wurden definiert, um eine nachhaltige, wirtschaftliche, soziale und ökologische Entwicklung zu gewährleisten. Dabei sind die drei Dimensionen gleichberechtigt zu sehen. Es wird ein ganzheitlicher Entwicklungsansatz verfolgt, mit dem neben der Wahrung von Menschenrechten, Rechtsstaatlichkeit, Frieden und Sicherheit auch Good Governance angestrebt wird.

Für die Raumentwicklung und Raumordnung unmittelbar relevant ist das Ziel 11 „Städte und Siedlungen inklusiv, sicher, widerstandsfähig und nachhaltig gestalten". Aber auch zahlreiche andere Ziele beinhalten raumrelevante Komponenten.

Zur Agenda 2030 hat Österreich zuletzt 2020 einen ersten nationalen Umsetzungsbericht vorgelegt (BKA 2016). Darin wird angesichts der Herausforderungen die Notwendigkeit einer institutionenübergreifenden Zusammenarbeit und die Beachtung der hinter den SDGs bestehenden Prinzipien betont.

Im ÖREK sind die SDGs eine Orientierung bei der Formulierung der Grundsätze, der räumlichen Ziele sowie des Handlungsprogramms.

4.2

Europäische Ziele und Vorgaben

Die Europäische Union (EU) besitzt keine unmittelbaren Kompetenzen im Bereich der Raumordnung, sie beeinflusst aber die Raumentwicklung durch zahlreiche Rechtsnormen (sektorale Richtlinien), das Fördersystem (Struktur- und Agrarfonds, Forschungsförderung, Aufbauinstrument „Next Generation EU"), gemeinschaftliche Pläne (Transeuropäische Netze) oder gemeinschaftliche Strategien (z.B. Green Deal, Territoriale Agenda, Neue Leipzig Charta für die nachhaltige europäische Stadt, Urbane Agenda, Farm2Fork-Strategie, EU-Biodiversitätsstrategie 2030, makroregionale Strategien). Eine wesentliche mit den Mitgliedsstaaten geteilte europäische Kompetenz ist auch die Klima- und Energiepolitik. Für das ÖREK 2030 sind folgende „europäischen Aufträge" besonders relevant:

4.2.1

Generelle und spezifische Ziele für die Förderperiode der Kohäsions- und Agrarfonds 2021–2027

Die europäische Strategie „Europa 2020 – Eine Strategie für intelligentes, nachhaltiges und integratives Wachstum", die 2010 beschlossen wurde (Europäische Kommission 2010), war eine grundlegende Richtschnur für das ÖREK 2011. Diese Strategie wird nun abgelöst durch ein neues Zielsystem, das wiederum den Rahmen für die Gestaltung der wichtigsten Förderinstrumente der Europäischen Union für die Programmperiode 2021–2027 bildet (siehe Begleitdokument). Die meisten der Ziele erzeugen eine direkte oder indirekte Wirkung auf die Regional- und Raumentwicklung, aus einigen Zielen lassen sich auch direkte Aufträge an die Raumentwicklung und Raumordnung ableiten. Das betrifft besonders das Ziel „ein bürgernäheres Europa durch die Förderung einer nachhaltigen und integrierten Entwicklung von städtischen, ländlichen und Küstengebieten und lokaler Initiativen" mit den spezifischen Zielen der Stärkung einer integrierten, sozialen, ökonomischen und ökologischen Entwicklung auf lokaler Ebene sowie der Förderung von Kulturerbe, Tourismus und Sicherheit in Städten und in anderen Regionen.

4.2.2

„Soft Policies" zur Steuerung der europäischen Raumentwicklung

Abgesehen von sektoralen Politiken der Europäischen Kommission und der Fördersysteme mit regionaler Wirksamkeit (hauptsächlich Struktur- und Agrarfonds) erfolgt die Steuerung europäischer Raumentwicklung vor allem durch „weiche" Politiken (Soft Policies).

Die europäischen Strategien zur Raumentwicklung basieren ähnlich wie die österreichische Raumentwicklung auf Grund des fehlenden kompetenzrechtlichen Rahmens auf informellen strategischen Vereinbarungen und Kooperation in Mehrebenen-Governance-Prozessen.

Dazu zählen:

- die **Territoriale Agenda** als strategische Orientierung für die Raumentwicklung in Europa
- die **Urbane Agenda** mit einer starken umsetzungsorientierten Komponente mit der analog zu den ÖREK-Partnerschaften temporäre thematische Partnerschaften interessierter Länder, Regionen und Städte initiiert werden
- die **Leipzig Charta** zur nachhaltigen europäischen Stadt als strategische Orientierung für die Stadtentwicklung
- die **makroregionalen Strategien,** die eine strategische Komponente mit operativen Elementen verbinden, die im Gegensatz zur Urbanen Agenda zeitlich nicht limitiert sind

Die Territoriale Agenda wurde von den für Raumentwicklung und Städtebau zuständigen Minister:innen in Kooperation mit der Europäischen Kommission und befürwortet vom Ausschuss der Regionen erstmals 2007 entwickelt, 2011 überarbeitet und 2020 neu aufgesetzt. Im Dezember 2020 wurde die „Territoriale Agenda 2030 – eine Zukunft für alle Räume" verabschiedet. Zwei zentrale Zieldimensionen leiten die Festlegung von Handlungsschwerpunkten:

- ein **gerechtes Europa** mit Zukunftsperspektiven für alle Räume und Menschen
- ein **grünes Europa,** das die gemeinsamen Lebensräume schützt und gesellschaftliche Veränderungsprozesse gestaltet

In der **Territorialen Agenda 2030** wurde erstmals auch ein operatives Element aufgenommen. In sogenannten Pilotprojekten bzw. Modellbeispielen sollen umsetzungsorientierte Aktivitäten unter dem Schirm der Territorialen Agenda stattfinden können.

Die Leipzig Charta zur nachhaltigen Stadt wurde 2007 ebenfalls von den Minister:innen für Raumentwicklung und Städtebau verabschiedet. Im Dezember 2020 wurde die **„Neue Leipzig Charta – die transformative Kraft der Städte für das Gemeinwohl"** angenommen. Als Ziele werden „die gerechte Stadt", „die produktive Stadt", „die grüne Stadt" und „gute Governance" formuliert. In dieses strategische Dokument wurden nun die operativen Elemente der Urbanen Agenda aufgenommen und deren Fortsetzung verankert.

2016 haben sich die für städtische Angelegenheiten zuständigen Minister:innen im Pakt von Amsterdam auf die **Urbane Agenda** für die EU verständigt. Erstmals wurden damit städtische Themen auf der europäischen Ebene als gemeinsames Anliegen verankert. Im Gegensatz zur Territorialen Agenda ist die Urbane Agenda operativ angelegt. Entlang der drei Grundprinzipien – bessere Rechtsetzung, bessere Finanzierung und besseres Wissen – wurden zwischen 2016 und 2020 zwölf thematische Partnerschaften eingerichtet. Basierend auf dem Strategiedokument der Neuen Charta sollen nun weitere thematische Partnerschaften ermöglicht werden.

Die **makroregionalen Strategien** werden vom Rat, der Kommission und dem Europäischen Parlament beschlossen und sollen sich mit Problemen, Themen und Fragen befassen, für die die europäische Ebene zu groß, die nationale Ebene aber zu klein ist. Die makroregionalen Strategien ermöglichen auch eine Zusammenarbeit mit Ländern und Regionen, die noch nicht Mitglieder der EU sind. Österreich (Bund, Bundesländer) engagiert sich in den makroregionalen Strategien für den Donauraum und für den Alpenraum.

Alpenkonvention

Österreich ist auch der Alpenkonvention und ihren Protokollen (u.a. Raumordnungsprotokoll, Bodenschutzprotokoll) vertraglich verpflichtet. Im Regierungsprogramm 2020 wurde die Initiierung eines gebietskörperschaften- und sektorenübergreifenden Raumentwicklungskonzepts für die alpine Raumordnung ergänzend zum bestehenden Raumordnungsprotokoll angeregt. Außerdem wird ein Konzept für den Schutz und die nachhaltige Nutzung alpiner Freiräume gemäß Alpenkonvention vorgesehen.

Nationale Strategien

Das ÖREK 2030 befindet sich auch auf nationaler Ebene eingebettet in ein Set an sektoralen Strategien, die Wirkungen auf die Raumentwicklung erzeugen und die durch das ÖREK 2030 unterstützt werden können. Diese Strategien werden berücksichtigt und dort wo das notwendig ist, direkt angesprochen.

Relevante sektorale Bundesstrategien für das ÖREK 2030

Stand: Juni 2021

Strategie	erstellt von	im Jahr	Ziel-Jahr
Open Innovation Strategie 2025	BMDW, BMVIT	2016	2025
Kreativwirtschaftsstrategie 2025	BMDW	2016	2025
5G-Strategie 2025	BMVIT, BMF, BMDW	2018	2025
Breitbandstrategie 2030	BMNT	2019	2030
Plan T-Masterplan für Tourismus	BMNT	2019	-
Nationaler Klima- und Energieplan	BMNT	2019	2030
mission 2030 – die österreichische Klima- und Energiestrategie	BMNT, BMVIT	2018	2030
Österreichische Strategie zur Klimawandelanpassung	BMNT, UBA	2017	2025
Biodiversitätsstrategie 2030+	BMK	2021	2030+
Waldstrategie 2020+	BMLRT	2018	2020+
Bioökonomiestrategie 2030	BMNT, BMBWF, BMVIT	2019	2030
Kreislaufwirtschaftsstrategie	BMK	2021	
Le tstrategie Eisenbahninfrastruktur 2025+	BMK	2017	2025+
Masterplan für den ländlichen Raum	BMNT	2017	-
Baukulturelle Leitlinien des Bundes	BKA	2017	-
Baukulturreport 2018	BKA	2018	2050
Baukulturreport 2021	BMKÖS	2021	-
Nationaler Aktionsplan Bewegung	BMKÖS/BKA	2012	-
Gesamtverkehrsplan Österreich 2012	BMVIT	2012	-
Mobilitätsmasterplan 2030	BMK	2021	2030
FTI-Strategie 2030	BKA, BMF, BMBWF, BMWD, BMK	2020	2030
FTI-Strategie Mobilität	BMK	2020	2040
Nationaler Aktionsplan Behinderung	BMSGPK	2021	2030

Neben den Bundesstrategien stellen auch die sektoralen Strategien der Bundesländer einen wichtigen Referenzrahmen für das ÖREK 2030 dar.

Darüber hinaus sind die Ergebnisse der ÖREK-Partnerschaften seit 2011 sowie die in diesem Zusammenhang entwickelten ÖROK-Empfehlungen eine zentrale Grundlage für das ÖREK 2030.

Klima- und Energieziele

Auf globaler, europäischer und nationaler Ebene ist es in den vergangenen Jahren zu einer starken rechtlichen Verankerung von Klima- und Energiezielen gekommen. Für das ÖREK 2030 leitet sich daraus die Verpflichtung ab, Klimaschutz und Klimawandelanpassung als Priorität für die Raumentwicklung und Raumordnung der nächsten Jahre zu sehen.

Die Bewältigung der Klimakrise stellt eine Transformationsaufgabe dar, die alle politischen und administrativen Ebenen, alle Sektoren und alle Räume betrifft. Die Klimakrise ist in den letzten zehn Jahren vor allem durch Hitzewellen und Extremwetterereignisse im Bewusstsein einer breiten Öffentlichkeit angekommen. Die im Folgenden dargestellten Dokumente geben Orientierung für den nötigen Wandel zur Vermeidung der Klimakrise.

Globales Klimaschutzabkommen der UNO

Im Jahr 2016 trat das zuvor in Paris verhandelte Klimaschutzübereinkommen (COP 21 Paris) in Kraft, nachdem die Ratifizierung durch die erforderliche Anzahl der Staaten erfolgte. Auch die EU und Österreich haben das Übereinkommen unterzeichnet und sich damit zur Ausrichtung ihrer Politiken auf die darin enthaltenen Ziele verpflichtet. Wesentlicher Inhalt ist die Begrenzung der Erderwärmung auf unter 2° C – idealerweise auf unter 1,5° C – bis zum Jahr 2100 und eine Treibhausgasneutralität in der zweiten Jahrhunderthälfte.

EU-Klimaziele und Green Deal der EU-Kommission

Der Europäische Rat hat 2014 den klima- und energiepolitischen Rahmen bis 2030 beschlossen. 2018 wurden die Zielvorgaben für 2030 für erneuerbare Energiequellen und Energieeffizienz nach oben korrigiert. Ende 2020 wurden die Zielvorgaben für die Reduktion der Treibhausgasemissionen nochmals verschärft. Folgende Ziele wurden für die Europäische Union insgesamt für das Jahr 2030 festgelegt:

- Senkung der Treibhausgasemissionen um mindestens 55 % gegenüber 1990
- Erhöhung der Energieeffizienz um mindestens 32,5 %
- Erhöhung des Anteils erneuerbarer Energieträger auf mindestens 32 %

Außerdem bekennt sich die Europäische Union zur Klimaneutralität bis zum Jahr 2050.

Für Österreich war gemäß dem alten klima- und energiepolitischen Rahmen eine Reduktion der Treibhausgase in Sektoren außerhalb des Emissionshandels um 36 % gegenüber dem Referenzzeitpunkt 2005 vorgesehen. Eine Nachschärfung wird noch erfolgen.

Im Green Deal der Europäischen Kommission 2020 sind folgende ergänzende Zielvorgaben für die Reduktion der Treibhausgase vorgesehen:

- Dekarbonisierung des Energiesektors
- Reduktion der Treibhausgase im Verkehr um 90 % bis 2050

Klima- und Energieziele auf Bundesebene

Die Klima- und Energiestrategie der Bundesregierung 2018 enthält folgende Ziele:

– Reduktion der Treibhausgase in den Sektoren außerhalb des Emissionshandels bis 2030 um 36 % gegenüber 2005
– Abdeckung des nationalen Gesamtstromverbrauchs bis 2030 zu 100 % (national bilanziell) aus erneuerbaren Energieträgern
– Reduktion der Treibhausgasemissionen aus dem Verkehr um 36 % gegenüber 2005
– Ausstieg aus der fossilen Energiewirtschaft bis 2050

Diese Ziele wurden von der Bundesregierung 2020 nochmals ambitionierter formuliert:

– Vorziehen des Ziels der Klimaneutralität für Österreich bis spätestens 2040
– Dekarbonisierung des Verkehrs durch eine nachhaltige Mobilitätsentwicklung als Schwerpunkt
– der Green Deal der Europäischen Kommission wird ausdrücklich unterstützt

Das Ziel der Klimaneutralität in Österreich bis spätestens 2040 erfordert noch ambitioniertere Treibhausgas-Reduktionspfade. Die Dringlichkeit der Umsetzung von konkreten Maßnahmen wird damit deutlich erhöht. Als wichtige Umsetzungsinstrumente werden unter anderem eine klimaschutzorientierte Energieraumplanung oder die Weiterentwicklung der Wohnbauförderung unter besonderer Berücksichtigung raumordnungsrelevanter Aspekte angeführt (BKA 2020 – Regierungsprogramm der Bundesregierung 2020–2024).

Alpines Klimazielsystem

2019 wurde das Alpine Klimazielsystem 2050 von den Minister:innen der Alpenstaaten unterzeichnet. Darin wurden Ziele zur Erreichung klimaneutraler und klimaresilienter Alpen festgelegt. Dazu zählen eine Priorität für Klimaschutz und Klimawandelanpassung in Raumplanungsprozessen, ein Wandel von passiven zu proaktiven Planungssystemen im Risikomanagement sowie quantitative Ziele zum Bodenschutz (Flächenversiegelung) und qualitative Ziele zur Verbesserung der Bodenqualität.

5 Welchen Herausforderungen müssen wir uns stellen?
Die wichtigsten
räumlichen Herausforderungen

Die Auswirkungen der Megatrends und die Umsetzung der Verpflichtungen aus den übergeordneten Vereinbarungen sind in den Regionen und Raumtypen mit unterschiedlichen Konsequenzen, Chancen, Risiken und Herausforderungen verbunden. Die Herausforderungen werden aus den maßgeblichen Zielen abgeleitet, die sich aus internationalen, europäischen, und nationalen Rahmenbedingungen erschließen. Viele davon sind nicht neu, aber ihre Dringlichkeit wird vor allem durch die Klimakrise noch stärker unterstrichen. Gleichzeitig erzeugen Veränderungen wie die Digitalisierung oder der demografische und gesellschaftliche Wandel Herausforderungen, für die neue Lösungen gefunden werden müssen.

Die Risiken und Chancen sind für einzelne Räume sehr unterschiedlich verteilt. Das bedeutet, dass für eine erfolgreiche Gestaltung des Wandels ein Zusammenspiel von überregionalen Strategien mit maßgeschneiderten Umsetzungskonzepten auf der regionalen und lokalen Ebene eine wichtige Voraussetzung darstellt.

> „Das ÖREK 2030 ist visionär, aber nicht abgehoben. Es wird auch nicht alles über einen Leisten geschlagen. In Stadtregionen sind andere Maßnahmen zu treffen als in ländlichen Räumen, in Tourismusregionen oder entlang der großen Verkehrsachsen. Für die dafür erforderliche, maßgeschneiderte Raumplanung schaffen föderalistische Staaten wie Österreich oder die Schweiz gute Voraussetzungen."

Lukas Bühlmann, Jurist und Raumplaner
Bellaria Raumentwicklung, Schweiz

Raumtypen Österreichs
Schematische Darstellung nach ÖREK 2030*

| ● Stadtregionen der Landeshauptstädte | ● Stadtregionen und ländliche Verdichtungsräume | ▮ Achsenräume entlang hochrangiger Verkehrsinfrastruktur | ● Ländliche Tourismusregionen | ● Ländliche Räume mit geringer Bevölkerungsdichte |

*Diese Darstellung illustriert die Raumtypen des Österreichischen Raumentwicklungskonzepts. Die Handlungsräume charakterisieren sich durch gemeinsame Herausforderungen und Potenziale und können einander überlagern. Die Karte enthält keine Zielvorstellungen.

Im Folgenden werden die wichtigsten Herausforderungen für die österreichischen Raumtypen skizziert. Darunter werden nicht eindeutig abgegrenzte Regionen verstanden, sondern Räume, die sich im Kern durch charakteristische Eigenschaften unterscheiden, sich aber in ihren Randbereichen überlappen können. Das sind:

- **Größere Stadtregionen:** Bundeshauptstadt Wien und Landeshauptstädte mit ihren Stadtumland- und ländlichen Verflechtungsgemeinden

- **Kleinere Stadtregionen und ländliche Verdichtungsräume:** Bezirkshauptorte und regionale Zentren mit ihren ländlichen Umland- und Verflechtungsgemeinden

- **Achsenräume entlang hochrangiger Verkehrsinfrastruktur:** ländliche Gemeinden entlang von Bahn- und Schnellbuskorridoren, Autobahnen und Schnellstraßen

- **Ländliche Tourismusregionen:** Regionen mit einer hohen Tourismusintensität

- **Ländliche Räume mit geringer Bevölkerungsdichte und Bevölkerungsrückgang**

Neben den raumtypischen Herausforderungen sind auch solche erkennbar, die alle Räume gleichermaßen betreffen. In der Umsetzung des ÖREK 2030 muss daher eine raumtypenspezifische Herangehensweise verfolgt werden.

Herausforderungen für alle Räume

Alle Räume sind mit folgenden Herausforderungen konfrontiert:

- Alle Räume sind von der Klimakrise betroffen. Maßgeschneiderte Maßnahmen zum Klimaschutz und zur Klimawandelanpassung müssen entwickelt und umgesetzt werden.
- Schutz und Sicherheit werden für die Raum- und Standortentwicklung wichtiger. Schäden und Gefährdungen durch den Klimawandel erfordern lage- und ortsspezifische Anpassungsmaßnahmen. Die Versorgungssicherheit mit kritischen Produkten (Lebensmittel, medizinische Produkte, Energie) erhält eine größere Bedeutung. Daraus ergeben sich Chancen für regionale Produktionsstandorte.
- Flexibilität und Optionen beim Standortverhalten nehmen bei Einzelpersonen, Haushalten und Unternehmen zu. Die Ortsgebundenheit geht zurück, Multilokalität nimmt zu. Damit verbunden ist eine weitere Steigerung der Nachfrage nach Flächen für Wohnen, Arbeiten und Freizeit. Die Vorhersehbarkeit der Nachfrage sinkt, die Vorsorge etwa für hochwertige Betriebsstandorte wird eine besondere Herausforderung. Die Verkehrsleistungen könnten weiter steigen.
- Das Wachstum der Einwohner:innen und Haushalte und die Tendenz zur Multilokalität sind mit der Gefahr einer weiteren Zersiedelung verbunden.
- Die Baulandmobilisierung ist sowohl in Wachstumsregionen als auch in Regionen mit Bevölkerungsrückgang eine zentrale Herausforderung, damit Zersiedelung und Bodenversiegelung reduziert werden können.
- Der wachsende Online-Handel könnte zu einer Zunahme der Leerstände von Geschäftslokalen in den Erdgeschoßzonen von Stadt- und Ortszentren führen und damit auch die Erhaltung der Bausubstanz durch fehlende Einnahmen der Vermieter:innen gefährden.
- Die Gestaltung einer ausgewogenen Stadt- und Regionalentwicklung durch eine ausbalancierte Kombination von Betrieben und Beschäftigten im Bereich Hightech, High Skill und High Touch erfordert eine gezielte regionalwirtschaftliche Standortentwicklung.
- Die wachsende Individualisierung der Produktion bei gleichzeitig zunehmender Automatisierung, aber auch die Erfahrungen aus der Covid-19-Pandemie könnten zu einer Rückverlagerung von Produktionsstätten aus Niedriglohnländern führen. Dafür braucht es Standorte mit guter infrastruktureller Erschließung.

- Die Digitalisierung kann zu disruptiven Veränderungen führen, die an allen Standorten zu plötzlichen Betriebsschließungen führen können, aber auch Chancen für neue Betriebe eröffnen. Ein flächensparendes Management für Betriebsstandorte ist die Herausforderung.
- Räumliche/physische Nähe kann durch digitale Kommunikationsformen zumindest teilweise ersetzt werden. Dadurch können Arbeits- und Dienstwege in Spitzenzeiten verringert werden.
- Die Bündelung von Mobilitätsdienstleistungen auf gemeinsamen Plattformen (Mobility as a Service) bietet neue Chancen für eine stärkere Nutzung des öffentlichen Verkehrs, erhöht die Wahlmöglichkeiten und die Flexibilität der Verkehrsteilnehmer:innen (Wahl des Zeitpunktes, der Route und des Verkehrsmittels, Wahl zwischen physischer und virtueller Anwesenheit). Dadurch kann auf teure Infrastrukturinvestitionen für wenige Spitzenstunden verzichtet werden.
- Die Verbesserung der Erreichbarkeit von Arbeitsplätzen mit dem öffentlichen Verkehr und dem Radverkehr ist ein wichtiger Beitrag zur Erreichung der Klimaneutralität im Verkehr.
- Automatisiertes/autonomes Fahren kann je nach Ausgestaltung der Nutzung (öffentliche Taxisysteme versus privates Wohn-, Arbeits- und Freizeitmobil) mit gravierenden räumlichen und verkehrlichen Konsequenzen verbunden sein. Die Gestaltung zielorientierter Rahmenbedingungen ist eine zentrale Herausforderung.
- Die Auswahl und Freihaltung von Trassen zum Ausbau der liniengebundenen Infrastruktur (z.B. Freileitungen, Bahntrassen) bleibt schwierig und erfordert neben einer nachvollziehbaren Abwägung der öffentlichen Interessen eine behutsame Planung zur Minimierung der Auswirkungen auf Mensch und Natur.
- Öffentliche Räume mit einer hohen Gestaltungs- und Aufenthaltsqualität tragen zur Bereitstellung eines attraktiven Lebens- und Arbeitsumfeldes bei und werden zu einem wesentlichen Aspekt der Standortqualität. Der Baukultur gilt es ein höheres Augenmerk zu schenken.
- Die Bereitschaft zur Beteiligung und Mitwirkung an Planungsprozessen erfordert in Kombination mit komplexer werdenden Anforderungen für größere Infrastruktur- und Standortprojekte qualitativ hochwertige Planungsabläufe im Rahmen interkommunaler und (stadt-)regionaler Kooperationen.

5.2 Größere Stadtregionen

Die größeren Stadtregionen sind Wirtschafts-, Arbeits-, Kultur- und Ausbildungsstandorte, die im internationalen Wettbewerb mit Stadtregionen vergleichbarer Dimension um global agierende Unternehmen, hochqualifizierte Forscher:innen, innovative Unternehmen in der Kreativwirtschaft oder Tourist:innen aus aller Welt stehen. Die größeren Stadtregionen bleiben Wachstumsräume durch eine generelle Migration in den Arbeitsmarkt und einen Zuzug von Schüler:innen, Student:innen und karriereorientierten Wissensarbeiter:innen.

Stadtregionen müssen als Funktionsräume gesehen werden, die einer gemeinsamen Entwicklung und Planung bedürfen.

Folgende Herausforderungen zeichnen sich ab:

- Eine kompakte klima- und umweltverträgliche Gestaltung mit gut durchmischter Nutzungsstruktur und Durchlässigkeit für aktive Mobilität (Rad- und Fußverkehr).

- Attraktive Gestaltung klimaangepasster öffentlicher Räume mit einer hohen Aufenthaltsqualität sowie Anschluss an Erholungsräume im Umland auch als Vorsorge für künftige epidemiologische Krisen.
- Bereitstellung eines attraktiven Lebens- und Arbeitsumfeldes in den Kernstädten zur Vermeidung von Stadtflucht in die Umlandregionen.
- Eine Bewältigung des Wachstums ohne massiv steigende Wohnungskosten und sozialen Verdrängungsprozessen.
- Aufbereitung von Standorten für international tätige Unternehmen im Dienstleistungs- und Produktionssektor.
- Bewältigung der Nachfrage nach flächen- und verkehrsintensiven Logistikstandorten.
- Erhöhte Leerstände in Erdgeschosszonen abseits der Hauptgeschäftsstraßen.
- Die nachhaltige Bewältigung der wachsenden Quell- und Zielverkehre zwischen den Städten, ihrem Umland und dem erweiterten Einzugsbereich.
- Die nötigen Investitionen zur Versorgung der wachsenden Bevölkerung.
- Die Unterstützung der Wiederbelebung sowie gegebenenfalls notwendige Neuausrichtung des Städte- und Konferenztourismus nach der Covid-19-Pandemie.

Kleinere Stadtregionen und ländliche Verdichtungsräume

Kleinere Stadtregionen und ländliche Verdichtungsräume erfüllen wichtige Funktionen für die ländlichen Räume in ihrem Umfeld. Sie können Ankerpunkte für wissensbasierte Dienstleistungen, attraktive Kultur- und Freizeitangebote sein und ein breites Spektrum an Ausbildungsmöglichkeiten anbieten. Auch kleinere Stadtregionen sind dem Wettbewerb um Betriebe, qualifizierte Arbeitskräfte, Bewohner:innen, Tourist:innen und Konsument:innen ausgesetzt. Es ist aber zu erwarten, dass die kleineren Stadtregionen und ländlichen Verdichtungsräume Zuwanderungsstandorte mit einem überwiegend moderaten Bevölkerungs- und Arbeitsplatzwachstum bleiben werden.

Folgende Herausforderungen zeichnen sich ab:

- Entwicklung eines ausgewogenen regionalen Standortmanagements für Wohnen, Arbeiten und Erholen, damit die Qualitätspotenziale gut genutzt werden können.
- Schaffung von attraktiven Wirtschafts- und Bildungsstandorten mit interkommunalen Ausgleichsmechanismen an den am besten geeigneten Standorten
- Erhöhung der Attraktivität für wissensbasierte Dienstleistungen und innovationsorientierte Produktionsbetriebe.
- Sicherung der regionalen Produktionsstandorte durch eine intensive Vernetzung von Ausbildung, Weiterbildung, Forschung, Entwicklung und Unternehmen;
- Verbesserung der öffentlichen Erreichbarkeit von und innerhalb regionaler Zentren.
- Umgang mit erhöhten Leerständen von Geschäftslokalen in den Stadt- und Ortszentren durch den verstärkten Online-Handel.
- Abstimmung des Wohnungsangebotes mit den Kapazitäten der sozialen Infrastruktur (Schulen, Kindergärten etc.) in Wachstumsgemeinden.
- Bündelung von qualitativ leistungsfähigen Einrichtungen der Daseinsvorsorge mit innerregionaler Abstimmung.
- Die Unterstützung der Wiederbelebung sowie gegebenenfalls notwendige Neuausrichtung des Städte- und Konferenztourismus nach der Covid-19-Pandemie.

Achsenräume entlang hochrangiger Verkehrsinfrastruktur

Die Achsenräume entlang hochrangiger Verkehrsinfrastruktur zeichnen sich bereits jetzt durch eine hohe Anziehungskraft auf flächen- und transportintensive Produktions- und Logistikunternehmen aus. Aber auch Einkaufszentren suchen Standorte mit einer Anbindung an das hochrangige Straßennetz. Diese Achsenräume umfassen auch jenen Teil des ländlichen Raums, der eine stabile oder wachsende Bevölkerung verzeichnet.

Folgende Herausforderungen zeichnen sich ab:

- Vermeidung von weiterer Entwicklung an Standorten mit einer hohen Abhängigkeit vom Kraftfahrzeug.
- Konzentration der Siedlungsentwicklung an den Stationen und Haltestellen des öffentlichen Verkehrs mit einem attraktiven Angebot.
- Entwicklung von großen Industrie-, Produktions- und Logistikstandorten mit einer guten Erschließung durch öffentlichen Verkehr und Radverkehr sowie mit der Möglichkeit von Gleisanschlüssen.
- Sicherung der Vernetzung von natürlichen Lebensräumen und Vermeidung von Barrierewirkungen durch Infrastrukturen und Siedlungsbändern.

Ländliche Tourismusregionen

Tourismusregionen sind ländliche Wachstumsräume, für die der Tourismus einen starken Wachstumsimpuls darstellt und die sich in erster Linie im internationalen und nationalen Wettbewerb um Gäste befinden. Die Übernachtungszahlen haben nach einer Stagnationsphase zwischen 1990 und 2010 eine enorme Dynamik entwickelt, die durch die Covid-19-Pandemie unterbrochen wurde. Die Potenziale für ein weiteres Wachstum und die damit verbundenen Chancen, Risiken und Herausforderungen bleiben aber bestehen.

Folgende Herausforderungen zeichnen sich ab:

- Die Entwicklung eines nachhaltigen und klimaneutralen Tourismus als wichtigen Wirtschaftsmotor in ländlichen und städtischen Regionen mit einer guten Einbettung in regionale Wertschöpfungsketten.
- Die nachhaltige Bewältigung der wachsenden Nachfrage nach Standorten für Freizeitnutzungen, Gesundheits-, Wellness- und Erholungsangeboten.
- Der Umgang mit dem Druck auf Neuerschließungen und weiteres Wachstum.
- Die Vermeidung von Zersiedelung durch Freizeitwohnsitze und Neuausweisungen von Bauland im Nahbereich von touristischen Angeboten.
- Eine mangelnde Verfügbarkeit von geeigneten Baulandflächen und damit verbundener Spekulation mit Grund und Boden.
- „Overtourism" an besonders attraktiven Hot Spots mit zahlreichen negativen Effekten: Verkehrsbelastung, Lärm, Verdrängungseffekte etc.
- Konflikte zwischen touristischen Nutzungen mit Natur- und Landschaftsschutz, Land- und Forstwirtschaft sowie Jagdwirtschaft.
- Abnehmende Identifikation der einheimischen Bevölkerung mit dem Tourismus durch externe Verdrängungsprozesse.
- Bevölkerungsrückgang der einheimischen Bevölkerung durch einen Mangel an attraktiven Arbeitsplätzen, hohe Grundstücks- und Wohnungskosten.
- Stark saisonale und tageszeitliche Schwankungen der anwesenden Bevölkerung mit Über- und Unterauslastung der Infrastruktur.
- Mehr Verkehr durch multilokale Lebensformen.

Ländliche Räume mit geringer Bevölkerungsdichte und Bevölkerungsrückgang

Während in den Stadtregionen, in den regionalen Zentren, den Achsenräumen und Tourismusregionen die Bevölkerung tendenziell wächst, sind ländliche Räume mit geringer Bevölkerungsdichte von Stagnation der Bevölkerungsentwicklung oder Bevölkerungsrückgängen betroffen.

Folgende Herausforderungen zeichnen sich ab:

- Nutzung der Chancen durch das Angebot an hoher landschaftlicher Qualität, geringen Umweltbelastungen und intaktem Sozialkapital für die Bindung der Bevölkerung, der zur Ausbildung abgewanderten jungen Erwachsenen und zur Zuwanderung relevanter Zielgruppen (z.B. Senior:innen, junge Familien)
- Nutzung der Chancen, die durch den Ausbau der Bioökonomie im Sinne der österreichischen Bioökonomiestrategie entstehen
- Bewältigung von Interessenskonflikten durch die Nutzung erneuerbarer Energieträger, die mit starken Interventionen in das Landschaftsbild, möglicher Beeinträchtigung von Ökosystemen und Konflikten mit der ortsansässigen Bevölkerung sowie der bestehenden landwirtschaftlichen Nutzung der Flächen verbunden sein können
- Abwanderung von jungen Erwachsenen zur Ausbildung bei gleichzeitigen Problemen für die Standortentwicklung durch fehlendes Arbeitskräfteangebot;
- Verluste an Einrichtungen der Daseinsvorsorge, fehlende Kapazitäten für Altenbetreuung und medizinische Versorgung
- Wachsender Leerstand von Gebäuden und Verfall baukulturell wertvoller Bausubstanz
- Einnahmeverluste und Schwierigkeiten bei der Instandhaltung der verkehrlichen, technischen, sozialen und kulturellen Infrastruktur
- Ausbau von Hochleistungstrassen für Energieübertragungsinfrastruktur
- Versorgung mit Dienstleistungen der Daseinsvorsorge durch die Nutzung digitaler Services (Smart Services)
- Kompensation von Standortnachteilen wegen einer schlechteren Versorgung mit Breitbandinfrastruktur
- Nutzung multilokaler Lebensstile für die Erhaltung der Bausubstanz, die Belebung der Ortschaften und die Erhaltung der Infrastruktur
- Große Baulandüberschüsse als Gefahr für eine weitere Zersiedelung trotz abnehmender Bevölkerungs- und Haushaltszahlen, da eine Mobilisierung von Bauland in zentralen Lagen im Vergleich zu vereinzelten Grundstücken in Streulage schwieriger ist und vor allem den wirtschaftlichen Zielen der Grundeigentümer:innen unterliegt

„Gemeindeübergreifende Zusammenarbeit bringt Vorteile für alle Gemeinden, unabhängig der Größe und der Struktur. Sie hilft über den eigenen Tellerrand hinauszublicken, schont Ressourcen, bündelt lokales Wissen und bildet eine Basis für zukünftige Herausforderungen. Dafür braucht es eine Kooperationskultur, die sich auf ein geteiltes Problembewusstsein stützt, in der gemeinsame Projekte entwickelt und Lösungen gefunden werden."

Die Young-Experts des ÖREK 2030

6 Wie setzen wir die gemeinsamen Ziele um?
Das Handlungsprogramm des ÖREK 2030

Die 4 Säulen des Handlungsprogramms

Die Grundsätze und räumlichen Ziele werden durch thematische Ziele weiter konkretisiert. Sie bilden die Grundlage für das 10-Punkte-Programm und die Entwicklung von Umsetzungspakten.

SÄULE 1

Mit räumlichen Ressourcen sparsam und schonend umgehen

ZIEL 1
Den Energiebedarf senken und die Potenziale für erneuerbare Energien regional sichern und nutzen – Energieraumplanung forcieren

ZIEL 2
Die Bodenversiegelung und die Flächeninanspruchnahme zeitnah deutlich reduzieren und Raum- und Siedlungsstrukturen ressourcensparend, klimaschonend und resilient entwickeln

ZIEL 3
Boden und Wasser als Lebensgrundlagen sichern und nachhaltig bewirtschaften

ZIEL 4
Mobilität und Erreichbarkeit klimaneutral ermöglichen und Gesamtenergieverbrauch des Verkehrs reduzieren

ZIEL 5
Frei- und Grünräume sowie deren Funktionen erhöhen und sichern und Eignung für multifunktionale Nutzungen stärken

ZIEL 6
Die zunehmenden Risiken durch Naturgefahren und weitere Gefahren in Folge des Klimawandels durch präventive Raumplanung eingrenzen

SÄULE 2

Den sozialen und räumlichen Zusammenhalt stärken

ZIEL 1
Die räumlichen Voraussetzungen für den sozialen Zusammenhalt stärken

ZIEL 2
Die regionale Daseinsvorsorge und polyzentrische Strukturen zukunftsorientiert weiterentwickeln

ZIEL 3
Den demografischen und sozialen Wandel aktiv gestalten

ZIEL 4
Die sozialräumlichen Qualitäten des öffentlichen Raums und die Vorteile hochwertiger Planungs- und Baukultur in den Fokus rücken

SÄULE 3

Wirtschaftsräume und -systeme klimaverträglich sowie nachhaltig entwickeln

ZIEL 1
Österreich zu einem klimaneutralen und klima-resilienten Wirtschaftsstandort entwickeln

ZIEL 2
Auf die räumlichen Chancen und Risiken der Digitalisierung reagieren und mit einer Stärkung regionaler Innovationsfähigkeit verbinden

ZIEL 3
Die internationale und regionale Erreichbarkeit der Wirtschaftsstandorte verbessern und klimaneutral und umweltverträglich gestalten

ZIEL 4
Die Wettbewerbsfähigkeit und Resilienz des Standortes Österreich und seiner Regionen erhalten und stärken und dabei regionale Wirtschaftskreisläufe unterstützen

ZIEL 5
Nachhaltige regionale Tourismus- und Freizeitdestinationen klimaneutral und klimaresilient entwickeln

ZIEL 6
Die ländlichen Regionen zu spezialisierten Bioökonomiestandorten unter Wahrung der Biodiversität und des Klimaschutzes weiterentwickeln

ZIEL 7
Regionale Ungleichheiten bei Wettbewerbsfähigkeit, Wirtschaftsleistung und Einkommensniveau verringern

SÄULE 4

Vertikale und horizontale Governance weiterentwickeln

ZIEL 1
Die stadtregionale, regionale und interkommunale Handlungsebene stärken

ZIEL 2
Das Zusammenwirken von Government und Governance verbessern

ZIEL 3
Kommunikation und Beteiligung in der Planung ausbauen

ZIEL 4
Räumlich relevante europäische und bilaterale Politiken aktiv mitgestalten und europäische Impulse in Österreich aufgreifen

ZIEL 5
Überregionale Raumentwicklung und Raumordnung sektoral und sektorübergreifend ausbauen und stärken

Die vier Säulen auf Basis der Grundsätze und räumlichen Ziele

Die ersten drei Säulen orientieren sich an den Grundsätzen der Nachhaltigkeit. Die vierte Säule umfasst die Umsetzungsprozesse, die abseits von gesetzlichen Regelungen und finanziellen Förderungen einen zentralen Erfolgsfaktor für die Umsetzung in der Raumentwicklung darstellen. Zusätzlich wurden Klima und Energie, Mobilität und Digitalisierung als Querschnittsthemen integriert. Eine Differenzierung nach Raumtypen soll der vielfältigen räumlichen Struktur Österreichs mit ihren besonderen Bedürfnissen gerecht werden.

> „Lebendig und konkret sind die Kernaussagen der *Young Experts* – ein Manifest für einen sofortigen Kurswechsel von einer Ressourcen verbrauchenden, zersplitterten räumlichen Entwicklung zu einer beherzten Raumpolitik für Klimagerechtigkeit und verbindliche Kooperation."
>
> **Sibylla Zech, Raumplanerin, TU Wien**

Das Handlungsprogramm baut auf den aktuellen ÖROK-Empfehlungen und den in bisherigen ÖREK-Partnerschaften erarbeiteten Ergebnissen auf. Soweit noch nicht erfolgt, ist die Umsetzung der aktuell gültigen ÖROK-Empfehlungen Teil der Maßnahmen. Dabei gilt, dass auch im Sinne eines raumtypenspezifischen Zugangs auf länder- und regionsspezifische Gegebenheiten Rücksicht zu nehmen ist.

Der Weg der Umsetzung

Das ÖREK 2030 hat einen hohen umsetzungsorientierten Anspruch. Die ÖROK selbst verfügt über keine (rechtlichen, finanziellen, budgetären etc.) Umsetzungsinstrumente. Diese liegen im Kompetenzbereich der ÖROK-Mitglieder. Deshalb kann die Umsetzungsorientierung im ÖREK nur bedeuten, Entscheidungen zum Einsatz von Umsetzungsinstrumenten anzuregen, vorzubereiten und zwischen den ÖROK-Mitgliedern zu koordinieren.

Eine stärkere Umsetzungsorientierung wird erreicht durch:

– Eine möglichst konkrete Benennung von Handlungsaufträgen zur Erstellung von Entscheidungsgrundlagen.
– Die konkrete Benennung der Arbeitsformate und Maßnahmen, die der ÖROK zur Verfügung stehen.
– Die Entwicklung von prioritären Themen und Umsetzungspakten (siehe Kapitel 7).

Dadurch soll das „Tor zur Umsetzung" möglichst weit geöffnet werden.

Das Handlungsprogramm spiegelt den aktuellen Stand der Bedürfnisse und Einsichten der ÖROK-Mitglieder wider. Es ist daher als offenes System zu verstehen, das immer wieder an aktuelle Herausforderungen angepasst werden muss. Zu diesem Zweck ist ein regelmäßiges Monitoring vorgesehen.

Bei den **Maßnahmen** erfolgt eine Konzentration auf jene, für die eine Zusammenarbeit auf ÖROK-Ebene erforderlich ist. Ergänzend sind Maßnahmen im eigenen Wirkungsbereich der ÖROK-Mitglieder notwendig. Diese sollen nach Maßgabe der jeweiligen konkreten Rahmenbedingungen entwickelt und umgesetzt werden können. Die Vorschläge für Maßnahmen im eigenen Wirkungsbereich befinden sich im „Begleitdokument zum ÖREK 2030" (siehe www.oerek2030.at).

Für die **Umsetzung** auf ÖROK-Ebene stehen folgende **Arbeitsformate** zur Verfügung:

- Der **Ständige Unterausschuss (StUA)** ist das Gremium, das den Umsetzungsprozess von institutionenübergreifenden Maßnahmen und Arbeitsformaten des ÖREK leitet.
- Der **Unterausschuss Regionalwirtschaft** ist das Gremium, das bei regionalwirtschaftlich relevanten Inhalten einbezogen werden kann.
- **ÖREK-Partnerschaften** bilden ein wesentliches Element bei der Umsetzung des ÖREK. Sie werden von ÖROK-Partner initiiert und vom Ständigen Unterausschuss oder dem Unterausschuss Regionalwirtschaft fachlich und von den politischen Vertreter:innen der jeweiligen Partner:innen politisch legitimiert.
- **ÖREK-Plattformen** sind ähnlich konzipiert wie die ÖREK-Partnerschaften, sie unterscheiden sich aber dadurch, dass sie keiner zeitlichen Befristung unterworfen sind.
- **ÖROK-Arbeitsgruppen** können vom StUA eingesetzt werden, um spezifische Fragestellungen vertieft zu bearbeiten (z.B. Entwicklung des Raumbeobachtungssystems).

Als **Maßnahmen** sind jene Aktivitäten zu verstehen, die aus den Arbeitsformaten der ÖROK zu konkreten Ergebnisprodukten führen und die mit der laufenden Betreuung von Aufgaben zusammenhängen. Dazu zählen:

- Beauftragung und Veröffentlichung von **Studien, Gutachten, Leitfäden** sowie die Aufbereitung von Ergebnissen der Arbeitsformate im Rahmen der ÖROK-Schriftenreihe.
- Beiträge zu **Kommunikation und Öffentlichkeitsarbeit von Ergebnissen** der ÖREK-Partnerschaften.
- Ausarbeitung und Abstimmung von **Empfehlungen** der ÖROK.
- **Entwicklung gemeinsamer Strategien und Konzepte**: z.B. ÖREK-Kommunikationsstrategie.
- **Evaluierung** und das Monitoring des ÖREK 2030.
- **Beiträge zur Raumforschung**, insbesondere durch Analysen und Prognosen und die Veröffentlichung entsprechender Informationen in den Raumordnungsberichten, im ÖROK-Atlas und auf der ÖROK-Homepage.
- **Bereitstellung und Veröffentlichung von Daten** aus ÖROK-Bearbeitungen (z.B. Prognosen, ÖV-Güteklassen, Daten zur Flächeninanspruchnahme und Versiegelung).
- **Organisation von Konferenzen, Fachveranstaltungen und Workshops** als Elemente des Wissensmanagements, der Bewusstseinsbildung und der Vernetzung der Akteur:innen im Bereich der Raumentwicklung und Raumordnung.

SÄULE 1

Mit räumlichen Ressourcen sparsam und schonend umgehen

Die **Sicherung von Ressourcen, und damit verbunden der sparsame Umgang mit Grund und Boden sowie der Schutz unterschiedlicher Freiraumfunktionen**, sind seit Jahren bestimmende Themen in der Raumplanung. Die Auswirkungen der Klimakrise wie z.B. die Zunahme von Hitzetagen, Trockenheit und Starkregenereignissen werden zunehmend deutlich spürbarer. Der sparsame und schonende Umgang mit Ressourcen und der Schutz der natürlichen Lebens- und Ernährungsgrundlagen ist deshalb ein Gebot der Stunde.

Strategien und Ziele zum Klimaschutz, zur Eindämmung der Klimakrise und zur Anpassung an die Auswirkungen des Klimawandels werden sowohl auf internationaler (UN, EU) als auch auf nationaler und regionaler Ebene entwickelt und konkretisiert. Die vorausschauende Raumentwicklung und der zielgerichtete und konsequente Einsatz der Instrumente der Raumplanung sollen die Ressourcen sichern, Freiräume bewahren und ein klimaverträgliches Raumverhalten unterstützen und ermöglichen.

Eines der zentralen quantitativen Ziele setzt die Europäische Union. Der Treibhausgasausstoß soll um mindestens 55 % bis 2030 gegenüber dem Stand von 1990 reduziert werden. Der Anteil erneuerbarer Energieträger soll auf mindestens 32 %, die Energieeffizienz um mindestens 32,5 % erhöht werden

(BMNT 2019a). Österreich hat sich im Regierungsprogramm 2020–2024 die Erreichung der Klimaneutralität bis spätestens 2040 zum Ziel gesetzt.

Wesentliche Faktoren zur Erreichung der energie- und klimapolitischen Ziele sind die **Reduktion des Gesamtenergieverbrauchs, die Steigerung der Energieeffizienz** und der **Ausbau und die Nutzung erneuerbarer Energieträger.**

Bei der Nutzung erneuerbarer Energieträger nimmt Österreich im internationalen Vergleich eine Spitzenposition ein. Aktuell werden mehr als 73 % des Bruttostromverbrauchs aus erneuerbaren Energiequellen gewonnen (BMK 2020). Bis zum Jahr 2030 soll der Gesamtstromverbrauch Österreichs zu 100 % (national bilanziell) aus erneuerbaren Energiequellen im Inland gedeckt werden (BMNT 2019a). Berücksichtigt werden muss jedoch, dass durch den Klimawandel die Potenziale zur Nutzung der Wasserkraft reduziert sind.

> „Die Klimakrise stellt die größte Herausforderung unserer Zeit dar. Eine klimagerechte Raumordnung nimmt hier eine zentrale Rolle ein und trägt zur Klima- und Energiewende sowie zur Klimawandelanpassung bei. Durch den sparsamen Umgang mit natürlichen Ressourcen bewahren wir nicht nur unsere Lebensgrundlage. Er trägt auch dazu bei, natürliche Systeme zu erhalten und die Gleichwertigkeit der Lebensverhältnisse zukünftiger Generationen zu begünstigen."
>
> **Die Young-Experts des ÖREK 2030**

Um diese Ziele erreichen zu können, sind verschiedene Schritte unerlässlich. Dazu gehört die Forcierung der Energieerzeugung auf Gebäuden sowie auf bereits versiegelten Flächen. Des Weiteren die verstärkte Energieraumplanung mit Fokus auf eine möglichst geringe Flächeninanspruchnahme auf dafür ausgewiesenen Flächen unter Berücksichtigung der Bodenqualität. Dadurch kann auch zu einer Minimierung der Flächenkonkurrenzen zwischen Freiflächen für die Energiegewinnung, Freiflächen für die Lebensmittelproduktion und weiteren klimawirksamen Freiraumfunktionen beigetragen werden.

Der sorgsame Umgang mit der Ressource Boden ist auch ein maßgeblicher Indikator der österreichischen Nachhaltigkeitsstrategie. Bereits im Jahre 2002 wurde in der vom Ministerrat beschlossenen „Österreichischen Strategie zur nachhaltigen Entwicklung" die Reduktion der „dauerhaft versiegelten Flächen auf maximal ein Zehntel des damaligen Wertes bis 2010" beschlossen. Im Regierungsprogramm 2020–2024 wird dieser Zielwert wieder aufgegriffen, indem **der Flächenverbrauch auf netto 2,5 ha/Tag bis 2030 reduziert werden soll**. Damit bezieht sich der Zielwert auf den Überbegriff der Flächeninanspruchnahme als dauerhafter Verlust biologisch produktiven Bodens, welcher je nach Nutzung in unterschiedlichem Ausmaß versiegelt wird. Dazu zählen Verbauung für Siedlungs- und Verkehrszwecke, Freizeitzwecke, Abbauflächen und ähnliche Intensivnutzungen. Dem gegenüber bezieht sich die Versiegelung auf eine Teilmenge der Flächeninanspruchnahme, bei der Boden mit einer wasserundurchlässigen Schicht abgedeckt wird.

Im Zeitraum 2017–2019 wurden im Durchschnitt 12 ha Boden/Tag in Österreich in Anspruch genommen und zum Teil in hohem Maße versiegelt (zwischen 32 und 41 %). Ein hoher Versiegelungsgrad steht beispielsweise in Verbindung mit einem geringen Dauersiedlungsraumanteil, einer dynamischen Bevölkerungsentwicklung und hohen Grundstückspreisen. Er ist in Städten, Ballungsräumen und alpinen Tälern absolut gesehen am höchsten, wobei eine niedrigere versiegelte Fläche pro Kopf auf eine effizientere Nutzung von Grund und Boden hinweist. Wie im ÖROK-Atlas (Indikator 61) für das Jahr 2018 dargestellt, liegt der österreichweite Durchschnitt der versiegelten Flächen pro Kopf derzeit bei 209 m². In einzelnen, vor allem peripheren Gemeinden in Niederösterreich und im Burgenland, steigt er aber auf über 500 m² versiegelter Fläche pro Kopf an.

Dabei gehen im Zuge der Abdeckung des Bodens mit einer wasserundurchlässigen Schicht (Beton- oder Asphaltdecke) wichtige Funktionen (Speicher-, Filter-, Pufferfunktion, Lebensraumfunktion usw.) des Bodens verloren.

Gewidmetes Bauland je Einwohner:in 2020 in m²

Bauland in m² (Österreich: 359,6 m²)

- > 800
- > 600 bis 800
- > 400 bis 600
- > 200 bis 400
- ≤ 200
- Nicht-Dauersiedlungen (Wald, Almen, Gewässer und Ödland)

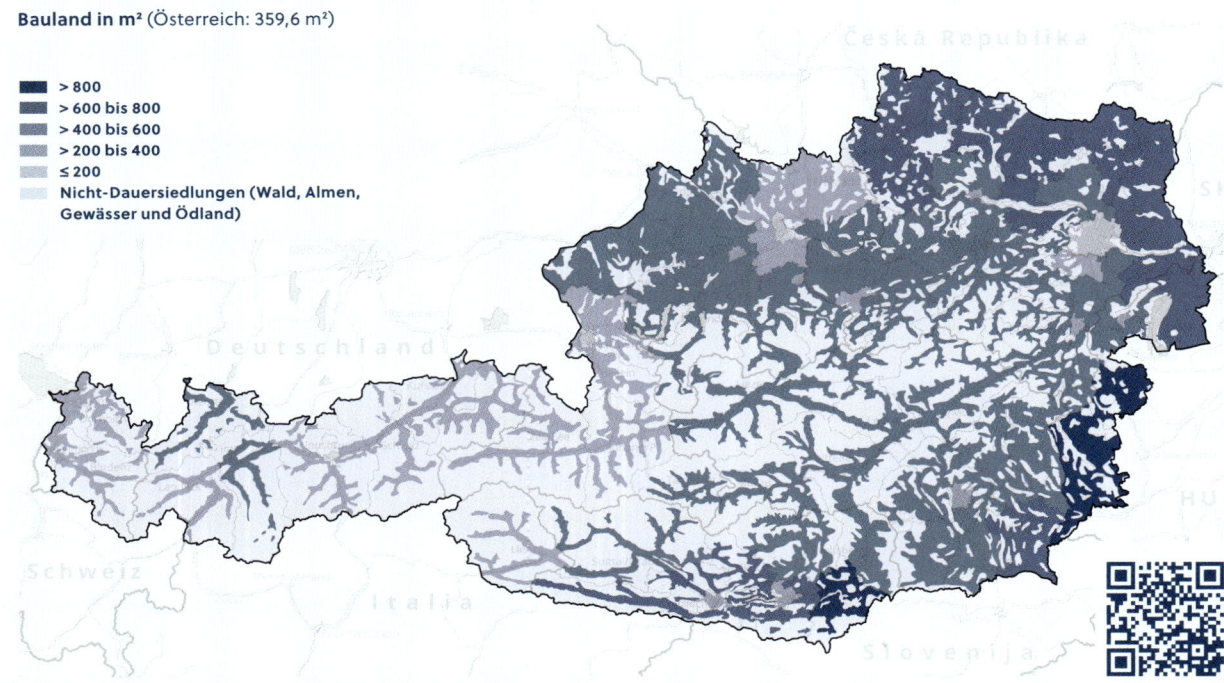

© ÖROK-Atlas; Quelle: Ämter der Landesregierungen; Statistik Austria, Statistik des Bevölkerungsstandes

Das führt zu einem vermehrten Hochwasserrisiko sowie zur Bildung von Hitzeinseln in Gebieten mit einem hohen Anteil versiegelter Flächen. Um diese auch für die Steigerung der Klimaresilienz maßgeblichen Freiraumfunktionen erhalten zu können, ist unbedingt auf eine möglichst effiziente Nutzung neuer Siedlungsflächen zu achten.

Die **Flächeninanspruchnahme** – umgangssprachlich auch als Flächenverbrauch bezeichnet – umfasst neben der damit häufig stattfindenden Versiegelung die gesamte in Anspruch genommene Fläche. Die jährlich vom Umweltbundesamt durchgeführte Erhebung anhand der Digitalen Katastralmappe zeigt für das Jahr 2019 eine zusätzliche Inanspruchnahme von Flächen im Ausmaß von 48 km² (13,1 ha/Tag) auf. Die größten Anteile davon können den Bauflächen (26,1 ha) sowie den Betriebsflächen (14,5 ha) zugeordnet werden (Umweltbundesamt 2019). Die gesamte in Anspruch genommene Fläche beläuft sich in Österreich im Jahr 2019 auf 5.729 km²: Demnach wurden bereits 18 % des Dauersiedlungsraumes für Siedlungs- und Verkehrszwecke in Anspruch genommen. Eine regionale Differenzierung liefert der Indikator „Gewidmetes Bauland je Einwohner:in" (ÖROK-Atlas Indikator 72). Hier lag der österreichweite Schnitt im Jahr 2020 bei 359,6 m² Bauland/Einwohner:in. Die höchsten Werte mit bis zu 800 m² pro Einwohner:in und mehr finden sich in Bezirken in Kärnten, in der Südoststeiermark sowie wiederum in den peripheren Bezirken Niederösterreichs und dem Burgenland. Im Vergleich dazu liegt der Wert für die Stadt Wien bei 77,7 m²/Kopf. Neben diesen Indikatoren kommt zunehmend auch dem Flächenbedarf für Energiezwecke eine stärkere Bedeutung zu.

Erste Tendenzen zum Flächensparen zeigen sich jedoch in der Entwicklung des gewidmeten Baulandes je Einwohner:in. In den Bundesländern Steiermark, Tirol, Vorarlberg, Wien und Niederösterreich hat sich trotz Bevölkerungswachstum das gewidmete Bauland um bis zu 2,3 m² je Einwohner:in verringert (ÖROK-Atlas Indikator 72). Die Gewährleistung von verdichteten und emissionssparenden Wohn- und Siedlungsformen ist ein maßgeblicher Beitrag der Raumordnung zur Minimierung der Flächeninanspruchnahme.

Die Ressourcen **Boden und Wasser** sind sowohl von den Auswirkungen der Klimakrise als auch von zunehmendem Siedlungsdruck unmittelbar betroffen. Deshalb müssen zukünftig die Sicherung wertvoller landwirtschaftlicher Böden zur Erhöhung des Grads der Eigenversorgung mit Nahrungsmitteln und der Schutz der Ressource Wasser noch stärker in den Mittelpunkt gerückt werden. Das hat auch die Covid-19-Pandemie gezeigt.

Der **Verkehr zählt global zu den größten Energieverbrauchern,** in Österreich ist er sogar der größte, und beeinflusst maßgeblich auch die Flächeninanspruchnahme. Der Anteil des Verkehrs am energetischen Endverbrauch liegt in Österreich mit 36,1 % deutlich über dem EU-Schnitt von 30,9 % (BMK 2020). Mobilität wird in Österreich nach wie vor stark vom motorisierten Individualverkehr dominiert. Der Motorisierungsgrad der Bevölkerung nahm zwischen 2008 und 2018 deutlich zu. Er stieg in dieser Zeit von 510 PKW/1.000 Einwohner:innen auf 554/1.000 Einwohner:innen. Regional gibt es dabei erhebliche Unterschiede. In städtischen Regionen mit einem gut ausgebauten öffentlichen Verkehrssystem wie z.B. in Wien ist der Motorisierungsgrad geringer und der Anteil am öffentlichen Verkehr, Rad- und Fußverkehr höher. In vielen ländlichen Regionen ist das Angebot an Alternativen zum PKW hingegen unzureichend ausgebaut. Disperse Siedlungsstrukturen tragen zu einem erhöhten Verkehrsaufkommen beim motorisierten Individualverkehr bei. Damit wird auch die Flächeninanspruchnahme und Versiegelung beschleunigt. Die Aufgabe der Raumplanung ist es daher weiterhin, die Orientierung der Siedlungsentwicklung am öffentlichen Verkehr zu forcieren und die fortschreitende Zersiedelung einzudämmen. **Mit dem Mobilitätsmasterplan 2030 des Bundes** sollen maßgebliche Einflussmöglichkeiten zur Steuerung der Raumordnung und Verkehrsentwicklung wechselseitig unterstützt werden. Das soll auch zur Reduktion der CO_2-Emissionen im Verkehrsbereich beitragen.

Die Eindämmung der zunehmenden **Risiken durch Naturgefahren sowie weiteren klimawandelinduzierten Gefahren** wie z.B. Starkregen, Dürre und Hitze ist ein maßgeblicher Aspekt zur Ressourcensicherung sowie zur Resilienz gegenüber dem Klimawandel. Eine wesentliche Rolle spielen dabei vor allem die Bereitstellung und Implementierung von Daten zu raumplanungsrelevanten Naturgefahren und die Risikoabschätzung sowie Prävention.

Das ÖREK 2030 adressiert vor diesem Hintergrund in der Säule 1 Handlungsaufträge zu den folgenden sechs thematischen Zielen:

▶ **Ziel 1**
Den Energiebedarf senken und die Potenziale für erneuerbare Energien regional sichern und nutzen – Energieraumplanung forcieren

▶ **Ziel 2**
Die Bodenversiegelung und die Flächeninanspruchnahme zeitnah deutlich reduzieren und Raum- und Siedlungsstrukturen ressourcensparend, klimaschonend und resilient entwickeln

▶ **Ziel 3**
Boden und Wasser als Lebensgrundlagen sichern und nachhaltig bewirtschaften

▶ **Ziel 4**
Mobilität und Erreichbarkeit klimaneutral ermöglichen und Gesamtenergieverbrauch des Verkehrs reduzieren

▶ **Ziel 5**
Frei- und Grünräume sowie deren Funktionen erhöhen und sichern und Eignung für multifunktionale Nutzungen stärken

▶ **Ziel 6**
Die zunehmenden Risiken durch Naturgefahren und weitere Gefahren in Folge des Klimawandels durch präventive Raumplanung eingrenzen

Den Energiebedarf senken und die Potenziale für erneuerbare Energien regional sichern und nutzen – Energieraumplanung forcieren

Dieses Ziel steht in direktem Zusammenhang mit dem Ziel einer **Dekarbonisierung und Transformation des Energiesystems**. Die wichtigsten Handlungsfelder sind die Senkung des Energiebedarfes und der Umbau der Energieerzeugung weg von fossilen Brennstoffen hin zur Nutzung erneuerbarer Energieträger.

Der integrierte nationale Energie- und Klimaplan für Österreich (NEKP Stand Dezember 2019) legt die Vorgaben und Zielwerte anhand des bisherigen klima- und energiepolitischen Rahmens aus dem Jahr 2014 fest. Die Treibhausgase in Sektoren außerhalb des Emissionshandles sollen bis zum Jahr 2030 um 36 % gegenüber 2005 reduziert werden. Der Anteil erneuerbarer Energie am Bruttoendenergieverbrauch soll bis 2030 auf einen Wert von 46–50 % gehoben werden. Die Primärenergieintensität soll um 25–30 % gegenüber 2015 verbessert werden.

Das Ziel der Klimaneutralität in Österreich bis spätestens 2040 erfordert noch ambitioniertere Treibhausgas-Reduktionspfade. Die Dringlichkeit der Umsetzung von konkreten Maßnahmen wird damit deutlich erhöht. Die folgenden Handlungsaufträge sollen die räumlichen Voraussetzungen zur Erreichung dieses Zieles zur Klimaneutralität bis 2040 schaffen.

Diese knüpfen dabei an die intensiven Bemühungen der ÖROK und ihrer Mitglieder im Rahmen der ÖREK-Partnerschaften zu Energieraumplanung an. Insbesondere die Freihaltung und Freigabe von geeigneten Räumen wird aufgegriffen. Das passiert mit Fokus auf die Klimakrise und die stetig steigenden, multifunktionalen Nutzungsansprüche an Freiräume. Aspekte der Potenzialnutzung zur Energiegewinnung auf Gebäuden erweitern den Kontext.

Die Nutzung von Freiflächen für erneuerbare Energieträger unterliegt jedoch in hohem Ausmaß der Abwägung mit der ebenso im hohen öffentlichen Interesse gelegenen Freiraumfunktion zur Gewährleistung der Ernährungssicherheit und Steigerung der Biodiversität. Die Flächeninanspruchnahme von z.B. landwirtschaftlich genutzten Flächen für Photovoltaikanlangen ist dabei ein konkretes Beispiel. Zukünftig muss eine sorgsame und umfassende Betrachtung der Auswirkungen z.B. in Bezug auf die Biodiversität, das Landschaftsbild, die Ertragsleistung und die Qualität von Böden erfolgen. Vor der Nutzung von Freiflächen sollten jedenfalls alle anderen Optionen wie Dächer, Restflächen, versiegelte Flächen etc. geprüft werden. Die Nutzung von Freiflächen, vor allem ohne echte Doppelnutzung, sollte im Sinne des Ziels der Reduktion der Flächeninanspruchnahme jedenfalls auf ein Minimum beschränkt sein.

HANDLUNGS AUFTRAG
1.1 a

Die Potenziale für erneuerbare Energie regional differenziert erheben und nachhaltig nutzen

Der Ausbau aller Quellen von erneuerbarer Energie ist zentral für die Erreichung der angestrebten Klimaneutralität. Maßgeblich ist dabei, die konkreten räumlichen Potenziale je nach Raumausstattung differenziert zu erheben. So entsteht ein Gesamtbild für Österreich zur Verteilung der einzelnen Eignungsräume je Energietyp. Diese Eignungsräume können entsprechend gesichert werden. Zum anderen gilt es aber, die Auswirkungen und ökologischen Folgewirkungen in Bezug auf die Flächeninanspruchnahme von neuen Flächen zu prüfen. Bundesweit abgestimmte Eignungs- und Ausschlusskriterien in Bezug auf flächenhafte Nutzungen sind dabei von zentraler Bedeutung. Dasselbe gilt für Richtlinien und Strategien zur Mobilisierung von Potenzialen bereits verbauter oder beanspruchter Flächen. Das betrifft in besonderem Maße auch die Städte und urbanen Räume.

Mögliche Maßnahmen und ÖROK-Arbeitsformate

- Methoden und Modelle zur Konkretisierung der Potenziale und des Flächenbedarfes für erneuerbare Energie (Erzeugungs- und Übertragungsinfrastruktur) auf regionaler Ebene entwickeln. Dabei eine intelligente Diversifizierung erneuerbarer Energieträger und -technologie berücksichtigen. Bundesweit abgestimmt, werden die Ergebnisse zur Verfügung gestellt. Indikatoren werden im ÖROK-Atlas zum Thema Energie und Umwelt für spezifische Energieformen aufbereitet und im Wärmeatlas zur Verfügung gestellt.
- Eignungs- und Ausschlusskriterien für die Nutzung von Freiflächen für die Energieerzeugung (z.B. für Photovoltaikanlagen) unter Einbeziehung weiterer Freiraumfunktionen konkretisieren und priorisieren. Die Abschätzung der Folgewirkungen auf die Lebensmittelproduktion und die Versorgung mit nachwachsenden Rohstoffen ist dabei zentral.
- Planungsrichtlinien zur vorrangigen Nutzung der Potenziale für erneuerbare Energie auf Gebäuden und technischen Anlagen sowie bereits genutzten Flächen erarbeiten. Strategien zur vorrangigen Mobilisierung dieser Potenziale entwickeln.

Raumtypen	Relevante Systeme von Akteur:innen	Instrumente
alle ÖREK-Raumtypen mit raumtypenspezifischer Differenzierung betrachten. Für größere und kleinere Stadtregionen und ländliche Verdichtungsräume sowie Achsenräume entlang hochrangiger Verkehrsinfrastruktur den zusätzlichen Fokus auf die Möglichkeiten zur Energiegewinnung auf Gebäuden sowie Abwasser setzen.	Bund, Länder, Regionen, Städte, Gemeinden, ÖROK, Fachplaner:innen aus den Bereichen Energie, Raumplanung und Naturschutz sowie geographischer Informationssysteme, Unternehmen die erneuerbare Energiegewinnungsanlagen errichten und betreiben	ÖROK-Partnerschaft, formelle Instrumente der überörtlichen und örtlichen Raumordnung, Förderanreize, ÖROK-Atlas

Den Energieverbrauch und -bedarf senken

Im Rahmen der ÖREK-Partnerschaften Energieraumplanung I und II wurde der Beitrag der Raumordnung zur Senkung des Energiebedarfs für Wohnen, Arbeiten und Mobilität bereits intensiv dargelegt. Es wurden fachliche Vorschläge zu Instrumenten und Prozessen konkretisiert. Diese sind unter Maßgabe der länder- und regionsspezifischen Gegebenheiten zielorientiert zu implementieren.

Um das Ziel der Klimaneutralität bis 2040 erreichen zu können, bedarf es umfassender Maßnahmen. Dazu gehören die Entwicklung von kompakten Siedlungsstrukturen und die Auswahl von geeigneten Standorten sowie die deutliche Reduktion des Energiebedarfes und die Einsparung von Energie. Das kann vor allem durch die Berücksichtigung in allen raum- und energierelevanten Festlegungen in Materiegesetzen gelingen. Wechselwirkungen und Synergien zwischen Raumnutzung und Bebauung, Energiebedarf und Energieversorgung können so genutzt und optimiert werden.

Mögliche Maßnahmen und ÖROK-Arbeitsformate
- Bestehende Förderungen sowie gesetzliche Regelungen in Bezug auf raumrelevante Vorgaben und Wirkungen analysieren – „Klima-Check von Gesetzen". Handlungsbedarf zur Optimierung von Wechselwirkungen und Synergien aufzeigen.

Raumtypen	Relevante Systeme von Akteur:innen	Instrumente
alle ÖREK-Raumtypen mit raumtypenspezifischer Differenzierung	Länder, Regionen, Städte, Gemeinden, Energieversorgung sowie Standortentwicklung und Mobilitätsdienstleistungen	formelle Instrumente der überörtlichen und örtlichen Raumordnung und des Bauwesens sowiwe Angebots- und Ausbauplanungen im Bereich Energie und Mobilität

Neue (klein-)regionale Netze ausbauen und überregionale Trassenkorridore sichern

Neben den Potenzialen zur Energieerzeugung und der Reduktion des Energieverbrauches stellen die Anlagen zur Erzeugung und zur Abnahme der Energie eine weitere maßgebliche Komponente im Zusammenspiel zwischen Energie und Raumplanung dar. Sie reicht von kleinregionalen Netzen und Erzeugungs- bzw. Abnahmemodellen für eine kurze, direkte Verbindung zwischen Erzeugung und Verbrauch bis hin zur Sicherung und koordinierten Planung von überregionalen und transeuropäischen Netzen im Hochspannungsnetz ab 110 kV. Damit soll auch das Ziel zur Sicherung der Stromversorgung durch 100 % Ökostrom (national bilanziell) unterstützt werden.

Mögliche Maßnahmen und ÖROK-Arbeitsformate
- Ergebnisse der ÖREK-Partnerschaften zur Energieraumplanung um konkrete Kriterien für die formellen Instrumente der überörtlichen und örtlichen Raumordnung ergänzen und adaptieren.

Raumtypen	Relevante Systeme von Akteur:innen	Instrumente
alle ÖREK-Raumtypen mit raumtypenspezifischer Differenzierung	Länder, Regionen, Städte, Gemeinden und Anlageneigentümer:innen sowie Netzbetreiber	Energiekonzepte für Gemeinden und Regionen (vgl. Ergebnisse der ÖREK-Partnerschaft Energieraumplanung), Standortkonzepte, Netzplanungen regionaler Unternehmen für Energieangebot bzw. -versorgung, bürgerschaftlich organisierte Energieversorgungskonzepte

Bodenversiegelung und Flächeninanspruchnahme zeitnah deutlich reduzieren und Raum- und Siedlungsstrukturen ressourcensparend, klimaschonend und resilient entwickeln

Dieses Ziel greift eine der zentralen Kernaufgaben der Raumordnung auf. Ziele zum sparsamen Umgang m t Grund und Boden finden sich seit jeher als Vorgaben in den Raumordnungsgesetzen der Länder. Sie werden durch Gesetze zum Bodenschutz, strategische Programme auf Ebene des Bundes und der Länder gestärkt und gestützt und durch quantitative Zielzahlen auf Ebene des Bundes konkretisiert. Sowohl die österreichische Nachhaltigkeitsstrategie als auch das Regierungsprogramm 2020–2024 geben als Zielzahl zur **Senkung neuer Flächeninanspruchnahme netto 2,5 ha/Tag bzw. 9 km²/Jahr bis 2030** an.

Diese Ziele entsprechen dem EU-Fahrplan für ein ressourcenschonendes Europa, in dem bis 2050 ein Netto-Neuverbrauch von Null vereinbart wurde. Die Herausforderungen zur Klimawandelanpassung sowie zum Klimaschutz verleihen diesen Zielen für die nächsten Jahre hohe Dringlichkeit. Sie bilden das Rückgrat für weitere maßgebliche Handlungsaufträge – insbesondere zum Schutz von Freiräumen und deren umfassenden Funktionen. Maßgeblich ist dabei auch das klare Bekenntnis zur Entwicklung von verdichteten Wohn- und Siedlungsformen sowie zur Nachverdichtung und Innenentwicklung.

Es müssen daher **rasch, konsequent und flächendeckend Instrumente und Maßnahmen zur Reduktion der Flächeninanspruchnahme und der Bodenversiegelung** gesetzt werden.

„Das ÖREK stellt die Reduktion der Flächeninanspruchnahme und der Bodenversiegelung wieder in den Vordergrund der Raumplanung und Raumordnung. Abgesehen von finanziellen Anreizen, z.B. für Entsiegelung oder Leerstandsaktivierung, sowohl für Kommunen als auch private Grundeigentümer:innen, sollten auch Instrumente wie Leerstandsabgaben, Flächenzertifikate und Verkehrskontingente geprüft werden."

Sibylla Zech, Raumplanerin, TU Wien

Die Nachnutzung brachgefallener Siedlungs-, Gewerbe- und Handelsflächen forcieren und Leerstandsmanagement etablieren

Die Nachnutzung brachliegender, bereits bisher genutzter Flächen und die Revitalisierung von Leerständen leistet den direktesten Beitrag zur Minimierung neuer Flächeninanspruchnahme und Bodenversiegelung. Dazu sollen entsprechende Grundlagen nach österreichweit einheitlichen Kriterien aufgebaut und publiziert werden. Nachnutzungen und Reaktivierung von Leerständen unterliegen einer Dynamik, die im Wesentlichen von den Eigentümer:innen bestimmt wird. Chancen und Risiken von bundesweiten Datenbanken sind zu prüfen und die Eckpfeiler eines erfolgreiches Leerstandsmanagements zu konkretisieren.

Mögliche Maßnahmen und ÖROK-Arbeitsformate

- Datengrundlagen als Ausgangsbasis für österreichweit einheitliche Auswertungen zum Thema Auflassung von Nutzungen (Flächen und Gebäude) verbessern und österreichweite Evidenzen aufbereiten und veröffentlichen (ÖROK-Atlas).
- Zweckmäßigkeit eines österreichweiten Leerstandskatasters klären, bundesweite Push- and Pull-Maßnahmen für Eigentümer:innen konzipieren.
- Brachflächenrecycling fördern (z.B. Novelle ALSAG).
- Potenziale und Optionen aufzeigen, wie Brachflächen multifunktional auch zur erneuerbaren Energiebereitstellung oder für Maßnahmen zur Anpassung an den Klimawandel (Entwässerung, Retention, kühlende Grünräume, Erhalt der Biodiversität etc.) genutzt werden können.

Raumtypen	Relevante Systeme von Akteur:innen	Instrumente
alle ÖREK-Raumtypen mit raumtypenspezifischer Differenzierung	Bund, Länder, Regionen, Städte, Gemeinden, Private/ Investor:innen, Bauträger, Entwicklungsgesellschaften, Wirtschaftskammer, Eigentümer:innen	formelle Instrumente der örtlichen Raumordnung, Gebühren und Abgaben, Leerstandskataster und Leerstandsmanagement, Förderungen

Maßnahmen zur Erreichung des nationalen 2,5 ha-Zielwertes auf Länderebene konkretisieren

Die nationale Zielvorgabe zur Reduktion der Flächeninanspruchnahme auf netto 2,5 ha/Tag bis 2030 kann nur durch eine abgestimmte Vorgehensweise des Bundes, der Länder, Städte und Gemeinden erreicht werden. Dazu braucht es in einem ersten Schritt ein einheitliches Verständnis und die Definition der Rahmenparameter. Was konkret wird unter Flächeninanspruchnahme verstanden? Welche Flächennutzungen zählen dazu? Welchen Beitrag bzw. welche Zielzahlen auf Ebene der Länder müssen erreicht werden? Welche Zielzahlen und Maßnahmen sind notwendig, um den unterschiedlichen Strukturen in den jeweiligen Raumtypen gerecht zu werden? Welche Parameter fließen in die Aufteilung bzw. Zuteilung von flächenbezogenen Zielwerten ein? Aufbauend darauf sind flankierende Maßnahmen sowie weitere Konkretisierungen zur Umsetzung zu erarbeiten, bundesweit abzustimmen und von allen Planungsträger:innen umzusetzen.

Aufgrund der Dringlichkeit müssen abgestimmte Maßnahmen eingebettet in ein regionalisiertes Zielsystem mit Meilensteinen zeitnah erfolgen, um das Ziel bis 2030 erreichen zu können.

Mögliche Maßnahmen und ÖROK-Arbeitsformate

- Einrichtung einer ÖROK-Partnerschaft zum Thema „2,5 ha" zur Erarbeitung einer ÖROK-Empfehlung für konkrete quantitative Zielzahlen je Bundesland und differenzierte Vorgaben für die unterschiedlichen Raumtypen, verbunden mit qualitativen Zielen (Bodenqualität) zur Senkung der Flächeninanspruchnahme und Flächenversiegelung, prüfen.
- Flächennutzungen bzw. Veränderungen von Flächennutzungen, die für die Zielüberprüfung bzw. Erreichung des nationalen 2,5 ha-Zielwertes relevant sind (z.B. Definition „Flächeninanspruchnahme" in Relation zur Bevölkerungszahl) definieren und ein nationales Monitoringsystem in Bezug auf quantitative Zielzahlen entwickeln.
- Maßnahmen zur Implementierung der Zielzahlen für die Länder in die Rechtsgrundlagen der Raumplanung und des Bodenschutzes erarbeiten.
- Österreichweite Standards und Kriterien für qualitätsvolle Verdichtung durch die überörtliche Festlegung von Mindestdichten und Mindestanteilen an flächensparenden Bauformen sowie Empfehlungen zur Entsieglung von Flächen entwickeln.
- Instrumente zur Verknüpfung der Reduktionsziele zur Flächeninanspruchnahme mit finanziellen Anreizen sowohl für Kommunen als auch private Grundeigentümer:innen prüfen und erarbeiten.

Raumtypen	Relevante Systeme von Akteur:innen	Instrumente
alle ÖROK-Raumtypen mit raumtypenspezifischer Differenzierung	Bund, ÖROK, Länder, Regionen, Gemeindeverbände, Städte, Gemeinden	ÖROK-Empfehlung, Raumordnungsgesetze, Überörtliche und örtliche Raumplanungsinstrumente, Förder- und Anreizsysteme, Monitoringsysteme, ÖROK-Atlas

HANDLUNGS
AUFTRAG
1.2 c

Siedlungen nach innen entwickeln und verdichten sowie Fehlentwicklungen in Außenbereichen auf Rücknahme prüfen

Neben der Nachnutzung von Bestandsbauten stellt die konsequente Entwicklung nach innen und die Nachverdichtung eine weitere maßgebliche Aufgabe der Raumordnung dar. Ein besonderer Fokus liegt dabei auf den Orts- und Stadtzentren. Aber auch Siedlungstypologien außerhalb der Zentren mit Potenzial zu Nachverdichtung – z.B. Einfamilienhausgebiete – sind zu betrachten. Mit der Deckung des Bedarfes für Wohnen, Handel und Gewerbe in verdichteten Lagen werden Möglichkeiten eröffnet, Fehlentwicklungen in Außenbereichen, die auf vergangenen Planungsprämissen beruhen, zu verändern. Die konkrete Rücknahme bzw. Rückwidmung von baulichen Entwicklungsflächen ist aufgrund der bestehenden Raum- und Verfassungsrechte vergleichsweise schwierig. Sie bedarf einer vertieften und umfassenden Betrachtung sowie begleitender Anreizsysteme und Bewusstseinsbildung.

Mögliche Maßnahmen und ÖROK-Arbeitsformate

- Ergebnisse der ÖROK-Partnerschaft „Stärkung der Orts- und Stadtkerne" in neuer ÖREK Partnerschaft „2,5 ha" aufgreifen und auf Themen der Nachverdichtung in bestehenden Siedlungsstrukturen (auch außerhalb von Orts- und Stadtkernen) sowie Rückbau von unternutzten Lagen und Möglichkeiten zur Rückwidmung neu ausrichten.
- Bestehende und gegebenenfalls neue Förderungen auf die erforderlichen Maßnahmen zur Stärkung der Orts- und Stadtkerne ausrichten.
- Möglichkeiten und Erfordernisse zur Anpassung der rechtlichen Rahmenbedingungen für eine künftig verstärkte Rückwidmung von Bauland, das im Widerspruch zu den geltenden Raumordnungszielen und Grundsätzen steht, ausarbeiten. Anforderungen an begleitende Anreiz- und Fördersysteme konkretisieren (z.B. Wohnbauförderung).

- Studien und Konzepte zur ortsbildverträglichen Nachverdichtung insbesondere von Handels- und Gewerbestandorten erarbeiten (u.a. CO_2-freie Erreichbarkeit, Reduktion versiegelter Flächen, mehrgeschossige Nutzungen, Onlinehandel...) sowie die Planungsprinzipien zur Stadt der kurzen Wege umsetzen.

Raumtypen	Relevante Systeme von Akteur:innen	Instrumente
alle ÖREK-Raumtypen mit raumtypenspezifischer Differenzierung	Bund, ÖROK, Länder, Regionen, Gemeindeverbände, Städte, Gemeinden	ÖROK-Empfehlung, Raumordnungsgesetze, Überörtliche und örtliche Raumplanungsinstrumente, Förder- und Anreizsysteme, Monitoringsysteme, ÖROK-Atlas

**HANDLUNGS
AUFTRAG
1.2 d**

Baulandreserven mobilisieren und Neuwidmungen durch aktives Baulandmanagement begleiten

Die Mobilisierung von gewidmetem, unbebautem Bauland – insbesondere in integrierten und mit öffentlichem Verkehr erschlossenen Lagen – zählt zu den vorrangigen Herausforderungen einer nachhaltigen Raumordnung. Die direkten Steuerungsmöglichkeiten hin zu einer Nutzung und Bebauung sind jedoch vergleichsweise gering. Ein gewisser Nutzungsdruck kann durch aktives Baulandmanagement im Zusammenhang mit Neuwidmungen entstehen. Neuwidmungen erfolgen heute bereits oft im Zusammenhang mit privatrechtlichen Verträgen und Vorgaben zur zeitgerechten Nutzung, Widmungen können auch befristet werden. Das schränkt die bisher oft erfolgte Hortung von Bauland ein und bewirkt ein Mindestmaß an Mobilisierung von neu gewidmetem Bauland.

Der künftige Baulandbedarf und die Zielwerte zur Reduktion der Flächeninanspruchnahme bilden Rahmenparameter für die künftige Entwicklung des Baulandes. Aufbauend darauf sind neue Modelle zur Minimierung des Ausmaßes an neu gewidmeten Flächen sowie zum Ausgleich von Widmungs- und Dichtegewinnen zu entwickeln. Privatrechtliche Maßnahmen sowie eine regionale und interkommunale Betrachtung und Abstimmung sind unerlässlich. Eine Reduktion des Flächenangebotes darf aber nicht zu einer weiteren Steigerung der Bodenpreise führen. Der Bedarf nach leistbaren Wohnungen und die Absicherung von moderaten Bodenpreisen müssen bei der Entwicklung und Mobilisierung von Bauland daher entsprechend berücksichtigt und abgesichert werden.

Mögliche Maßnahmen und ÖROK-Arbeitsformate
- Ergebnisse der ÖREK-Partnerschaften „Flächensparen, Flächenmanagement und aktive Bodenpolitik" sowie „Leistbares Wohnen" aufgreifen und eine Fortführung in einer neuen ÖREK-Partnerschaft zum Thema „Baulandmobilisierung und aktive Bodenpolitik" prüfen. Fokus auf die vertiefte Erarbeitung von rechtlichen Grundlagen und Empfehlungen für Möglichkeiten zum Ausgleich von Widmungs- und Dichtegewinnen sowie Absicherung von Qualitätszielen der Raumordnung und leistbarem Wohnen in privatrechtlichen Verträgen legen.
- Modelle und Grundlagen zur Erstellung und Implementierung regionalisierter Baulandbedarfsberechnungen und zum interkommunalen Handel mit Flächenzertifikaten aufbauend auf den Erfahrungen in anderen Ländern (z.B. Bayern) fachlich prüfen, adaptieren und weiterentwickeln.

Raumtypen	Relevante Systeme von Akteur:innen	Instrumente
alle ÖREK-Raumtyper mit raumtypenspezifischer Differenzierung	Bund, ÖROK, Länder, Regionen, Städte, Gemeinden, Rechtsberater:innen	ÖROK-Empfehlung, Raumordnungsgesetze, formelle Instrumente der überörtlichen und örtlichen Raumplanung sowie ergänzende privatrechtliche Verträge und Vereinbarungen zwischen Grundeigentümer:innen und Gemeinden bzw. Gemeindeverbänden

Boden und Wasser als Lebensgrundlagen sichern und nachhaltig bewirtschaften

Die Folgen des Klimawandels auf die Ressourcen Boden und Wasser wirken sich deutlich und unmittelbar aus. Dieses Ziel stellt dazu die Herausforderungen für die Versorgung und die Versorgungssicherheit der Bevölkerung in den Mittelpunkt. Damit verbunden sind der Erhalt land- und forstwirtschaftlicher Böden sowie die Grundlagen für land- und forstwirtschaftliche Produktion.

Die Covid-19-Pandemie mit ihren Konsequenzen auf internationale und globale Warenströme hat verdeutlicht, dass der Eigenversorgungsgrad mit Nahrungs-mitteln nicht für alle landwirtschaftlichen Produkte im gleichem Maße gegeben ist. Zusätzlich ist dieser durch die Folgen des Klimawandels wie z.B. Dürre oder Starkregen in hohem Maße vulnerabel.

Einen maßgeblichen Beitrag zur Versorgungssicherheit und zum Klimaschutz leisten der Erhalt der land- und forstwirtschaftlichen Produktionsflächen und die Qualität der Bodenfunktionen, nachhaltige Bewirtschaftungsformen sowie kleinteilig strukturierte Landwirtschaft und der Schutz der Ressource Wasser. Die Stärkung von nachhaltigen Konsummustern kann zu einer Verschiebung von Produktionsanteilen von tierischen hin zu pflanzlichen Nahrungsmitteln führen.

Landwirtschaftliche Flächen und Qualität der Bodenfunktionen für Nahrungsmittelproduktion erhalten

Der Erhalt der land- und forstwirtschaftlichen Flächen und der Qualität der Bodenfunktionen für die Nahrungsmittelproduktion sowie die nachhaltige Sicherung der Waldfunktionen sind eine zentrale Voraussetzung zur Eigen-versorgung mit Nahrungsmitteln. Bereits jetzt ist nicht bei allen pflanzlichen Erzeugnissen die Eigenversorgung gewährleistet. Mit fortschreitender Flächen-inanspruchnahme und Klimawandel wird der Grad der Eigenversorgung bis 2050 deutlich sinken (AGES 2018).

Die Festlegung von quantitativen und qualitativen Zielen zur Sicherung von hochwertigen land- und forstwirtschaftlichen Flächen ist eine maßgebliche Maßnahme mit hoher räumlicher Wirkung. Dazu zählt auch die Berücksichtigung der Funktion von Flächen für die Ernährungssicherheit im Rahmen der Abwägung mit weiteren Funktionen, z.B. für die Biodiversität. Für die vorausschauende und nachhaltige Sicherung der Waldflächen ist zudem eine konsequente Anwendung der forstlichen Raumplanungsinstrumente zu sichern. Diese ist in Abstimmung mit anderen Planungsinstrumenten weiterzuentwickeln.

Mögliche Maßnahmen und ÖROK-Arbeitsformate
- Die Einrichtung einer ÖREK-Partnerschaft zum Thema „Freiraumentwicklung, Ressourcenschutz und Klimawandel" in Verbindung mit den Maßnahmen zur Sicherung von Frei- und Grünräumen prüfen.
- Parameter und Methoden zur räumlichen Konkretisierung von vorrangigen Freiraumfunktionen erarbeiten und pilothaft für unterschiedliche Raumtypen anwenden.

Modelle und Möglichkeiten zur finanziellen Berücksichtigung von ökosystembasierten Dienstleitungen im Zusammenhang mit fiskalpolitischen Instrumenten prüfen und deren räumliche Wirkung aufzeigen.

Raumtypen	Relevante Systeme von Akteur:innen	Instrumente
alle ÖREK-Raumtypen mit raumtypenspezifischer Differenzierung und besonderem Fokus auf kleinere und größere Stadtregionen und ländliche Verdichtungsräume sowie ländliche Räume mit geringer Bevölkerungsdichte und Bevölkerungsrückgang	Bund, ÖROK, Länder, Regionen, Städte, Gemeinden, Landwirtschaftskammer, Fachplaner:innen aus den Bereichen Raum, Landschafts- und Umweltplanung	ÖROK-Empfehlung, formelle Instrumente der überörtlichen Raumordnung, fachliche Methoden und Modelle zur Bodenschutzbewertung, integrierte Modelle zur Bewertung von Freiraumfunktionen

HANDLUNGS AUFTRAG 1.3 b

Wasserver- und -entsorgung klimaresilient planen und Kreislaufsysteme unterstützen

Als Folgen des Klimawandels nehmen Dürreperioden, Trockenheit sowie Starkniederschläge zu. Deshalb, und aufgrund der zu erwartenden Entwicklung der Nutzungsansprüche, ist es notwendig, die Ressource Wasser stärker als bisher als System wahrzunehmen. Diese ist in der Raumentwicklung umfassend zu berücksichtigen. Der Schutz von und die Versorgungssicherheit mit Trinkwasser stehen dabei ebenso vor neuen Herausforderungen wie die Bewältigung von Starkregenereignissen und die damit verbundene schadlose und ökosystembasierte Retention. Der Erhalt und Ausbau der Biodiversität ist ebenso ein maßgeblicher Faktor für saubere Trinkwasservorkommen und die Retentionsfähigkeit von Böden bei Starkniederschlagsereignissen.

Die Entwicklung und Stärkung von Kreislaufsystemen und der Schutz der Wasservorkommen – insbesondere der Trinkwasservorkommen – ist von großer Bedeutung. Sie bedürfen klarer, österreichweit einheitliche Regelungen und Vorgaben für die Raumordnung sowie einer Abstimmung mit den Zielen der Wasserwirtschaft.

Mögliche Maßnahmen und ÖROK-Arbeitsformate
- Vorgaben und Richtlinien in der Raumordnung zu Trinkwasserschutz und Wasserversorgung österreichweit unter Berücksichtigung der Folgen des Klimawandels (Zunahme von Dürre- und Trockenheitsperioden, verringerte

Grundwasserneubildung, Starkniederschläge und kleinräumige Überflutungen, Verunreinigung von Wasserspendern, Verschärfung von Wassernutzungskonflikten) abstimmen und vereinheitlichen.
– Empfehlungen und Grundlagen für ein nachhaltiges (ökosystembasiertes) Regenwassermanagement ausarbeiten. Möglichkeiten zur Umsetzung von gemeinschaftlichen Anlagen in der z.B. Bebauungsplanung aufzeigen (ev. in Verbindung mit einer bereits für weitere Handlungsaufträge zu prüfenden ÖREK-Partnerschaft zum Thema „Freiraumentwicklung, Ressourcenschutz und Klimawandel").

Raumtypen	Relevante Systeme von Akteur:innen	Instrumente
alle ÖREK-Raumtypen mit raumtypenspezifischer Differenzierung	Bund, ÖROK, Länder, Städte, Gemeinden, Landwirtschaftskammer, Fachplaner:innen aus den Bereichen Raumplanung, Hydrogeologie und Siedlungswasserwirtschaft	wasserrechtliche Verfahren, Planungsstandards sowie Instrumente der örtlichen Raumplanung; ÖREK-Empfehlung

ZIEL 4

Mobilität und Erreichbarkeit klimaneutral ermöglichen und Gesamtenergieverbrauch des Verkehrs reduzieren

Aufbauend auf die bisherigen Arbeitsschwerpunkte der ÖREK-Partnerschaft „Plattform Raumordnung und Verkehr" soll weiterhin konsequent das Ziel zur Reduktion des CO_2-Ausstoßes im Verkehr verfolgt werden. Damit soll die Erreichung der Ziele des integrierten nationalen Energie- und Klimaplans (BMNT 2019a), die künftig noch ambitionierteren Ziele des Europäischen Green Deals sowie die Erreichung der Klimaneutralität 2040 unterstützt werden.

Dieses Ziel greift das Thema wieder auf, schärft und ergänzt es. Auf die sich abzeichnenden Herausforderungen der Klimakrise muss zeitnah und unmittelbar sowohl mit den Instrumenten der Raumordnung als auch mit der Angebotsplanung im öffentlichen Verkehr gegengesteuert werden. Dadurch, und durch die Attraktivierung von Fuß- und Radwegverbindungen, sollen Anreize für eine Änderung des Mobilitätsverhaltens geschaffen und eine Reduktion des Gesamtenergieverbrauchs des Verkehrs erreicht werden.

Die räumlichen Voraussetzungen und bestehenden Siedlungsstrukturen in den Raumtypen bieten dafür unterschiedlich gute Voraussetzungen. Für ländliche Regionen mit dispersen Siedlungsstrukturen müssen Lösungen und Instrumente entwickelt werden. Das Gleiche gilt für gut versorgte städtische Räume und Verdichtungsräume mit stadtregionalen Verkehrssystemen, die oft unter Überlastung leiden. Diesen unterschiedlichen Anforderungen an Mobilität und Siedlungsentwicklung in Verbindung mit der unterschiedlichen Ausprägung von Mobilitätszwängen gilt es differenziert zu begegnen.

Die positiven Wechselwirkungen zwischen verdichteten Siedlungsformen und der Erschließung durch den Umweltverbund sollen künftig noch stärker genutzt werden. Diese Intention wird auch durch den Mobilitätsmasterplan 2030 des Bundes unterstützt.

HANDLUNGS AUFTRAG 1.4 a

Instrumente zur konsequenten Abstimmung von Siedlungsentwicklung und Erschließung durch öffentlichen Verkehr weiterentwickeln

Mit den bestehenden Grundlagen zur Erreichbarkeit sowie den ÖV-Güteklassen liegen österreichweit einheitliche Planungshilfen vor. Sie müssen in einem nächsten Schritt räumlich differenziert und um Empfehlungen für die Siedlungsentwicklung ergänzt werden. Das ermöglicht eine direkte und zielgerichtete Umsetzung in den Instrumenten der örtlichen Raumplanung. Für bereits vorhandene Siedlungsstrukturen, die Defizite in der ÖV-Anbindung aufweisen, gilt es die Grundlagen für nachfrageorientierte Angebote zu entwickeln. Das bestehende ÖV-System ist zu ergänzen.

Mögliche Maßnahmen und ÖROK-Arbeitsformate
- ÖREK Partnerschaft „Plattform Raumordnung und Verkehr" vertieft weiterführen.
- Grundlagen für die fachlichen Empfehlungen, z.B. die Entwicklung von nachfrageorientierten Standards für den öffentlichen Verkehr, sowie neue Empfehlungen insbesondere für Raumtypen mit derzeit geringer Erreichbarkeit durch den öffentlichen Verkehr und Güteklassen erarbeiten, und in einer ÖROK-Empfehlung fokussieren.
- Rechtliche Grundlagen zur Raumordnung und zum Bauwesen sowie formelle Instrumente der überörtlichen und örtlichen Raumplanung prüfen. Den bundesweiten bzw. institutionenübergreifenden Handlungsbedarf zur Abstimmung von Siedlungsentwicklung und Energieverbrauch durch Mobilität klären.

Raumtypen	Relevante Systeme von Akteur:innen	Instrumente
alle ÖREK-Raumtypen mit raumtypenspezifischer Differenzierung	Bund, Länder, Städte, Gemeinden, ÖROK, Mobilitätsanbieter, Verkehrsverbünde, Städte mit eigenen städtischen Verkehrsunternehmen	formelle Instrumente der überörtlichen und örtlichen Raumordnung, Angebotsplanung der Verkehrsverbünde und weiterer Mobilitätsanbieter, ÖROK-Empfehlung

Möglichkeiten und Anreize zur Änderung des Mobilitätsverhaltens schaffen

Eine Änderung des Mobilitätsverhaltens kann durch Anreize unterstützt werden, erfordert aber auch Regulative und Lenkungsmaßnahmen. Maßgebliche Erfolgsfaktoren sind die Ausgewogenheit zwischen den beiden Instrumenten und deren Treffsicherheit in Bezug auf die konkrete räumliche Situation sowie aktive Kommunikation. Das Zusammenwirken von z.B. Bebauungsplanung mit privatrechtlichen Maßnahmen (Mobilitätsverträge, städtebauliche Verträge) beinhaltet Möglichkeiten, die über die bisherigen Instrumente der Raumplanung hinausgehen. Eine zeitgemäße und ressourcensparende Raumplanung bewirkt langfristig eine Transformation der Raumstrukturen und damit eine Änderung des Mobilitätsverhaltens hin zu einer reduzierten Verkehrsnachfrage.

Mögliche Maßnahmen und ÖROK-Arbeitsformate
- ÖREK-Partnerschaft „Plattform Raumordnung und Verkehr" vertieft weiterführen und Grundlagen und Empfehlungen im Zusammenhang mit den Erfordernissen und Bedürfnissen zur Änderung des Mobilitätsverhaltens differenziert nach den einzelnen ÖREK-Raumtypen erarbeiten. Empfehlungen zum Thema Neuaufteilung des öffentlichen Raumes konkretisieren.
- Rechtliche Möglichkeiten zur Verknüpfung von formellen Instrumenten der örtlichen Raumordnung (Flächenwidmung, Bebauungsplan) mit zivilrechtlichen Verträgen (Mobilitätsverträge) aufzeigen und eine ÖROK-Empfehlung ausarbeiten.

Raumtypen	Relevante Systeme von Akteur:innen	Instrumente
alle ÖREK-Raumtypen mit raumtypenspezifischer Differenzierung	Bund, ÖROK, Länder, Regionen, Städte, Gemeinden, Mobilitätsanbieter, Verkehrsverbünde, Städte mit eigenen städtischen Verkehrsunternehmen	Anreize wie z.B. Ticketangebote für eine umfassende, einfache und barrierefreie Nutzung von Angeboten des Umweltverbundes, Förderungen, Steuersystem, Instrumente der örtlichen Raumordnung, regionale Entwicklungsstrategien zur Ansprache von EU-Fördermitteln (z.B. LEADER u.a.)

Wechselwirkungen zwischen Raumentwicklung und Erreichbarkeit umfassend planen

Erreichbarkeit und Raumentwicklung haben sich seit jeher massiv wechselseitig beeinflusst. Technische Innovationen spielten dabei ebenso eine Rolle wie sich ändernde Lebensstile und Bedürfnisse. Digitalisierung in Verbindung mit neuen Informations- und Kommunikationstechnologien bieten für die Zukunft neue Chancen aber auch Risiken. Diese gilt es frühzeitig zu erkennen und für künftige Wechselwirkungen und die Planung von Mobilitätsinfrastruktur vorausschauend zu nutzen.

Mögliche Maßnahmen und ÖROK-Arbeitsformate
- ÖREK-Partnerschaft „Plattform Raumordnung und Verkehr" weiterführen. Grundlagen und Empfehlungen im Zusammenhang mit den Chancen und Risiken der Digitalisierung, Informations- und Kommunikationstechnologien, Forschungsergebnissen zum Thema autonomes Fahren sowie innovationsgetriebenen Trends erarbeiten.

Raumtypen
alle ÖREK-Raumtypen
mit raumtypenspezifischer
Differenzierung

**Relevante Systeme
von Akteur:innen**
Bund, ÖROK, Länder,
Regionen, Städte,Gemeinden,
Mobilitätsanbieter, Verkehrs-
verbünde, Städte mit
eigenen städtischen
Verkehrsunternehmen

Instrumente
Anreize wie z.B. Ticketangebote
für eine umfassende, einfache
und barrierefreie Nutzung von
Angeboten des Umweltver-
bundes, Förderungen, Steuersystem, Instrumente der örtlichen Raumordnung, regionale
Entwicklungsstrategien zur
Ansprache von EU-Förder-
mitteln (z.B. LEADER u.a.)

ZIEL 5

Frei- und Grünräume sowie ihre Funktionen erhöhen und sichern, Eignung für multifunktionale Nutzungen stärken

Die Sicherung, Vernetzung, Entwicklung und funktionsgerechte Bewirtschaf-
tung von Frei- und Grünflächen gewinnt an Priorität. Sie stehen im Kontext der
bereits spürbar wirksamen Auswirkungen des Klimawandels sowie fortschreitender Biodiversitätsverluste. Frei- und Grünräume bilden die
Grundlage und das Rückgrat für eine resiliente und nachhaltige
Entwicklung. Sie bestimmen in hohem Maß die Lebensqualität der
Bevölkerung.

„Die Entsiegelung braucht es nicht nur
als Kompensation, sondern auch für sich
aktiv und damit netto-entsiegelnd – für
die ökologische Nachhaltigkeit und
Erreichung der Klimaziele (Ausbau der
Senken)."

**Karl Steininger, Klimaökonom,
Universität Graz**

Dieses Ziel greift die Herausforderungen der Freiraumsicherung
auf. Es umfasst die notwendigen Maßnahmen im Zusammenhang
mit steigendem Siedlungsdruck und die Konkurrenz von unterschiedlichen Freiraumfunktionen bzw. -nutzungen auf ein und
derselben Fläche. Es braucht Maßnahmen zum Erhalt von natur-
räumlichen Ressourcen, zum Erhalt der Qualität sowie Erholungs-
wert der Landschaft und Biodiversität sowie zum Stopp des Verlustes von Arten
und Lebensräumen. Diese Maßnahmen benötigen mehr denn je eine integrierte und gleichwertige Betrachtung der Planungsgegenstände Siedlungsraum und Frei- bzw. Grünraum, insbesondere in Bezug auf Natur- und Kulturlandschaften.

Die räumliche Bezugsebene von Frei- und Grünräumen spannt in diesem Ziel den Bogen von vergleichsweise kleinen Grünflächen innerhalb bebauter Gebiete bis zu zusammenhängenden Freiraumkorridoren, großflächigen Landschaftsräumen und Schutzgebieten sowie deren Vernetzung. Unter grüner Infrastruktur wird dabei ein strategisch geplantes Netzwerk ökologisch wertvoller natürlicher und naturnaher Flächen mit Umweltelementen verstanden. Das Netzwerk soll so angelegt und bewirtschaftet werden, dass sowohl im urbanen als auch im ländlichen Raum ein breites Spektrum an Ökosystemdienstleistungen gewährleistet und die biologische Vielfalt geschützt ist.

HANDLUNGS AUFTRAG 1.5 a

Grün- und Freiflächen sichern und vernetzen und klimawandelrelevante Funktionen sowie Biodiversität stärken

Der Verbund von Grün- und Freiflächen unterliegt komplexen Wirkzusammenhängen und unterschiedlichen Funktionen im Raum. Sie sind aufbauend auf fachlichen Grundlagen differenziert sichtbar zu machen. So gelingt es, der Vielfalt an Funktionen im Rahmen von planerischen Maßnahmen gerecht zu werden – insbesondere den klimawandelrelevanten Funktionen und Erholungsfunktionen. Einzelne Nutzungen können in Bezug auf den Klimaschutz zu Interessens- und Nutzungskonkurrenzen auf ein und derselben Flächen führen. Sie müssen systematisch und räumlich differenziert betrachtet und die Wirkungen in Bezug auf das Ökosystem bzw. die Biodiversität bewertet werden. Darüber hinaus sind auch die Erholungsfunktionen – insbesondere von städtischen Grünräumen – in der Betrachtung und Bewertung zu berücksichtigen.

Mögliche Maßnahmen und ÖROK-Arbeitsformate
- Die Einrichtung einer ÖREK-Partnerschaft zum Thema „Freiraumentwicklung, Ressourcenschutz und Klimawandel" prüfen: Ziele und Grundsätze im Zusammenhang mit den Funktionen von Frei- und Grünräumen sowie Natur- und Kulturlandschaften im Kontext des Klimawandels und Biodiversitätsschutzes und den Anforderungen an Erholungsbedürfnisse zur Aufnahme in den Raumordnungsgesetzen erarbeiten.
- Kriterien und Grundlagen zur robusten und nachvollziehbaren Auswahl und Abwägung von Grün- und Freiraumfunktionen ausarbeiten. Wo sinnvoll und möglich, im ÖROK-Atlas zugänglich machen.
- Interessens- und Nutzungskonflikte auf Grün- und Freiräumen benennen und Wirkungen von Nutzungen umfassend betrachten – insbesondere in Bezug auf Klimafunktionen und neuer Funktionskategorien wie z.B. Klimavorsorge-, Vorrang-, Vorbehalts-, Vorhalte- und Eignungsflächen, aber auch in Bezug auf Erholungsfunktionen.
- Modelle und Möglichkeiten zur finanziellen Berücksichtigung von ökosystembasierten Dienstleitungen sowie Steigerung der Erholungseignung im Zusammenhang mit fiskalpolitischen Instrumenten prüfen und deren räumliche Wirkung aufzeigen.

Raumtypen	Relevante Systeme von Akteur:innen	Instrumente
alle ÖREK-Raumtypen mit raumtypenspezifischer Differenzierung	Bund, ÖROK, Länder, Städte, Gemeinden, Fachplaner:innen sowie Wissenschafter:innen aus den Bereichen Raumordnung, Ökosystem- und Biodiversitätsforschung sowie Klimaforschung, Non-Profitorganisationen im Bereich Natur- und Artenschutz	ÖROK-Empfehlung, formelle Instrumente der überörtlichen und örtlichen Raumplanung, naturkundefachliche Planungsinstrumente, Bewusstseinsbildung, ÖROK-Atlas

Grüne und blaue Infrastruktur integriert und gleichwertig zur baulichen Entwicklung planen

Grün- und Freiräume rücken im Zusammenhang mit den Folgen des Klimawandels in den Fokus einer nachhaltigen und gerechten Raumplanung. Bisher stand vor allem die bauliche Entwicklung im Zentrum der Planungsinstrumente. Dazu wurde über die Jahre ein sehr differenziertes System von Reglungen und Vorgaben zur Steuerung entwickelt. Jetzt bedarf es einer vergleichbar differenzierten Betrachtung und Entwicklung von Instrumenten für die Planung von Grün- und Freiräumen.

Mögliche Maßnahmen und ÖROK-Arbeitsformate

– Die Einrichtung einer ÖREK-Partnerschaft zum Thema „Freiraumentwicklung, Ressourcenschutz und Klimawandel" prüfen. Leitlinien zur multifunktionalen Frei- und Grünraumplanung für die jeweiligen Maßstabsebenen und Raumtypen erarbeiten.

– Quantitative Zielwerte für grüne Infrastruktur in Siedlungsräumen entwickeln und auf Umsetzbarkeit prüfen. Möglichkeiten zur Sicherung und Ausbau der grünen Infrastruktur im Rahmen von privatrechtlichen Maßnahmen ergänzend zu den Instrumenten der örtlichen Raumordnung (Flächenwidmungs- und Bebauungsplan) rechtlich prüfen und aufzeigen.

– Gute Beispiele aufbereiten und Wirkzusammenhänge von Frei- und Grünraumnutzungen sowie den zugrundeliegenden Ökosystemleistungen aufzeigen.

– Natur-/ökosystembasierte Leistungen von Freiräumen für Klimaschutz und Klimawandelanpassung, die regionale Lebensmittelversorgung sowie die Erholungsfunktion aufzeigen. Mehrfachnutzen für Gesellschaft und Umwelt darstellen und durch Festlegung multifunktionaler Planungskategorien und Schaffung entsprechender Anreize umsetzen.

– Leitlinien und Ausgleichsmechanismen zum örtlich differenzierten Umgang mit dem Zielkonflikt zwischen baulicher (Nach-)Verdichtung einerseits sowie Freiraumsicherung und Durchgrünung andererseits ausarbeiten und gute Praxisbeispiele aufbereiten.

Raumtypen	Relevante Systeme von Akteur:innen	Instrumente
alle ÖREK-Raumtypen mit raumtypenspezifischer Differenzierung	Bund, ÖROK, Städte, Länder, Gemeinden und Fachplaner:innen sowie Wissenschafter:innen aus den Bereichen Raumordnung sowie Freiraum- und Landschaftsplanung	ÖROK-Empfehlung, formelle Instrumente der überörtlichen und örtlichen Raumplanung, Naturwerteplanungen, landschaftspflegerische Begleitplanungen

Eingriffe in Grün- und Freiräume zielorientiert ausgleichen

Im Rahmen von Genehmigungsverfahren – insbesondere im Rahmen von UVP-Verfahren – werden zur Minderung und zum Ausgleich von Eingriffen Maßnahmen seitens der Projektwerber:innen geplant und/oder durch die Genehmigungsbehörden vorgeschrieben. Dazu bedarf es der Zustimmung der Grundeigentümer:innen der dafür erforderlichen Flächen. Oft sind Flächen für Maßnahmen aber nicht verfügbar. Eine Überprüfung solcher Maßnahmen auf ihre Wirkung hinsichtlich Naturschutz und Klimaschutz – aber auch auf den Erhalt landwirtschaftlicher Produktionsflächen – ist noch nicht ausreichend in den gesetzlichen Vorgaben verankert. Optimierungsmöglichkeiten bestehen daher sowohl in der vorausschauenden Sicherung der Verfügbarkeit der Flächen für die Umsetzung der Maßnahmen als auch in der Überprüfung der Vereinbarkeit der Funktionen dieser Flächen.

Mögliche Maßnahmen und ÖROK-Arbeitsformate
– Modelle und Prozesse zum Aufbau von regionalen Ausgleichsflächenpools
 erarbeiten und Umsetzungserfordernisse sowie Grundlagen auf fachlicher
 sowie rechtlicher Ebene bundesweit darstellen bzw. konkretisieren. Diese auf
 Wirkungen zum Klima- und Biodiversitätsschutz sowie Ernährungssicherheit
 fokussieren. Realisierte flächenbezogenen Ausgleichsmaßnahmen österreichweit erfassen.

Raumtypen	Relevante Systeme von Akteur:innen	Instrumente
alle ÖREK-Raumtypen mit raumtypenspezifischer Differenzierung	Bund, Länder, Regionen, Städte, Gemeinden, ÖROK, Fachplaner:innen, Vorhabens-träger:innen, Grundeigentü-mer:innen	regionale Flächenpools für Ausgleichsmaßnahmen, Instrumente zur Sicherung der Verfügbarkeit von Flächen und deren Vorhaltung für entspre-chende Ausgleichsmaßnahmen

ZIEL 6

Die zunehmenden Risiken durch Naturgefahren und weitere Gefahren in Folge des Klimawandels durch präventive Raumplanung eingrenzen

Dieses Ziel fokussiert auf die zunehmenden Gefahren und Risiken durch Naturgefahren sowie weitere räumliche klimawandelinduzierte Gefahren für die
Bevölkerung. Gefahren und Risiken ergeben sich zum einen durch den steigenden Siedlungsdruck in immer dichter besiedelten Dauersiedlungsräumen und
dem damit verbundenen Vordringen in der Natur vorbehaltene Räume. Zum
anderen erhöhen sich die Gefahren durch vermehrte Starkregen, Hitze- und
Dürreperioden in Folge des Klimawandels. Die Prognose und damit die Risiko-
einschätzung für Bauten und Infrastrukturanlagen werden dadurch vor große
Herausforderungen gestellt.

Mit diesen Themen haben sich bereits die zwei ÖREK-Partnerschaften „Risikomanagement für gravitative Naturgefahren in der Raumplanung" sowie „Risikomanagement Hochwasser" beschäftigt. Dazu liegen die konkreten ÖROK-Empfehlungen Nr. 54 (2015) und Nr. 57 (2017) vor. Prioritäre, noch nicht zur Gänze umgesetzte Handlungsaufträge aus diesen Empfehlungen werden im ÖREK 2030 nochmals aufgegriffen. Sie werden um Aspekte der klimaresilienten Sicherheit von Infrastrukturanlagen für Energieversorgung und Verkehr ergänzt.

HANDLUNGSAUFTRAG 1.6 a

Die Sicherheit von kritischen Infrastrukturanlagen klimaresilient gewährleisten

Extremwettereinflüsse, Naturgefahrenereignisse, Veränderungen im Permafrost und Extremtemperaturen führen bereits heute regelmäßig zu Beschädigungen und Zerstörungen von kritischen Infrastrukturanlagen (z.B. Verkehrsinfrastruktur, Freileitungsanlagen). Unterbrechungen oder Versagen kritischer Infrastrukturen sowie Schutzinfrastrukturen können dabei beträchtliche regionalwirtschaftliche Auswirkungen haben. Neben einer Bedrohung für die Sicherheit führen sie auch zur Verschärfung regionaler Disparitäten. Faktoren zur Stärkung der Klimaresilienz sind daher bei Planungen von kritischen Infrastrukturen sowie Schutzinfrastrukturen z.B. im Rahmen der Trassenauswahl verstärkt zu berücksichtigen und entsprechende Korridore durch Instrumente der Raumordnung zu sichern.

Mögliche Maßnahmen und ÖROK-Arbeitsformate
– Bundesländerübergreifende Infrastruktur(planungs)korridore klimaresilient planen und in nationalen Plänen und Programmen sowie durch entsprechende gesetzliche Regelungen sichern (z.B. Energieübertragungsnetze).

Raumtypen	**Relevante Systeme von Akteur:innen**	**Instrumente**
alle ÖREK-Raumtypen mit raumtypenspezifischer Differenzierung	Bund, ÖROK, Länder, Städte, Gemeinden, Fachplanungen, Infrastrukturträger- und Betreiber	integrierte Gefahrenkarten, formelle Raumordnungsinstrumente der überörtlichen und örtlichen Raumplanung, Umweltverträglichkeitsprüfungen

HANDLUNGSAUFTRAG 1.6 b

Grundlagen und Vorgaben zur Prävention vor Naturgefahren und klimainduzierten Gefahren harmonisieren

Die Grundlagen in Bezug auf Naturgefahren beruhen zum überwiegenden Teil auf bundesrechtlichen Vorgaben, jene zur Raumordnung sind in Länderkompetenz. In den meisten Bundesländern wurden sukzessive zahlreiche Verbesserungen zum Umgang mit Risiken von Naturgefahren implementiert. Dennoch bleiben auf der Detailebene bedeutende Unterschiede hinsichtlich Regelungsumfang, Regelungstiefe und -intensität. Es besteht weiterhin Bedarf nach klareren Normierungen und Konkretisierungen. Damit verbunden sind spezifische Empfehlungen und harmonisierte Formulierungen entsprechend der bundesrechtlichen Grundlagen. Als übergeordnetes Ziel gilt es, die Freihaltung von Gefahrenzonen und Risikogebieten zu gewährleisten.

Mögliche Maßnahmen und ÖROK-Arbeitsformate
– Sektor- bzw. fachübergreifende und österreichweit standardisierte Erhebung von raumbezogenen Daten und Planungsgrundlagen sowie die Definition von Sicherheitsniveaus, wie dies im Rahmen der ÖROK-Empfehlungen Nr. 57 und 54 beschlossen wurde, nach Maßgabe der länder- und regionsspezifischen Gegebenheiten umsetzen.

– Die Ergebnisse der ÖREK-Partnerschaften „Risikomanagment für gravitative Naturgefahren" sowie „Risikomanagement Hochwasser" zusammenführen. Den Handlungsbedarf für die Anpassung bzw. Neuaufnahme von Zielen und Vorgaben in den Raumordnungsgesetzen der Länder konkretisieren sowie mit Bundesgesetzen (z.B. Forstrecht) abstimmen und harmonisieren.

Raumtypen	Relevante Systeme von Akteur:innen	Instrumente
alle ÖREK-Raumtypen mit raumtypenspezifischer Differenzierung	Bund, ÖROK, Länder, Städte, Gemeinden, Fachplanungen im Bereich Naturgefahren und Hochwasserbewertung und -prognose und Meteorologie/ Klimatologie sowie Wissenschaft und Forschung zum Klimawandel	integrierte Naturgefahren-karten und -pläne, Vorsorge- und Risikochecks auf regionaler und kommunaler Ebene, Klimaszenarien, Klimafolgenabschätzungen und deren Aufbereitung für die räumliche Planung, Monitoring von raumwirksamen Veränderungen von Naturgefahrenprozessen, klimatologische Fachgrundlagen, Raumordnungsgesetze der Länder, Forstgesetz, Wasserrechtsgesetze, ÖROK-Atlas als gemeinsame Wissensbasis zu raumwirksamen Klimawandelfolgen

HANDLUNGS
AUFTRAG
1.6 c

Das Restrisiko durch Naturgefahren und klimainduzierte Gefahren berücksichtigen

Der vorausschauende Umgang mit Restrisiken gewinnt mit dem fortschreitenden Klimawandel an Relevanz und Dringlichkeit. Die vorherrschende Praxis der Rücknahme von Gefahrenzonenplänen und Widmungsbeschränkungen in baulich vor Gefahren geschützten Zonen führt zu Schadenspotenzialen im Überlast- oder Versagensfall von Schutzmaßnahmen. Es besteht daher der dringende Bedarf eines integralen Risikomanagements, um einen systematischen Umgang mit den verschiedenen Arten von Naturgefahren und deren Risiken zu ermöglichen.

Mögliche Maßnahmen und ÖROK-Arbeitsformate
– Die Ergebnisse der ÖREK-Partnerschaften „Naturgefahren" sowie „Hochwasserschutz" zusammenführen und Handlungsbedarf in Bezug auf die Bewertung und Berücksichtigung des Restrisikos schärfen. Empfehlungen zur Verankerung in den Raumordnungsgesetzen entwickeln.
– Empfehlungen und Hilfestellungen für Verfahren und Prozesse zum Risiko-Governance entwickeln.
– Weitere klimainduzierte Gefahren prüfen und ökosystembasierte Anpassungserfordernisse schärfen (vgl. Ziele zur Freiraumsicherung – Hochwasserrückhalt), raumbezogene Daten und Grundlagen erarbeiten und in bestehende Regelungssysteme implementieren.

Raumtypen	Relevante Systeme von Akteur:innen	Instrumente
alle ÖREK-Raumtypen mit raumtypenspezifischer Differenzierung	Bund, ÖROK, Städte, Länder, Gemeinden, Fachplanungen im Bereich Naturgefahren und Hochwasserbewertung und -prognose sowie Wissenschaft und Forschung zum Klimawandel	integrierte Gefahrenkarten, Raumordnungsgesetzte der Länder, Forstgesetz, Wasserrechtsgesetze, formelle Raumordnungsinstrumente der überörtlichen und örtlichen Raumplanung, nationaler Hochwasserrisikomanagementplan, ÖROK-Atlas

Den sozialen und räumlichen Zusammenhalt stärken

Sozialer und räumlicher Zusammenhalt sind eine **Grundvoraussetzung für ein funktionierendes Gemeinwesen**. Soziale, wirtschaftliche und räumliche Ungleichheiten, die als ungerecht empfunden werden, können gesellschaftliche Konflikte auslösen. Sie gefährden damit auch die Akzeptanz der Institutionen des Gemeinwesens.

Es ist Auftrag der Raumentwicklung, dafür zu sorgen, dass regionale und räumliche Unterschiede in der Lebensqualität, der Wirtschaftsleistung, den Einkommen, der Versorgung mit Infrastrukturen und Diensten der Daseinsvorsorge sowie der individuellen Startchancen und Entwicklungsmöglichkeiten den räumlichen und sozialen Zusammenhalt nicht gefährden. Im ÖREK 2030 stehen dafür der Grundsatz der **„Gerechten Raumentwicklung"** und das räumliche Ziel „Die Lebensqualität und gleichwertige Lebensbedingungen für alle Menschen in allen Regionen bedarfsorientiert entwickeln".

Regionen und Räume weisen unterschiedliche Qualitäten auf, die in raumstrukturellen Rahmenbedingungen (z.B. Topografie, Ressourcenausstattung, Klima, Erreichbarkeit, etc.) verankert sind. Es geht einerseits darum, ausgehend von den spezifischen regionalen und räumlichen Qualitäten Mindeststandards zu gewährleisten. Andererseits geht es darum, relative Ungleichheiten nicht unvertretbar groß werden zu lassen. Das erfordert regions- und raumtypenspezifische Zugänge, die besonders an den Schwachstellen und Mängeln ansetzen. Durch systemische Maßnahmen oder punktuelle kompensatorische Interventionen wird einen Ausgleich angestrebt.

Regionale und räumliche Unterschiede können mit objektiven und subjektiven **Merkmalsmessungen** sichtbar gemacht werden. Objektive Merkmale sind etwa das Einkommen, das Arbeitsplatzangebot, die Wohnungskosten, die Erreichbarkeit von Einrichtungen der Daseinsvorsorge. Subjekte Merkmale sind die allgemeine Lebenszufriedenheit, die Zufriedenheit mit der Wohnumgebung, mit der Arbeit, den persönlichen Entwicklungsmöglichkeiten oder den sozialen Beziehungen im Lebensumfeld.

In Österreich sind in vielen ländlichen Regionen die Einkommen und die Erreichbarkeit von Einrichtungen der Daseinsvorsorge im Durchschnitt signifikant geringer als in städtischen Regionen. In diesen Gebieten ist etwa auch der Mobilitätsaufwand deutlich höher als in den städtischen Regionen. Wanderungsbewegungen lassen darauf schließen, dass städtische Regionen als Arbeits- und Karriereorte attraktiver sind. Dafür sind in den ländlichen Regionen die Wohnungskosten günstiger, die Wohnumfeld- und die Umweltqualität deutlich höher als in städtischen Regionen. Umso mehr geht es darum, regionale und räumliche Strategien auf jene **raumtypenspezifischen Probleme** zu lenken, die einen großen Beitrag zur Verringerung von Ungleichheit und zur Angleichung von Lebenschancen leisten können.

Der soziale und räumliche Zusammenhalt ist keine stabile Größe. Die **Megatrends** und der damit verbundene **Transformationsbedarf** stellen auch die Raumentwicklung und Raumordnung vor neue Herausforderungen. Folgende Aspekte sind dabei besonders zu beachten:

Die Bevölkerung in Österreich ist in den letzten Jahren dynamisch gewachsen, von 2001–2019 nahm die **Bevölkerung** um 828.775 Personen (+9,3 %) zu. Ein, wenn auch etwas geringeres, **Wachstum** wird für die weitere Zukunft prognostiziert, in etwa +7,2 % bis 2040 (ÖROK 2019b). Die Bevölkerung wuchs in erster Linie aufgrund der Zuwanderung aus dem Ausland, besonders in Stadtregionen. Auch in Regionen mit Bevölkerungsrückgang wanderten Menschen zu, allerdings unter dem Strich weniger als abwanderten. Insgesamt weist ein großer Teil der politischen Bezirke in Österreich Bevölkerungsrückgänge auf. Sie werden durch negative Geburtenraten und negative Binnenwanderungsbilanzen verursacht.

Die **demografischen Veränderungen** führen zu einer Veränderung der Altersstruktur: Die Bevölkerung wird insgesamt deutlich älter und ein wenig jünger. Laut Prognosen nimmt bis 2040 die Zahl der Personen im Alter von 65 und mehr Jahren um gut 52 % und die Zahl der Kinder und Jugendlichen um 9,5 % zu. Personen im erwerbsfähigen Alter wird es zukünftig weniger geben. Ihre Zahl nimmt bis 2040 um 5,6 % ab. Diese Entwicklungen wirken vor allem in ländlichen Regionen. Städtische Regionen sind davon aufgrund der prognostizierten Zuwanderung von Personen im Erwerbsalter weniger stark berührt (ÖROK 2019b).

Anteil der Bevölkerung mit guter ÖV-Erschließung (ÖV-Güteklasse D und höher) 2016

Stichtag: 11.05.2016 (Mittwoch), normaler Werktag mit Schule außerhalb touristischer Saisonen

Anteil in Prozent (Österreich: 48,8 %)

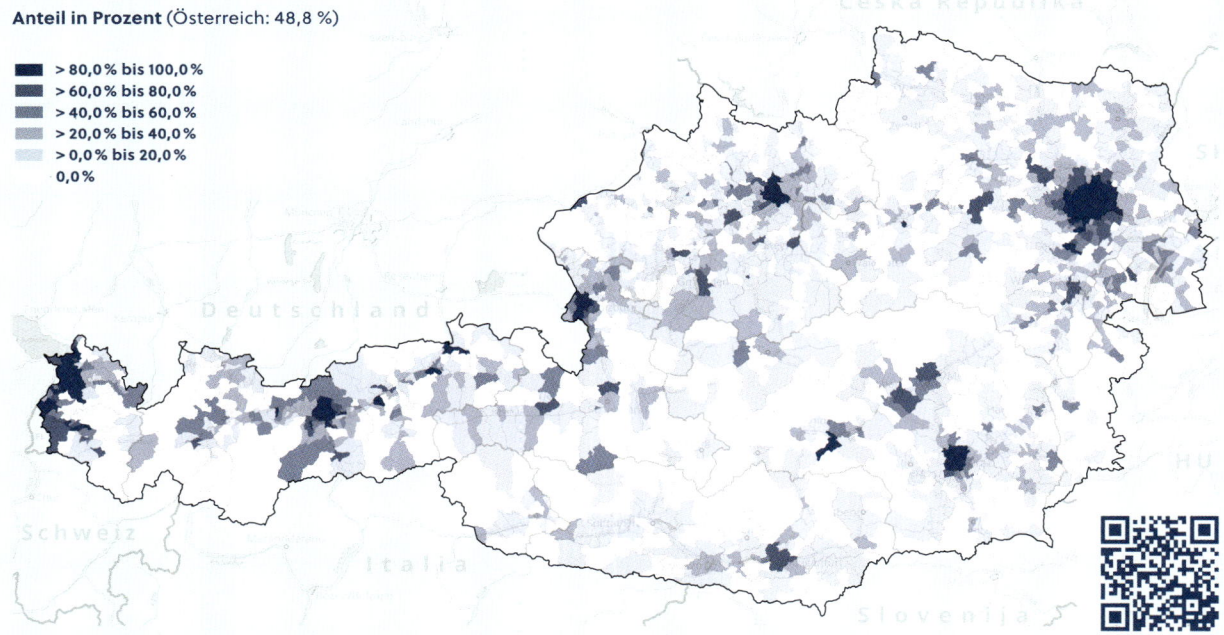

- > 80,0 % bis 100,0 %
- > 60,0 % bis 80,0 %
- > 40,0 % bis 60,0 %
- > 20,0 % bis 40,0 %
- > 0,0 % bis 20,0 %
- 0,0 %

© ÖROK-Atlas; Quelle: Statistik Austria – Bevölkerungsstatistik, ÖV-Güteklassen; Berechnung AustriaTech

Eine Entwicklung, die alle Regionen in Österreich betrifft, ist der mit der zunehmenden Vielfalt und Individualisierung einhergehende **gesellschaftliche Wandel**: Die Bevölkerung wird nicht nur durch Wanderung (Binnenwanderung, internationale Wanderung) sondern auch durch die Zunahme verschiedener Lebensformen und -entwürfe vielfältiger und diverser (vgl. u.a. ÖROK 2019b, ARE 2019). Digitalisierung und Globalisierung als weltweite Megatrends unterstützen diese Entwicklungen, Social-Media-Plattformen bilden „Global Communities" und Wertegemeinschaften heraus, in denen die Vernetzung über tausende Kilometer genauso einfach möglich ist wie in das Nebenzimmer. Veränderungen im Erwerbsleben (Stichwort „Remote Working" oder „Home-Office"), im Konsum- und Freizeitverhalten gehen mit dem gesellschaftlichen Wandel ebenfalls einher und wirken in allen Regionen.

Globalisierung, Digitalisierung und gesellschaftlicher Wandel sind auch mit einer Zunahme mobiler und „mehrortiger" Lebensformen („Multilokalität") verbunden. Sie beschränken sich nicht allein auf Österreich. Multilokalität gibt es auch über Staatsgrenzen hinweg. Die Covid-19-Pandemie hat die Mobilität zwar eingeschränkt, die Möglichkeiten temporärer bis längerfristiger Verlagerungen des Wohnortes gewinnen aber zunehmend an Bedeutung (vgl. u.a. regio.suisse 2020, ARL 2020). Das umfasst allerdings nicht nur „freiwillig" gewählte Veränderungen des Wohnortes (z.B. „Hitzeflüchtlinge in der Sommerfrische" oder „weltweite Nomad:innen"). Dazu gehören auch extern bedingte Verlagerungen des Wohnortes, beispielsweise von Saisonarbeiter:innen, Pflegekräften, Erntehelfer:innen oder pendelnden Kindern in Nachtrennungsfamilien.

Gesamt gesehen ergeben sich aus diesen Entwicklungen rund um den demografischen und gesellschaftlichen Wandel **große Herausforderungen** für die räumliche Entwicklung. Gesellschaftliche Bedürfnisse sowie Anforderungen an die (räumliche) Verfügbarkeit von Dienstleistungen, Infrastrukturen – z.B. Alten- und Pflegeheimen oder Bildungsangebote – ändern sich (vgl. u.a. ESPON 2019). Das hat Auswirkungen auf die Zurverfügungstellung und räumliche Organisation von Diensten der **Daseinsvorsorge**.

Die Ansprüche der Bevölkerung an **Wohn- und Lebensraum** steigen und sie werden vielfältiger. Eine heterogenere Gesellschaft fragt nach unterschiedlichsten Angeboten in Kultur, Freizeit, Bildung etc., nach einer gepflegten Kulturlandschaft sowie nach Freiflächen für Erholungszwecke (vgl. u.a. ESPON 2018, ARL 2019). In Stadt- oder Tourismusregionen steigen Mieten, Wohn- und Grundstückspreise (vgl. u.a Statistik Austria (2018)).

Durch die Covid-19-Pandemie rücken vermehrt soziale Verwerfungen in das Rampenlicht. **Multilokalität** ist nicht immer freiwillig gewählt. Saisonarbeit als ein Teil von Multilokalität kann mit prekären Lebens- und Arbeitssituationen einhergehen. Das betrifft beispielsweise Saisonarbeit im Tourismus oder bei Erntehelfer:innen, „24-Stunden-Betreuer:innen" etc. Angemessener und leistbarer Wohnraum, wohnortnahe Erholungs- und Grünflächen sowie ansprechende öffentliche Freiräume mit hohen Auftenthaltsqualitäten erhielten in der Covid-19-Pandemie noch stärkere Bedeutung. Soziale Ungleichheiten wurden deutlicher sichtbar: z.B. können „Wissensarbeiter:innen" Home-Office aus dem Zweithaus machen, „Systemerhalter:innen" sind ortsgebunden (vgl. u.a. regio. suisse 2020 oder ACROSS 2020).

Die globale Erwärmung wirkt im Zuge des Klimawandels als Verstärker der gesundheitlichen und sozialen Auswirkungen des demografischen Wandels. Bereits benachteiligte und marginalisierte Gruppen sind vulnerabel und vergleichsweise stärker von den **Auswirkungen des Klimawandels** betroffen. Besonders für die zunehmende ältere Bevölkerung ist ein Ansteigen der Temperatur eine Herausforderung. Kleine und schlecht durchlüftbare Wohnungen treffen oft Menschen mit geringem Haushaltseinkommen. Leistbarer Wohnraum muss in Zukunft auch klimafit sein, um gesundheitlichen Problemen der darin lebenden Menschen vorzubeugen. Wohnortnahe Grünflächen leisten neben ihrer Erholungsfunktion zukünftig einen noch wichtigeren Beitrag für die Frischluftzufuhr, Beschattung, Durchgrünung und das Vermeiden von Hitzeinseln. Die Attraktivierung öffentlicher Räume hat aus dieser Perspektive nicht nur eine wichtige soziale Funktion, sondern trägt auch wesentlich zur Klimawandelanpassung und zum Klimaschutz bei (u.a. APCC 2018).

Die Akteur:innen auf allen politischen Ebenen stehen damit vor großen Herausforderungen. Der gesellschaftliche und demografische Wandel sowie die Klimakrise fordern zum unmittelbaren Handeln bei der Gestaltung räumlicher Strukturen und der Unterstützung des Zusammenlebens im Raum auf.

Das ÖREK 2030 schlägt vor diesem Hintergrund eine Reihe von Handlungsaufträgen zu folgenden thematischen Zielen vor:

▶ **ZIEL 1**
Räumliche Voraussetzungen
für den sozialen Zusammenhalt
stärken

▶ **ZIEL 2**
Regionale Daseinsvorsorge und
polyzentrische Strukturen zukunftsorientiert weiterentwickeln

▶ **ZIEL 3**
Demografischen und sozialen
Wandel aktiv gestalten

▶ **ZIEL 4**
Sozialräumliche Qualitäten des
öffentlichen Raums und die Vorteile hochwertiger Planungs- und
Baukultur in den Fokus rücken

Ziele und Handlungsaufträge dieser Säule stehen eng mit den Zielen und Handlungsaufträgen der anderen Säulen in Zusammenhang. Das gilt besonders für die Säule 1: „Mit räumlichen Ressourcen sparsam umgehen".

Die räumlichen Voraussetzungen für den sozialen Zusammenhalt stärken

Dieses Ziel wendet sich den räumlichen Voraussetzungen zu, die es braucht, um den sozialen Zusammenhalt in Österreich zu stärken. Einen Fokus bildet die offene Auseinandersetzung mit den räumlichen Auswirkungen des sozialen und gesellschaftlichen Wandels. Damit sind immer noch verschiedene Fragen verbunden. Warum wandern Menschen aus bestimmten Regionen ab? Warum zieht es so viele in die städtischen Agglomerationen? Wie können räumlich-segregierende Benachteiligungen verhindert werden? Das sind Themen, zu deren vertiefter und tabufreier Auseinandersetzung das ÖREK 2030 aufruft.

Es nimmt auf die sozialen und gesundheitlichen Auswirkungen des Klimawandels sowie deren ungleiche Verteilung in der Gesellschaft Bezug und leistet einen Beitrag zu den Grundsätzen der Nachhaltigkeit, Gemeinwohlorientierung und Gerechtigkeit im Sinne von „Climate Justice".

Für den sozialen Zusammenhalt besonders wesentliche Themen sind das leistbare Wohnen sowie die Multilokalität. Die Preise für Wohnen stiegen beispielsweise zwischen 2008 und 2017 im Schnitt um 24 %. Private Hauptmieten verzeichneten mit 36 % die höchste Steigerung im Vergleich zu anderen Wohnformen und im Vergleich zur allgemeinen Teuerung, die in diesem Zeitraum bei 16 % lag (Statistik Austria 2018). Äußerst große regionale Unterschiede verzeichnen Grundstückspreise. Die höchsten Preise werden in urbanen Räumen (z.B. Wien-Döbling, Wien-Währing) und Tourismuszentren (z.B. Lech, Kitzbühel) erzielt. Generell lagen die Steigerungsraten in den westlichen Bundesländern weit über jenen in den östlichen Bundesländern, ausgenommen Wien.

Die hohen Steigerungen im Bereich der privaten Hauptmieten verdeutlichen den Handlungsdruck im Hinblick auf leistbaren Wohnraum insbesondere in Städten, Stadtregionen und Tourismusregionen. Die gesellschaftlichen Transformationsprozesse wirken im Bereich des Wohnens ohne Gegensteuern ebenfalls eher verschärfend als mildernd. Die Zahl der Einpersonenhaushalte wird entsprechend den Haushaltsprognosen mit 43 % am stärksten zunehmen, gefolgt von Zweipersonenhaushalten mit einer Zunahme von 41 % bis 2030 (ÖROK 2017a). Das trifft besonders auch für ländliche Räume zu. Gründe dafür sind die demografische Alterung und damit die Zunahme von Einpersonenhaushalten im Alter, aber auch gesellschaftliche Veränderungen. Auch Fragen der Innenentwicklung, des Bodensparens sowie der Nachnutzung von Brachflächen und der Sanierung von Altlasten sind hier zu beachten. Allerdings steht in dieser Säule die „Leistbarkeit und Klimafitness" im Fokus (siehe dazu ergänzend die Handlungsaufträge zu Bodensparen, Innenentwicklung und Leerstandsnutzung in Säule 1 „Mit räumlichen Ressourcen sparsam umgehen").

Aus dem Zusammenwirken von gesellschaftlichen Transformationsprozessen, globalen Entwicklungen und dem Klimawandel ergeben sich große Herausforderungen für den sozialen Zusammenhalt und die für eine gerechte Entwicklung wesentlichen räumlichen Voraussetzungen.

HANDLUNGS
AUFTRAG
2.1 a

Leistbaren und klimafitten Wohnraum zur Verfügung stellen

Der Druck auf den leistbaren Wohnraum hat in den letzten Jahren zugenommen. Die Covid-19-Pandemie verdeutlicht die Notwendigkeit eines ausreichenden, leistbaren und gesunden Wohnumfeldes. Mit der Klimakrise rückt auch die „Klimafitness" von Gebäuden und Räumen in den Fokus. Wie gut sind Wohnungen, Häuser und Freiräume für längere Hitzeperioden oder andere Extremwetterereignisse gewappnet? Die Anforderungen für Wohnraum sind vielfältig. Er muss ausreichend, leistbar, klimafit und an die Anforderungen einer sich wandelnden und heterogener werdenden Bevölkerung angepasst sein.

Mögliche Maßnahmen und ÖROK-Arbeitsformate
- Österreichweite, vergleichbare und belastbare Daten und Grundlageninformationen aufbereiten (z.B. Verbesserung der Datengrundlagen als Ausgangspunkt für ÖROK-Wohnungsbedarfsprognosen, Indikatoren im ÖROK-Atlas).
- Anpassungsbedarfe beim leistbaren Wohnen aus gesamtösterreichischer Perspektive aufzeigen (vgl. z.B. Empfehlungen der ÖROK-Partnerschaft „Leistbares Wohnen", ÖROK-Schriftenreihe Nr. 191) und auf Verwerfungen hinweisen (vgl. Grundsätze des ÖREK 2030 – „klimaverträgliche und nachhaltige/gerechte/gemeinwohlorientierte Raumentwicklung" bzw. marktgetriebene Preisentwicklung).

Raumtypen	Relevante Systeme von Akteur:innen	Instrumente
alle ÖREK-Raumtypen mit raumtypenspezifischer Differenzierung	Bund, Länder, Regionen, Städte, Gemeinden, ÖROK, Bauträger, Investor:innen, Eigentümer:innen, Genossenschaften, Baugruppen, Planer:innen, Architekt:innen, Statistik, Arbeiterkammer	Daten- und Evaluierungsmodelle (z.B. Wohnungsbedarfsprognosen, Adress-, Gebäude- und Wohnungsregister), Strategien, Konzepte, gesetzliche Grundlagen (Mietrechtsgesetz, Grundverkehrsgesetze, Raumordnungsgesetze etc.), informelle und formelle Instrumente der überörtlichen und örtlichen Raumordnung, aktive Bodenpolitik, Finanzierungs- und Förderwesen (z.B. Wohnbauförderung, Grundsteuer etc.), Bewusstseinsbildung

Die räumlichen Risiken der Klimakrise aus der sozialen Perspektive aufzeigen und Handlungsstrategien ableiten

Die Klimakrise ist keine ferne Bedrohung. Sie findet bereits statt und wird sich weiter verstärken. Unklar ist das genaue Ausmaß der Auswirkungen. Bereits in der Gegenwart führen Anpassungs- und Vermeidungsstrategien zu politischen Reaktionen, die auch soziale Auswirkungen haben.

Im Bereich sozialer-räumlicher Auswirkungen bestehen allerdings noch viele Forschungslücken. Es ist wesentlich, beide Dimensionen des Klimawandels und die räumlich-sozialen Auswirkungen zu betrachten. Wie wirkt die Klimaänderung auf den Raum und auf soziale Systeme? Wie wirken sich politische, regulative, markt- oder anreizbasierten Klimaschutzmaßnahmen auf die räumliche Entwicklung und auf soziale Systeme aus?

Mögliche Maßnahmen und ÖROK-Arbeitsformate
- Räumlich differenzierte gesamtösterreichische Untersuchungen zu Klimafolgenrisiken (Auswirkungen der Klimaänderung auf räumlich-soziale Systeme) und Transformationsrisiken (Auswirkungen von klimapolitischen Maßnahmen zur Dekarbonisierung auf Räume und soziale Gruppen) vornehmen. Handlungsmöglichkeiten herausarbeiten.
- Räumlich relevante Fragen der Klimagerechtigkeit aufzeigen und untersuchen.
- Maßnahmen der Bewusstseinsbildung und Öffentlichkeitsarbeit umsetzen.

Raumtypen	Relevante Systeme von Akteur:innen	Instrumente
alle ÖREK-Raumtypen mit raumtypenspezifischer Differenzierung	Bund, Länder, Regionen, Städte, Gemeinden, ÖROK, Arbeiterkammer, Wissenschaft, Bildungsinstitutionen	Strategien, Konzepte, Studien, Pilotprojekte, Förderungen und Anreizsysteme (z.B. Interreg, LEADER etc.), Modellregionen, Bewusstseinsbildung, ÖREK-Partnerschaft, ÖROK-Atlas

Die räumlichen Auswirkungen des gesellschaftlichen Wandels aufzeigen und Anpassungsstrategien entwickeln

Die räumlichen Auswirkungen des gesellschaftlichen Wandels sind äußerst divers. Sie wirken in unterschiedliche Richtungen und bedürfen differenzierter Herangehensweisen. Darüber hinaus gibt es nach wie vor „heiße Eisen" in der Raumentwicklung. Das sind z.B. Themenrückbau, aktives Zuwanderungsmanagement oder „Ghettoisierung" und Segregation. Sie müssen offen angesprochen, umsichtig aufbereitet und dann angepackt werden, um nachhaltige Handlungsstrategien in die Umsetzung zu bringen.

Mögliche Maßnahmen und ÖROK-Arbeitsformate
- Gründe für den Zuzug, Wegzug, das Bleiben oder andere Themen des gesellschaftlichen Wandels aus gesamtösterreichischer Sicht vertiefend erforschen, umsichtig aufbereiten und diskutieren (inkl. Multilokalität, Saisonalität, Rückbau etc.) sowie Handlungsempfehlungen ableiten.
- Chancen und Risiken der Digitalisierung im Zusammenhang mit diesen Themen aufzeigen, soziale Innovationen gezielt mit Förderschienen unter stützen (z.B. Interreg, LEADER etc.).

Raumtypen	Relevante Systeme von Akteur:innen	Instrumente
alle ÖREK-Raumtypen mit raumtypenspezifischer Differenzierung, Austausch zwischen den Regionen forcieren	Bund, Länder, Regionen, Städte, Gemeinden, ÖROK, Wissenschaft	Strategien, Konzepte, Studien, Pilotprojekte, Förderungen (z.B. Interreg, LEADER etc.), ÖREK-Partnerschaft

Strategien für Multilokalität erstellen und multilokal lebende Menschen einbinden

Multilokale Lebensformen nehmen bedingt durch die Globalisierung, Digitalisierung und den gesellschaftlichen Wandel zu. Weltweite Nomad:innen arbeiten von ihrem präferierten Lebensort global und digital. Neue Sommerfrischler:innen zieht es aus der Hitze der Stadt aufs Land. Weggezogene leben temporär im Heimatort. Saisonniers ziehen ihren Arbeitsstandorten nach.

Multilokalität hat viele Facetten, die Datenlage und das Wissen dazu sind gering und konkrete räumliche Auswirkungen schwer abschätzbar. Gibt es negative Auswirkungen aufgrund erhöhter Wohnpreise in ländlichen Regionen? Stärkt die Zuwanderung von global Tätigen und Kreativen die Abwanderungsregionen? Welche Rolle spielt die Digitalisierung? Welchen Einfluss hat die Klimaänderung? Chancen, Risiken und Wirkungen von Multilokalität müssen vertiefend erforscht, räumliche Strategien abgeleitet und Angebote zur Einbindung multilokal lebender Menschen entwickelt werden.

Mögliche Maßnahmen und ÖROK-Arbeitsformate
– Studien und Konzepte aus umfassender Sicht zu Multilokalität durchführen, Evidenzen aufbereiten und publizieren (z.B. ÖROK-Schriftenreihe, ÖROK-Atlas).

Raumtypen	Relevante Systeme von Akteur:innen	Instrumente
alle ÖREK-Raumtypen mit raumtypenspezifischer Differenzierung sowie Vernetzung in das Ausland (z.B. grenzüberschreitend, EU-weit etc.)	Bund, Länder, Regionen, Städte, Gemeinden, ÖROK, Wissenschaft, Statistik, Vereine und Freiwilligenorganisationen, Sozialeinrichtungen	Studien, Konzepte, Daten- und Evaluierungsmodelle, Entwicklungsplanung, ÖREK-Partnerschaft, ÖROK-Atlas, Pilotprojekte

Die regionale Daseinsvorsorge und polyzentrische Strukturen zukunftsorientiert weiterentwickeln

Dieses Ziel greift das Zusammenspiel von regionaler Daseinsvorsorge und polyzentrischen Strukturen auf. Wesentlich ist die Bereitstellung von Gütern und Dienstleistungen der Daseinsvorsorge (z.B. Geschäfte, Schulen und Bildungseinrichtungen, Kultur- und Erholungseinrichtungen, Verwaltungseinrichtungen etc). Es geht aber auch um deren Erreichbarkeit sowie gerechte bzw. standortadäquate Verteilung im Raum.

In diesen Bereichen wirken ebenfalls gesellschaftliche und technologische Transformationsprozesse, die aktives Handeln erfordern. Mit der Digitalisierung und dem technologischen Wandel eröffnen sich vielfältige Möglichkeiten und Chancen für eine digitale Daseinsvorsorge, mit physisch unabhängiger Zugänglichkeit: „E-Health", „E-Medication", „E-Learning", „E-Government", „E-Services" etc.

Das ÖREK 2030 schlägt einen proaktiven, offenen und zukunftsorientierten Zugang auf allen Ebenen (Bund – Länder – Regionen – Gemeinden) vor. Vor dem Hintergrund des sozialen Zusammenhalts und des Grundsatzes der räumlichen Gerechtigkeit wird die Bedeutung einer räumlich gerechten Verteilung z.B. der Breitbanderschließung hervorgehoben. Das ÖREK 2030 unterstreicht aber auch die hohe Bedeutung der gesellschaftlichen Anschlussfähigkeit, das heißt das Wissen über Angebote, die Kenntnisse zur Nutzung.

Durch den gesellschaftlichen Wandel werden die Anforderungen an die Daseinsvorsorge vielfältiger und höher. Das betrifft z.B. die Bereiche Gesundheit, Bildung, Verwaltung, Kultur etc. Durch die Digitalisierung sind diese Dienste aber auch in höherem Maß ortsungebunden verfügbar. Der technologische Wandel ermöglicht damit viele Chancen. Trotzdem ist eine zukunftsorientierte, bedarfsgerechte und standortadäquate Daseinsvorsorge physisch und vor Ort weiterhin ein wesentlicher Baustein für die Resilienz von Regionen. Sie ist auch ein Garant für Lebensqualität und Versorgungsqualität für die Bewohner:innen.

„Regionale Zentren erlauben es, die Funktionen von großen Städten aufzuteilen und Infrastruktur, Arbeitsplätze, Nahversorgung sowie Freizeitangebote je nach Region zu bündeln. So lassen sich charakteristische Zentren des Zusammenlebens entwickeln, die den regionalen Zusammenhalt stärken und die Versorgung im ländlichen Raum sicherstellen."

Die Young-Experts des ÖREK 2030

Polyzentrische Strukturen unterstützen eine hohe Versorgungsqualität in den Regionen. Das meint die standortadäquate Verteilung von Gütern und Dienstleistungen der Daseinsvorsorge über ein Netz von Zentren unterschiedlicher Größe (internationale Zentren, Mittel- und Kleinzentren). Damit soll eine möglichst wohnortnahe Versorgung der Bevölkerung für all jene Bereiche gesichert werden, die auch in Zukunft „physisch" notwendig sind. Klein- und Mittelzentren übernehmen wesentliche Funktionen von „Ankerpunkten" in der lokalen und regionalen Versorgung. Internationale bzw. überregionale Zentren leisten das für die internationale bzw. überregionale Einbindung und Vernetzung. Vor dem Hintergrund der Klimaziele ist die klimaverträgliche Erreichbarkeit dieser Zentren besonders wichtig.

Dieses Ziel wendet sich daher den Fragen der räumlichen Verteilung einer zukunftsorientierten Daseinsvorsorge, der Erreichbarkeit dieser Einrichtungen vor dem Hintergrund der Klimaziele sowie geeigneter polyzentrischer Strukturen zur Unterstützung einer gerechten räumlichen Verteilung von Einrichtungen der Daseinsvorsorge zu.

Generell sind hier auch arbeitsmarkt- und bildungspolitische Maßnahmen von hoher Bedeutung. So sie durch die Raumordnung und Raumentwicklung adressiert werden können, werden sie besonders in Säule 3 „Wirtschaftsräume und -systeme klimaverträglich sowie nachhaltig entwickeln" angesprochen.

Die Erreichbarkeit von Zentren im Umweltverbund verbessern

Die Erreichbarkeit von Einrichtungen der Daseinsvorsorge ist wesentlich, um sie in Anspruch nehmen zu können. Dienste der Daseinsvorsorge müssen auch mit Mitteln des Umweltverbundes (öffentlicher Verkehr, Fahrrad, Fußverkehr, Car- oder Bike-Sharing etc.) erreichbar sein. Das bezieht sich sowohl auf überregionale als auch regionale Zentren.

Wo es Verbesserungsbedarf gibt, muss er in den nächsten Jahren im Sinne der Klimaziele forciert umgesetzt werden. Das betrifft z.B. Bahn- oder Busverbindungen, gemeindeübergreifende Radwege, den Ausbau von Sharing-Diensten etc.

Mögliche Maßnahmen und ÖROK-Arbeitsformate
– ÖROK-Erreichbarkeitsmodell um Elemente des Umweltverbundes weiterentwickeln und durch die ÖREK-Partnerschaft „Plattform Raumordnung und Verkehr" begleiten.

Raumtypen	Relevante Systeme von Akteur:innen	Instrumente
Kleinere Stadtregionen und regionale Verdichtungs- und Achsenräume entlang hochrangiger Verkehrsinfrastruktur, ländlicher Tourismusregionen, ländlicher Räume mit geringer Bevölkerungsdichte und Bevölkerungsrückgang	Erreichbarkeitsmodell, Entwicklungsplanung (z.B. Landesentwicklungskonzepte, Regionalplanung, Sachprogramme), Planungstools, Finanzierungsinstrumente, ÖREK-Partnerschaft	ÖROK-Erreichbarkeitsmodell um Elemente des Umweltverbundes weiterentwickeln und durch die ÖREK-Partnerschaft „Plattform Raumordnung und Verkehr" begleiten.

Die Weiterentwicklung und Stärkung polyzentrischer Strukturen vor dem Hintergrund der Klimaziele als wesentliches Ziel der Planung vorantreiben

In polyzentrische Strukturen sind Güter und Dienstleistungen der Daseinsvorsorge standortadäquat und bedarfsgerecht im Raum verteilt. Nachvollziehbare planerische Überlegungen stellen diese Strukturen sicher. Das Konzept der Polyzentralität soll vertiefend betrachtet und weiterentwickelt bzw. angepasst werden, um die Klimaziele und die angestrebte Klimaneutralität zu erreichen.

Mögliche Maßnahmen und ÖROK-Arbeitsformate
– Studie zu „Zentralität und Raumentwicklung in Österreich" aktualisieren, um „Polyzentralität" sowie Ergebnisse aus ÖROK-Erreichbarkeitserhebung und Güteklassenmodell des öffentlichen Verkehrs ergänzen.

Raumtypen	Relevante Systeme von Akteur:innen	Instrumente
alle ÖREK-Raumtypen differenziert betrachten, besonderes Augenmerk auf ländliche Tourismusregionen und ländliche Räume mit geringer Bevölkerungsdichte und Bevölkerungsrückgang legen.	Bund, Länder, Regionen, Städte, Gemeinden, ÖROK	Daten, Planungstools, Erreichbarkeitsmodell, Studien, Zentrale-Orte-Konzepte, Entwicklungsplanung (z.B. Landesentwicklungskonzepte, Regionalplanung, Sachprogramme), formelle Instrumente der örtlichen Raumordnung

Die Bedarfe einer zukunftsorientierten Daseinsvorsorge erheben, Veränderungs- und Anpassungsbedarf aus räumlicher Sicht aufzeigen

Durch den gesellschaftlichen, technologischen und wirtschaftlichen Wandel ändern sich die Bedarfe, aber auch die Möglichkeiten einer zukunftsorientierten Daseinsvorsorge. Es braucht belastbare österreichweite Datengrundlagen, um evidenzbasiert konkrete Veränderungs- bzw. Anpassungsstrategien ableiten zu können.

Mögliche Maßnahmen und ÖROK-Arbeitsformate
– Österreichweite Evidenzen und Datengrundlagen zur Daseinsvorsorge auf bereiten und publizieren: u.a. gesetzlichen Grundlagen, Finanzierung und Kompetenzen.
– Einrichtung einer ÖROK-Partnerschaft zum Thema „Zukunftsorientierte Daseinsvorsorge" prüfen.

Raumtypen	Relevante Systeme von Akteur:innen	Instrumente
alle ÖREK-Raumtypen mit raumtypenspezifischer Differenzierung	Bund, Länder, Regionen, Städte, Gemeinden, ÖROK, Arbeiterkammer, Einrichtungen der Daseinsvorsorge, Wissenschaft, Vereine inkl. Freiwilligenorganisationen	Datengrundlagen- und Evaluierungsmodelle, Studien, Analyse- und Planungstools, Pilotprojekte, ÖROK-Atlas, Landes- und Regionalentwicklungsprogramme, Sachraumordnungsprogramme, Verkehrserregerabgaben, Anpassung von Förderungen etc.

(Mindest-)Standards bzw. Grundsätze der Daseinsvorsorge definieren, Maßnahmen zur Anpassung prüfen und allenfalls umsetzen

Durch die aktuellen gesellschaftlichen, technologischen und wirtschaftlichen Transformationsprozesse werden die Anforderungen an die Daseinsvorsorge in den nächsten Jahren für alle Gebietskörperschaften steigen. Gemeinsame Standards bzw. Grundsätze der (regionalen) Daseinsvorsorge auf Basis einer österreichweiten Datengrundlage ermöglichen eine zukunftsorientierte, innovative und transparente Weiterentwicklung des Angebots. Auf Basis gemeinsamer Standards können in einem weiteren Schritt konkrete Anpassungsmaßnahmen zwischen den Gebietskörperschaften vereinbart und umgesetzt werden.

Mögliche Maßnahmen und ÖROK-Arbeitsformate
– Österreichweites Daten-/Berechnungsmodell für Mindeststandards bzw. Grundsätze erarbeiten und publizieren (ÖROK-Atlas). Dabei Erreichbarkeiten, Verkehrsbedarfe und THG-Emissionen systematisch berücksichtigen.
– Einrichtung einer ÖROK-Partnerschaft zum Thema „Zukunftsorientierte Daseinsvorsorge" prüfen.
– Gegebenenfalls ÖROK-Empfehlung zu (Mindest-)Standards der Daseinsvorsorge ausarbeiten.

Raumtypen	Relevante Systeme von Akteur:innen	Instrumente
alle ÖREK-Raumtypen mit raumtypenspezifischer Differenzierung	Bund, Länder, Regionen, Städte, Gemeinden, ÖROK, Einrichtungen der Daseinsvorsorge, Wissenschaft, Vereine inkl. Freiwilligenorganisationen	(österreichweite) Datengrundlagen /-modelle, Analyse- und Planungstools, Richtlinien, gesetzliche Grundlagen (Materiengesetze, Finanzausgleich, Raumordnungsgesetze etc.), Finanzierungsinstrumente, Entwicklungsplanung (z.B. Landesentwicklungskonzepte, Regionalplanung, Sachprogramme), ÖROK-Empfehlung, ÖROK-Atlas

Den demografischen und sozialen Wandel aktiv gestalten

Dieses Ziel greift die Herausforderungen des demografischen und sozialen Wandels für den Raum auf. Die dazugehörigen Handlungsaufträge rufen zu einer aktiven Gestaltung des Wandels unter Beachtung von Chancen- und Gendergerechtigkeit sowie gesellschaftlicher Diversität auf. Im Fokus stehen die Sicherstellung bzw. Adaption von Diensten und Infrastrukturen der Daseinsvorsorge (z.B. Gesundheitsvorsorge, Bildungs-, Kultur- und Erholungseinrichtungen etc.), für die Bedarfe einer älter werdenden Gesellschaft sowie die Bedürfnisse von Kindern und Jugendlichen.

Die Klimakrise gefährdet die wachsende Anzahl an betagten und hochbetagten Personen physisch, führt aber auch zu einem sozialen Rückzugsverhalten. Sie gefährdet auch Kinder und Kleinkinder sowie einkommensschwache Gruppen mit geringer eigener Anpassungskapazität, z.B. was Möglichkeiten der Raumkühlung betrifft. Daraus ergibt sich unmittelbarer Handlungsbedarf bei der Gestaltung von Diensten der Daseinsvorsorge sowie des Wohnumfeldes. Es geht z.B. um ausreichende Kühlung oder Beschattung, um Green Care, die klimafitte Gestaltung von Gebäuden oder Erholungsräumen etc. Das kommt allen Bevölkerungsgruppen zugute (z.B. Beschattung für Bildungseinrichtungen, Bedeutung von klimafitten Erholungszonen und Spielplätzen etc.).

HANDLUNGS
AUFTRAG
2.3 a

Die Angebote und Infrastrukturen für Kinder und Jugendliche nutzen und anpassen

Die demografische Alterung der Gesellschaft blendet oft aus, dass besonders in städtischen Regionen die Anzahl der Kinder und Jugendlichen in den nächsten Jahren zunehmen wird. Der gesellschaftliche Wandel wirkt sich u.a. auf den Bedarf an Betreuung von Kindern und Jugendlichen aus und ist in allen Regionen wahrnehmbar. Vor diesem Hintergrund sind auch die Infrastrukturen für Kinder und Jugendliche (z.B. Bildungs-, Kultur-, Freizeitangebote, Freiräume,...) bedarfsgerecht, d.h. barrierefrei und inklusiv, also auch für Kinder mit Behinderungen, an die sich ändernden Anforderungen einer im Wandel begriffenen Gesellschaft gezielt zu nutzen und anzupassen.

Mögliche Maßnahmen und ÖROK-Arbeitsformate

– Regionale/räumliche Verteilungen der altersspezifischen Versorgung aus gesamtösterreichischer Sicht aufzeigen. Unterschiede sichtbar machen und Empfehlungen für Anpassungen ausarbeiten (vgl. Grundsatz „gerechte Raumentwicklung").
– Bei der Bereitstellung gesamtösterreichisch nutzbarer Daten (z.B. zu Bildungs- oder Freizeiteinrichtungen) sowie digitaler Dienste unterstützen.

Raumtypen	Relevante Systeme von Akteur:innen	Instrumente
alle ÖREK-Raumtypen mit raumtypenspezifischer Differenzierung, besonders größere und kleinere Stadtregionen sowie ländliche Räume mit geringer Bevölkerungsdichte und Bevölkerungsrückgang	Bund, Länder, Regionen, Städte, Gemeinden, ÖROK, Bildungsdirektionen und -einrichtungen, Sozialeinrichtungen, Vereine inkl. Freiwilligenorganisationen	Konzepte, Studien, Entwicklungsplanung, Evaluierungs- und Datenmodelle, Förderungen, Finanzierungssysteme, Kurse, Weiterbildungsangebote (z.B. Waldpädagogik), Modellregionen

HANDLUNGS
AUFTRAG
2.3 b

Den Folgen der Alterung der Gesellschaft aktiv begegnen

Die Kohorten der „Babyboom-Jahrgänge" befinden sich im Übergang vom Erwerbsleben in das Pensionsalter. Die Zahl der Personen im Alter von 65 und mehr Jahren nimmt zu. Das wirkt sich auf die Gestaltung von Diensten der Daseinsvorsorge, des Wohnraums sowie von Freizeit- und Erholungsmöglichkeiten aus. Es bedarf der zeitnahen strategischen Planung und konkreten Adaption dieser Dienste und Infrastrukturen, vor allem auch hinsichtlich der Anpassung an den Klimawandel.

Mögliche Maßnahmen und ÖROK-Arbeitsformate

– Regionale/räumliche Verteilungen der altersspezifischen Versorgung aus gesamtösterreichischer Sicht aufzeigen. Unterschiede sichtbar machen und Empfehlungen für Anpassungen ausarbeiten (vgl. Grundsatz „gerechte Raumentwicklung").
– Bei der Bereitstellung gesamtösterreichisch anwendbarer/nutzbarer Daten (z.B. Versorgungsdienstleistungen, Pflege etc.), (digitaler) Dienste unterstützen und im ÖROK-Atlas darstellen.

Raumtypen	Relevante Systeme von Akteur:innen	Instrumente
alle ÖREK-Raumtypen mit raumtypenspezifischer Differenzierung, besonders ländliche Räume mit geringer Bevölkerungsdichte und Bevölkerungsrückgang und größere Stadtregionen	Bund, Länder, Regionen, Städte, Gemeinden, ÖROK, Sozial-, Gesundheits- und Pflegeeinrichtungen, Vereine und Freiwilligenorganisationen	Konzepte, Studien (z.B. Demografie-Checks), Entwicklungsplanung, Evaluierungs- und Datenmodelle, ÖROK-Atlas, Förderungen, Finanzierungssysteme, Weiterbildungsangebote (z.B. Green Care)

ZIEL 4

Die sozialräumlichen Qualitäten des öffentlichen Raums und die Vorteile hochwertiger Planungs- und Baukultur in den Fokus rücken

Nicht erst durch die Covid-19-Pandemie gewinnt der öffentliche Raum als Erholungs- und Aufenthaltsraum vermehrte Beachtung. Auch die Anforderungen der Klimawandelanpassung erfordern ein zusätzliches Nachdenken über die Ausgestaltung des Straßenraums und Wohnumfelds. Außerdem entsteht die ansprechende Gestaltung des öffentlichen Raums und das Forcieren lebendiger Orts- und Stadtkerne auch aus gesellschaftlichen Transformationsprozessen. Attraktiv gestaltete öffentliche Räume bieten Möglichkeiten des sozialen und kulturellen Austauschs, der Erholung und Bewegung für alle Generationen. Sie verhindern bei entsprechender Begrünung die Entstehung von Hitzeinseln, durchlüften und kühlen aktiv.

Umsichtig geplante öffentliche Räume und Straßenräume erlauben nicht nur Erwachsenen sondern auch Kindern, Jugendlichen, alten und mobilitätseingeschränkten Personen ein freieres und selbstbestimmteres Bewegen im Raum. Multifunktionale Straßen geben den Fußgänger:innen und Radfahrenden mehr Raum, reduzieren Gefahren und tragen zu Gesundheit und aktiver Bewegung bei. Klimafitness in Planung und Umsetzung sowie nachwachsende Baustoffe führen zu höherem Wohlbefinden und einem Mehr an Lebensqualität.

Multifunktionale Orts- und Stadtkerne leisten einen hohen Beitrag für eine Stadt bzw. einen Ort der kurzen Wege. Sie unterstützen die Verminderung von Verkehr und die fußläufige Erreichbarkeit wichtiger Einrichtungen der Daseinsvorsorge oder Arbeitsstätten und damit auch wichtige Transformationsprozesse hinsichtlich des Klimawandels.

Für lebendige Orts- und Stadtkerne sind Fragen der Innenentwicklung, des Bodensparens und der Nachverdichtung sehr wichtig. Die folgenden Handlungsaufträge stehen daher in engem Zusammenhang mit den Handlungsaufträgen zu Bodensparen, Innenentwicklung und Leerstandnutzung.

HANDLUNGS
AUFTRAG
2.4 a

Die (Re-)Aktivierung von multifunktionalen Stadt- und Ortskernen forciert umsetzen

Stadt- und Ortskerne sind durch die Errichtung von Einkaufs- und Fachmarktzentren an den Ortsrändern sowie gesellschaftliche und technologische Änderungen (Onlinehandel) massiv unter Druck geraten. Die (Re-)Aktivierung multifunktionaler Stadt- und Ortskerne inklusive der Innenstädte fördert kurze Wege und damit die Reduktion von Verkehrsaufkommen. Sie bieten ein attraktives Wohnumfeld, sind Orte der gesellschaftlichen Begegnung und unterstützen „kulturelle Nachhaltigkeit". Ihre (Re-)Aktivierung als multifunktionale Arbeits-, Einkaufs-, Verweil- und Wohnorte soll daher forciert umgesetzt werden. Wettbewerbe und strategische Planungen sollen eine hohe städtebauliche, architektonische und sozialräumliche Qualität bei Neu-, Um- und Zubauten sowie eine qualitätsvolle Nachverdichtung unterstützen.

Mögliche Maßnahmen und ÖROK-Arbeitsformate
– Die Umsetzung der ÖROK-Fachempfehlungen zur „Stärkung der Orts- und Stadtkerne" unter Berücksichtigung der unterschiedlichen länder- und regionsspezifischen Gegebenheiten forcieren.
– Diskussion zum Fortschritt der Umsetzung in StUA und StVK führen.

Raumtypen	Relevante Systeme von Akteur:innen	Instrumente
alle ÖREK-Raumtypen mit raumtypenspezifischer Differenzierung	Bund, Länder, Städte, Gemeinden, Planer:innen, Architekt:innen, Eigentümer:rinnen, Stadtmarketingorganisationen, Entwicklungsgesellschaften	informelle und formelle Instrumente der überörtlichen und örtlichen Raumordnung, Strategien, Konzepte, Förderungen (inkl. Wohnbauförderung), Anreizsysteme, gesetzliche Grundlagen (u.a. Raumordnungsgesetze), baukulturelle Bildung und Bewusstseinsbildungsmaßnahmen, Bürger:innenbeteiligung und Partizipation, Leerstandsdatenbanken und -erhebungen, baukulturelle Masterpläne

HANDLUNGS
AUFTRAG
2.4 b

Den öffentlichen (Straßen-)Raum in den Fokus der Planung rücken

Klimaverträgliche Erreichbarkeit und umweltfreundliches Bewegen im Raum braucht umsichtig geplante und gestaltete Räume und Straßen. Sie bieten Nutzer:innen gute und sichere Zugangs- und Nutzungsmöglichkeiten. Umsichtig geplante öffentliche Räume und Straßen ermöglichen gesellschaftlichen Austausch und unterstützen gemeinsame Aktivitäten. Die Zugänglichkeit und Nutzungsmöglichkeiten sollen für alle Bevölkerungsgruppen zu den verschiedensten Bedürfnissen (Wohnen, Arbeit, Erholung etc.) gestärkt werden. Die Flächenverteilung im Straßenraum soll im Sinne des Langsamverkehrs und aktiver

Mobilitätsformen wie z.B. das Zufußgehen verbessert werden. Eine hohe soziale und bauliche Qualität sowie Nachhaltigkeit und Klimafitness müssen forciert werden – sowohl bei Neubauprojekten als auch im Bestand.

Mögliche Maßnahmen und ÖROK-Arbeitsformate
Die Umsetzung der ÖROK-Fachempfehlung zur „Stärkung der Orts- und Stadtkerne" unter Berücksichtigung der unterschiedlichen länder- und regionsspezifischen Gegebenheiten forcieren.

– Die Zweckmäßigkeit von Leitfäden zur Planung des öffentlichen (Straßen-) Raumes im Rahmen der ÖREK-Partnerschaft „Plattform Raumordnung und Verkehr" prüfen.
– Österreichweite Bewusstseinsbildungsmaßnahmen ausarbeiten.

Raumtypen	Relevante Systeme von Akteur:innen	Instrumente
alle ÖREK-Raumtypen mit raumtypenspezifischer Differenzierung	Bund, Länder, Städte, Gemeinden, Planer:innen, Architekt:innen, Eigentümer:innen, Private, Investor:innen, Bauträger	informelle und formelle Instrumente der überörtlichen und örtlichen Raumordnung, Verkehrsplanung, Mobilitätskonzepte, Förderungen und Anreizsysteme (z.B. Dorf- und Stadterneuerung etc.), gesetzliche Grundlagen (u.a. Raumordnungsgesetze), Bewusstseinsbildungsmaßnahmen, Bürger:innenbeteiligung und Partizipation, Pilotprojekte

HANDLUNGS AUFTRAG 2.4 c

Das öffentliche Bewusstsein stärken und den Diskurs zu Raumplanung, Architektur und Baukultur forcieren

Viele der in diesem Ziel angesprochenen Handlungsaufträge und Maßnahmen bauen auf das Bewusstsein und Verständnis durch die Bevölkerung auf. Dieser Handlungsauftrag ruft dazu auf, das öffentliche Bewusstsein für den Klimawandel und den damit verbundenen Auswirkungen für die räumliche Entwicklung und Planung zu stärken. Bürger:innen aller Bevölkerungsgruppen sollen aktiv eingebunden und der öffentliche Diskurs zu Raumplanung, Architektur und Baukultur forciert werden.

Mögliche Maßnahmen und ÖROK-Arbeitsformate
– Leitlinien/Orientierungen für Bewusstseinsbildung sowie partizipative Prozesse ausarbeiten und zur Verfügung stellen.
– Diskussionsveranstaltungen abhalten, den Diskurs und Wissenstransfer in der Fachwelt und zur breiten Öffentlichkeit vermehrt unterstützen und forcieren, Medienarbeit vornehmen.

Raumtypen	Relevante Systeme von Akteur:innen	Instrumente
alle ÖREK-Raumtypen mit raumtypenspezifischer Differenzierung	Systeme von Akteur:innen: Bund, Länder, Städte, Gemeinden, Planer:innen, Architekt:innen, ÖROK, Eigentümer:innen, Stadtmarketing, Entwicklungsgesellschaften	partizipative Prozesse, Informations-, Bildungs- und Bewusstseinsarbeit

Wirtschaftsräume und -systeme klimaverträglich sowie nachhaltig entwickeln

Der größte Teil Österreichs ist Wirtschaftsraum. Die Freiflächen werden durch Land- und Forstwirtschaft, Tourismus- und Freizeitwirtschaft sowie zur Rohstoffgewinnung genutzt. Der Siedlungsraum ist Standort für Industrie- und Dienstleistungsbetriebe, Forschungs- und Entwicklungseinrichtungen. Das arbeitsteilige Wirtschaftssystem wird auch durch die Beziehungen zwischen den Wirtschaftsstandorten, zwischen Rohstoff- und Absatzmärkten, zwischen Produktions- und Arbeitsmärkten geprägt. Es ist durch komplexe Transport- und Logistikbeziehungen sowie Kommunikations- und Informationsbeziehungen räumlich vernetzt.

Veränderung des Bruttoregionalprodukts (BRP) je Einwohner/in 2008-2018, laufende Preise

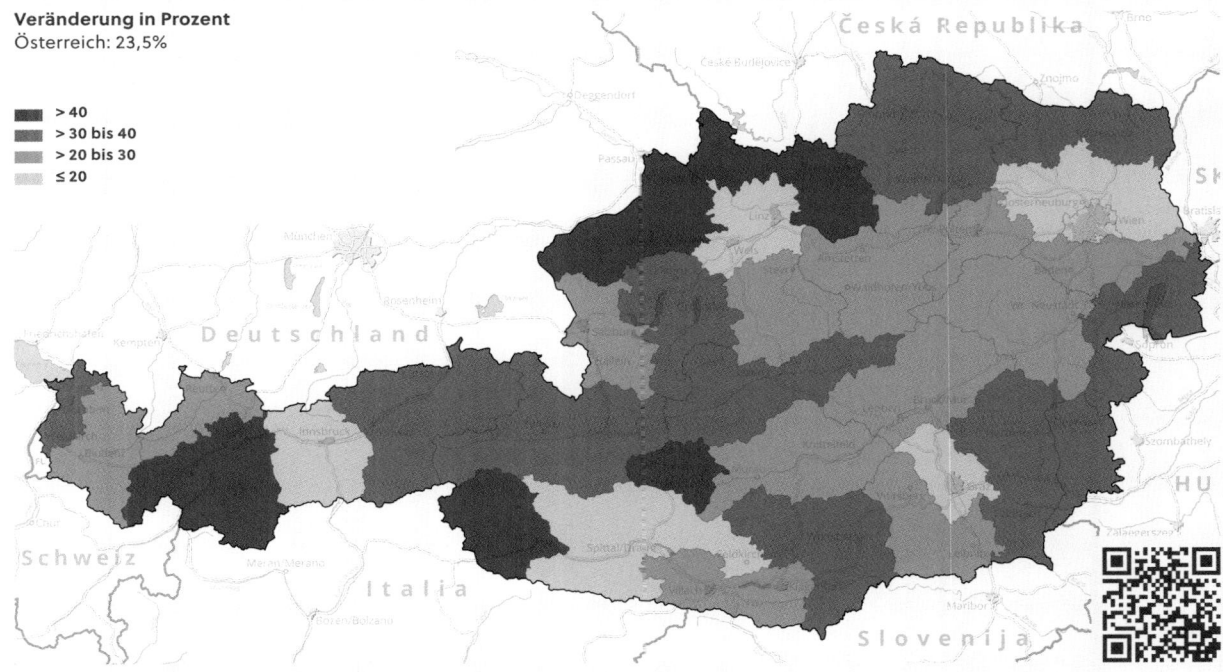

Veränderung in Prozent
Österreich: 23,5%

- > 40
- > 30 bis 40
- > 20 bis 30
- ≤ 20

© ÖROK-Atlas; Quelle: Statistik Austria: Regionale Gesamtrechnungen

Daraus ergeben sich unterschiedliche Anforderungen, die den Einsatz verschiedenster Instrumente und deren Kombination erfordert:

- Es geht um die **Ordnung der wirtschaftlichen Aktivitäten** im Raum und die damit verbundene Steuerung der Flächennutzung: Instrumente der Raumordnung.
- Es geht um die **Unterstützung wirtschaftlicher Entwicklung** im Generellen **und der regionalwirtschaftlichen Entwicklung** im Besonderen durch die Instrumente der Standortpolitik: Infrastruktur, Förder- und Regulierungssysteme.
- Es geht um die Sicherstellung von **volks- und regionalwirtschaftlichem Mehrwert** sowie eine **faire Verteilung von Wohlstand** durch Instrumente zur Organisation von Kooperation: Regionalentwicklung und Regionalmanagement.

Die Säule 3 ist vor allem den Grundsätzen der wirtschaftlichen Nachhaltigkeit, einer gerechten räumlichen Verteilung von Chancen und Gelegenheiten und der Einbettung wirtschaftlicher Aktivitäten in das Interessensgefüge des Gemeinwohls mit dem Klimaschutz verpflichtet.

Die Ziele und Handlungsaufträge beruhen auf den beschlossenen globalen, europäischen und nationalen Vereinbarungen und Programmen. Sie reagieren auf die großen Herausforderungen, die sich aus den relevanten Megatrends ableiten.

Das ÖREK 2030 schlägt vor diesem Hintergrund eine Reihe von Handlungs-aufträgen zu folgenden thematischen Zielen vor:

► **Ziel 1**
Österreich zu einem klimaneut-ralen und klimaresilienten Wirt-schaftsstandort entwickeln

► **Ziel 2**
Auf die räumlichen Chancen und Risiken der Digitalisierung reagieren und mit einer Stärkung regionaler Innovationsfähigkeit verbinden

► **Ziel 3**
Die internationale und regionale Erreichbarkeit der Wirtschafts-standorte verbessern und klima-neutral und umweltverträglich gestalten

► **Ziel 4**
Die Wettbewerbsfähigkeit und Re-silienz des Standortes Österreich und seiner Regionen erhalten und stärken und dabei regionale Wirt-schaftskreisläufe unterstützen

► **Ziel 5**
Nachhaltige regionale Touris-mus- und Freizeitdestinationen klimaneutral und klimaresilient entwickeln

► **Ziel 6**
Die ländlichen Regionen zu spezi-alisierten Bioökonomiestandorten unter Wahrung der Biodiversität und des Klimaschutzes weiterent-wickeln

► **Ziel 7**
Regionale Ungleichheiten bei Wettbewerbsfähigkeit, Wirt-schaftsleistung und Einkommens-niveau verringern

Österreich zu einem klimaneutralen und klimaresilienten Wirtschaftsstandort entwickeln

Das Ziel der Klimaneutralität in Österreich bis spätestens 2040 erfordert noch ambitioniertere Treibhausgas-Reduktionspfade. Die Dringlichkeit der Umsetzung von konkreten Maßnahmen wird damit deutlich erhöht.

Aktuelle Studien zeigen, dass die gesamtwirtschaftlichen Kosten des Nicht-Handelns im Kampf gegen den Klimawandel bereits heute eine hohe Belastung darstellen. Insgesamt entstehen in Österreich Wertschöpfungsverluste von ca. 15 Milliarden Euro pro Jahr. Wetter- und klimabedingte Schäden kosten im Jahr 2020 zumindest 2 Milliarden Euro. Bis 2030 wird ein Anstieg allein der wetter- und klimabedingten Schäden auf 3–6 Milliarden Euro, bis 2050 auf 6–12 Milliarden Euro prognostiziert (Steininger et al 2020).

Der notwendige Umbau zu einem klimaneutralen und klimaresilienten Wirtschaftsstandort im Sinne des europäischen Green Deals soll durch die Instrumente der Raumentwicklung und Raumordnung unterstützt werden. Dabei ist zu berücksichtigen, dass die gesamtwirtschaftlichen Kosten der Schäden durch den Klimawandel regional sehr unterschiedlich verteilt sind. Gleichzeitig werden Regionen durch europäische und nationale Steuerungsmaßnahmen (z.B. Herstellung von Kostenwahrheit bei den CO_2-Emissionen) sehr unterschiedlich betroffen sein.

Es wird darum gehen, die räumlichen Auswirkungen zu erfassen und unerwünschte räumliche Entwicklungen zu vermeiden. Die Entwicklung von kompensatorischen Maßnahmen und Ausgleichsmechanismen unterstützt dabei den Umbau zu einem klimaneutralen Wirtschaftsstandort in einer räumlich gerechten und nachhaltiger Form. Gleichzeitig birgt der Umbau zu einem klimaneutralen Wirtschaftsstandort enorme Chancen für die regionalwirtschaftliche Entwicklung, die durch ein kooperatives Zusammenspiel der regionalen Systeme von Akteur:innen genutzt werden können.

In diesem Zusammenhang geht es auch darum, die EU-Finanzierungsinstrumente zum Post-Covid-Wiederaufbau („Next Generation EU") für eine Transformation zu einem klimaneutralen und klimaresilienten Wirtschaftsstandort zu nutzen.

Wichtige Festlegungen dazu sind bereits in den ÖROK-Empfehlungen „Flächensparen, Flächenmanagement & aktive Bodenpolitik" (ÖROK-Empfehlung Nr. 56, ÖROK 2017c) und „Stärkung von Orts- und Stadtkernen in Österreich" (ÖROK-Fachempfehlung, ÖROK 2019a) enthalten. Die Ergebnisse der ÖREK-Partnerschaften zu Energieraumplanung stellen ebenfalls eine wesentliche Grundlage für die Handlungsaufträgen dar. Bei der Umsetzung sind jedenfalls die länder- und regionsspezifischen Gegebenheiten zu berücksichtigen.

HANDLUNGS AUFTRAG 3.1 a

Erneuerbare Energieträger zur regionalen Versorgung ausbauen, betriebliche Abwärme nutzen

Damit die Klimaziele bis 2030 erreicht werden können, sind voraussichtlich mindestens 1.000 neue Windkraftanlagen, ca. 55–60 km² Flächen für Photovoltaikanlagen, 150 Biogasanlagen und 50 Biomassekraftwerke erforderlich. Zusätzlich muss betriebliche Abwärme in regionalen und lokalen Versorgungsnetzen genutzt werden.

Der notwendige Umbau zu einer klimaneutralen Energieproduktion stellt für die ländlichen Räume generell, für die peripheren ländlichen Räume im Besonderen eine enorme Chance für Wertschöpfung und Arbeitsplätze dar. Dazu werden qualifizierte Arbeitskräfte in den Regionen benötigt. Gleichzeitig wird die Bewältigung der Flächenkonkurrenzen und der Nutzungskonflikte, die durch die Transformation zu einer klimaneutralen Energieproduktion entstehen, eine der zentralen Herausforderungen für die künftige räumliche Interessensabwägung werden.

Ein zentraler Schlüssel für die räumliche Gestaltung der Standorte und Versorgungsnetze ist die Energieraumplanung, die zu einem integrierten Bestandteil der überörtlichen und örtlichen Raumplanung werden muss.

Mögliche Maßnahmen und ÖROK-Arbeitsformate
- Ergebnisse der ÖREK-Partnerschaften zur Energieraumplanung um konkrete Kriterien für die formellen Instrumente der überörtlichen und örtlichen Raumordnung ergänzen und adaptieren.
- Die Einrichtung einer ÖREK-Partnerschaft zum Thema „Freiraumentwicklung, Ressourcenschutz und Klimawandel" prüfen.

Raumtypen	Relevante Systeme von Akteur:innen	Instrumente
alle ÖREK-Raumtypen mit raumtypenspezifischer Differenzierung	Bund, Länder, Regionen, Städte, Gemeinden, Energieproduzent:innen, Unternehmen, Haushalte	Regionalplanung, Energieraumplanung, Verordnungen, Richtlinien, örtliche Entwicklungskonzepte, Förderinstrumente

HANDLUNGS AUFTRAG 3.1 b

Die klimaneutrale und umweltfreundliche Erreichbarkeit von Betrieben, Arbeitsplätzen und Konsumstandorten unterstützen

Eine klima- und umweltfreundlichere Erreichbarkeit von Produktions- und Konsumstandorten kann durch eine bessere Abstimmung von Standortentwicklung mit Bahn-, öffentlichem Verkehr und Radverkehr erreicht werden. Das bedeutet einerseits die Neuwidmung von Flächen an die Erschließung mit dem öffentlichen Verkehr und dem Rad auszurichten, andererseits die öffentliche Verkehrs- und Radinfrastruktur an die bestehenden Nachfragepotenziale anzupassen.

Mögliche Maßnahmen und ÖROK-Arbeitsformate
- Weiterentwicklung der ÖV-Güteklassen im Rahmen der ÖREK-Partnerschaft „Plattform Raumordnung und Verkehr" in Richtung Integration von Arbeitsplätzen und Betriebsbauland.
- Dokumentation der Entwicklung der Erschließungsqualität von öffentlichem Verkehr nach ÖV-Güteklassen für Arbeitsplätze und Betriebsbauland im Rahmen des ÖROK-Atlas.

Raumtypen	Relevante Systeme von Akteur:innen	Instrumente
alle ÖREK-Raumtypen mit raumtypenspezifischer Differenzierung	Bund, Länder, Städte, Gemeinden, Städtebund, Gemeindebund, Standortagenturen, ÖBB, Verkehrsverbünde, Wirtschaftskammer, Unternehmen, ÖROK	Förderungen, ÖEKs, Flächenwidmungsplanung, Infrastrukturplanung, Angebotsentwicklung von öffentlichem Verkehr, Güteklassen für öffentlichen Verkehr der ÖROK, Vertragsraumordnung, ÖREK-Partnerschaft, ÖROK-Atlas

HANDLUNGSAUFTRAG
3.1 c

Regionalwirtschaftliche Wirkungen von Klimawandel sowie Instrumente für den Klimaschutz und die Klimawandelanpassung darstellen, bewerten und beeinflussen

Die volkswirtschaftlichen Kosten des Klimawandels, aber auch die notwendigen Klimaschutzmaßnahmen (Herstellung von Kostenwahrheit bei den CO_2-Emissionen, Ökologisierung und Erhöhung der Treffsicherheit der Pendlerpauschale, Identifikation und stufenweiser Abbau klimaschädlicher Anreize und Subventionen) werden massive regionalwirtschaftliche Auswirkungen haben.

Es geht darum, diese Auswirkungen raumtypenspezifisch zu erkennen und die regionalwirtschaftlichen Wirkungen von Steuerungsinstrumenten für einen klimaneutralen und klimaresilienten Standort Österreich abzuschätzen. Räumliche Strategien zur Vermeidung unerwünschter Wirkungen und für Kompensations- sowie Ausgleichsmaßnahmen müssen ausgearbeitet werden.

Mögliche Maßnahmen und ÖROK-Arbeitsformate
- Ausarbeitung einer Studie oder Prüfung der Einrichtung einer ÖREK-Partnerschaft zum Thema „Gerechte Raumentwicklung im Klimawandel und bei Vermeidungs- und Anpassungsstrategien": regionalwirtschaftliche Auswirkungen von klimapolitischen Interventionen; Vorschläge für die Gestaltung der klimapolitischen Interventionen im Sinne der Ziele der Raumentwicklung und Raumordnung.

Raumtypen	Relevante Systeme von Akteur:innen	Instrumente
alle ÖREK-Raumtypen mit raumtypenspezifischer Differenzierung	Bund, Länder, Städte, Gemeinden, Städtebund, Gemeindebund, Wirtschaftskammer, Arbeiterkammer, Landwirtschaftskammer, ÖROK	Studien, ÖREK-Partnerschaft, Regionalentwicklung und Regionalplanung

Das Standortverhalten von Betrieben, Einkaufsstandort- und Immobilienentwicklern sowie Konsument:innen in Richtung Klimaneutralität und Umweltverträglichkeit lenken

Standortentscheidungen werden nach einem individuellen Nutzenkalkül getroffen. Interessen des Gemeinwohls fließen nicht ein. Für eine stärkere Berücksichtigung der Interessen des Gemeinwohls braucht es neben gesetzlichen Regelungen auch Anreize. Dazu zählt neben finanziellen Anreizen auch eine Bewusstseinsbildung über die Gesamtkosten individueller Nutzenmaximierung

Mögliche Maßnahmen und ÖROK-Arbeitsformate
- Studie zur Kostenwahrheit, externen Kosten und Klimawirkungen von Betriebsstandorten.
- Prüfung der Zweckmäßigkeit eines Kodex für nachhaltige Wirtschaftsstandortentwicklung mit einem Leitfaden und einem Zertifizierungsverfahren ausgehend von guten Beispielen (z.B. Klimaaudit und Klimarisikoanalyse) gemeinsam mit Standortagenturen und Betriebsentwicklungsgesellschaften.

Raumtypen	Relevante Systeme von Akteur:innen	Instrumente
alle ÖREK-Raumtypen mit raumtypenspezifischer Differenzierung	Bund, Länder, Regionen, Städte, Gemeinden, Standortagenturen, Wirtschaftskammer, Landwirtschaftskammer, Unternehmen, ÖROK	Steuern, Gebühren, Auflagen, Bewusstseinsbildung durch Offenlegung von externen Kosten/Kostenwahrheit, Beratung von Gemeinden, Flächenwidmungs- und Bebauungsplan, KEM/KLAR!, Klimaaudit und Klimarisikoanalyse bei Genehmigungsverfahren, Klimacheck

Die europäischen und nationalen Förder- und Finanzierungssysteme für eine klimaneutrale, klimaresiliente und umweltverträgliche Entwicklung von Wirtschaftsräumen und -standorten nutzen

Regionalwirtschaftliche und wirtschaftsräumliche Entwicklung wird in hohem Maße durch Förderinstrumente beeinflusst. Die EU hat ein mit 750 Milliarden Euro dotiertes Post-Covid-Aufbauinstrument geschaffen, das sich mehrerer Finanzierungsinstrumente bedient: „Recovery and Resilience Facility", „RE-ACT-EU" und „Just Transition Fund". Die Forcierung des Übergangs zu einer klimaneutralen und nachhaltigen Wirtschaft ist ein wesentliches Ziel all dieser Instrumente. Die Ausgestaltung der Mittelverwendung erfolgt in erster Linie nationalstaatlich.

Damit diese Chance auch für eine nachhaltige regionalwirtschaftliche Transformation von Wirtschaftsräumen und -standorten genutzt werden kann, müssen die Förderkonzepte und -systeme regionale und räumliche Aspekte auch in Hinblick auf Beschäftigung, Einkommen und Lebensqualität berücksichtigen. Dies gilt auch für die Wirtschaftsförderung des Bundes und der Länder.

Mögliche Maßnahmen und ÖROK-Arbeitsformate
- Die Einrichtung einer ÖREK-Partnerschaft zum Thema „Steuerung der Raumentwicklung durch regionalwirtschaftliche Förderinstrumente" prüfen.
- Instrumente und Mechanismen zur Berücksichtigung des Klimaschutzes und der Klimawandelanpassung in regionalwirtschaftlichen Förderinstrumenten entwickeln.

– Einen verpflichtenden Klimacheck für regionalwirtschaftliche Förderinstrumente einführen.

Raumtypen	Relevante Systeme von Akteur:innen	Instrumente
alle ÖREK-Raumtypen mit raumtypenspezifischer Differenzierung	Bund, Länder, Regionen, Städte, Gemeinden, Standortagenturen, Wirtschaftskammern, Arbeiterkammer, Landwirtschaftskammer, Unternehmen, ÖROK	EU-Covid-Finanzierungsmechanismen, Wirtschaftsförderungen des Bundes- und der Länder, Klimacheck

ZIEL 2

Auf die räumlichen Chancen und Risiken der Digitalisierung reagieren und mit einer Stärkung regionaler Innovationsfähigkeit verbinden

Mittlerweile werden etwa 28 % des Wirtschaftswachstums durch die Branche der Informations- und Kommunikationstechnologien (IKT) ausgelöst. 99 % der Wohnsitze in Österreich sind mit Breitbandinfrastruktur mit bis zu 10 Mbit grundversorgt, die regionalen Unterschiede sind aber sehr groß. Der Versorgungsgrad mit einer Kapazität von über 30 Mbit liegt im Durchschnitt bei 90 %, allerdings mit regionalen Schwankungen. Noch größer sind die regionalen Unterschiede bei ultraschnellen Anschlüssen mit zumindest 100 Mbit: Hier liegt der Versorgungsgrad im Durchschnitt bei 81 %. Mehr als 1000 Mbit stehen derzeit 45 % der Haushalte zur Verfügung (ÖROK-Atlas, Indikator 80; BMLRT 2021). Die Versorgung mit Breitband nimmt rasch zu, 58 % der Haushalte verfügen bereits über eine 5G-Versorgung (BMLRT 2021).

Die IKT-produzierenden Branchen und die IKT-nutzenden Branchen sind stärker in urbanen Regionen konzentriert, allerdings haben ländliche Regionen im Zeitraum 2010–2017 aufgeholt (WIFO, 2019).

Etwa 20 % der Beschäftigten arbeiten in IKT-intensiven Branchen, in höherem Ausmaß wiederum in urbanen Regionen. Die Unterschiede haben sich seit 2010 aber nicht verstärkt und es gibt auch ländliche Regionen mit hohen IKT-Beschäftigungsanteilen (WIFO 2019).

Die IKT-Nutzung hat durch die Covid-19-Pandemie sowohl bei der beruflichen als auch bei der privaten Nutzung einen Beschleunigungsschub erfahren. Arbeiten und Lernen erfolgt verstärkt im Home-Office, Dienstreisen werden durch virtuelle Besprechungs- und Konferenzformate ersetzt, Arztbesuche durch Telemedizin, Einkaufswege durch einen Einkauf online. Die Nachfrage nach Wohnflächen und Wohnungsausstattung, Büroflächen, Einkaufsflächen ändert sich ebenso wie der Bedarf nach physischer Erreichbarkeit von Diensten der Daseinsvorsorge. All das wird vielfältige und im Zusammenspiel bislang schwer abschätzbare räumliche Auswirkungen haben.

Es ist jedenfalls davon auszugehen, dass die Digitalisierung auch räumliche Strukturen beeinflussen wird. Das bedeutet, dass die Chancen und Risiken für eine nachhaltige und gerechte Raumentwicklung erkannt werden müssen, damit eine gezielte Raumpolitik formuliert werden kann.

„Ich bin überzeugt, dass es in Österreich für die im ÖREK 2030 vorgeschlagenen Maßnahmen bereits viele gute Beispiele gibt. Wichtig ist, dass sie unter die Leute gebracht werden, damit die raumplanerischen Akteur:innen in den Bundesländern und Gemeinden davon profitieren können. Digitale Plattformen und soziale Medien erleichtern diesen Austausch."

Lukas Bühlmann, Jurist und Raumplaner
Bellaria Raumentwicklung, Schweiz

Die Digitalisierung ist auch ein zentraler Treiber für Innovation. Österreich hat sich in der Strategie für Forschung, Technologie und Innovation (FTI-Strategie) zum Ziel gesetzt, vom „Innovation Follower" zum „Innovation Leader" zu werden. Innovationsfähigkeit ist für einen Hochlohnstandort im globalen Standortwettbewerb ein „Grundnahrungsmittel". Es liegt daher im Gesamtinteresse Österreichs, aber auch im Eigeninteresse der Regionen, dass Innovationspotenziale möglichst flächendeckend gehoben werden.

Das bedingt eine Öffnung und stärkere Diversifizierung regionaler Innovationsprozesse, da Innovationen am besten im Rahmen eines förderlichen und unterstützenden Umfeldes, eines „Innovations-(öko)systems" gedeihen. Ziel ist die „Übersetzung" erfolgreicher Innovationen in regional und global funktionale Geschäfts- und Organisationsmodelle. Der Innovationsbegriff schließt dabei wirtschaftliche und soziale Innovationen im Sinne systemischer, organisatorischer Erneuerungen und Prozessinnovationen ebenso wie technologische Komponenten mit ein.

Die EU-Konzepte einer Smart City bzw. Smart Village beschreiben die digitale Transformation von Gemeinden/Städten und Regionen als wichtiges Element zukünftiger Eintwicklungsprozesse unter Einbeziehung gesellschaftlicher Gruppen von Akteur:innen. Regionale Innovationssysteme spielen aber auch eine wichtige Rolle im Rahmen der „smarten Spezialisierung", also einer Entwicklung, die auf den regionalen Stärken und Potenzialen aufbaut.

Das ÖREK 2030 stellt auch einen Beitrag zur „Breitbandstrategie 2030" des BMLRT und zur „Kreativwirtschaftsstrategie 2025" des BMK und des BMDW dar.

Die räumlichen Auswirkungen der Digitalisierung erfassen, Chancen und Risiken einschätzen und räumliche Digitalisierungsstrategien entwickeln

In diesem Handlungsauftrag geht es darum, den Erkenntnisgewinn über die Zusammenhänge zwischen Digitalisierung und Raumentwicklung zu vertiefen. Handlungsmöglichkeiten sollen damit ausgelotet werden, Handlungserfordernisse präzisiert sowie eine mögliche Verknüpfung mit regionalen Innovationssystemen hergestellt.

Mögliche Maßnahmen und ÖROK-Arbeitsformate
– Die Fortführung der ÖREK-Partnerschaft „Räumliche Dimensionen der Digitalisierung" prüfen.
– Analysen der räumlichen Auswirkungen der Digitalisierung (z.B. Home-Office, Industrie 4.0, virtuelle Kommunikation, Onlinehandel etc.) ausarbeiten: Identifizierung von Steuerungsmechanismen und -notwendigkeiten, Versorgung von Gebieten mit digitaler Infrastruktur, Motivation und Unterstützung der Bevölkerung bei der Nutzung digitaler Angebote der Daseinsvorsorge, etc.
– Die Einrichtungen von ÖREK-Partnerschaften zu den Themen „Chancen der Digitalisierung nutzen" und „Regionale Innovationssysteme stärken" prüfen.

Raumtypen	Relevante Systeme von Akteur:innen	Instrumente
alle ÖREK-Raumtypen mit raumtypenspezifischer Differenzierung	Bund, Länder, Städte, Gemeinden, Regionen, ÖROK	Studien, Konferenzen, ÖREK-Partnerschaft

Die digitale Infrastruktur und Dienstleistungen abseits der vom Markt gut versorgten Räume und Standorte ausbauen

Die digitale Infrastruktur kann einen wichtigen Beitrag zur Organisation der Daseinsvorsorge in weniger dicht besiedelten Gebieten leisten. Sie stellt ein wichtiges Standortkriterium für die Ansiedlung von Betrieben dar. Die digitale Infrastruktur wird damit selbst Teil der Daseinsvorsorge. Die Sicherung einer gerechten Ausstattung und Zugänglichkeit ist damit eine öffentliche Aufgabe.

Mögliche Maßnahmen und ÖROK-Arbeitsformate
– Erstellung und Veröffentlichung von Analysen zur regionalen Versorgung mit digitaler Infrastruktur (z.B. ÖROK-Atlas).
– Grundlagen für eine faire und effiziente Ausbaustrategie der digitalen Infrastrukur entwickeln.
– Digitale Transformationspfade im regionalen Kontext inklusive digitaler Anwendungen und damit in Zusammenhang stehenden Fragestellungen entwickeln (z.B. Datenschutz, Datenverfügbarkeit, Smartness-Kriterien).

Raumtypen	Relevante Systeme von Akteur:innen	Instrumente
große und kleinere Stadtregionen und ländliche Verdichtungsräume, ländliche Tourismusregionen, ländliche Räume mit geringer Bevölkerungsdichte und Bevölkerungsrückgang	Bund, Länder, Städte, Gemeinden, Regionalmanagements, Telekomunternehmen	Versteigerung von Mobilfunklizenzen, Förderungen für den Breitbandausbau, Organisationen zur Koordination der Ausbaumaßnahmen, ÖROK-Atlas, EU-Fonds

Regionale Innovationsstrategien und -netzwerke entwickeln

Regionale Innovationsstrategien und -netzwerke dienen dazu, die unterneh-
merischen Ressourcen in der Region zu erfassen und zu vernetzen. Sie eröffnen
Zugangsmöglichkeiten und Schnittstellen zu Universitäten, Fachhochschulen
und Forschungsinstitutionen und entwickeln eine organisatorische Unterstützung auf der regionalen Ebene. Regionale Innovationsfähigkeit entsteht
nicht oder nur selten von alleine. Es braucht unterstützende Instrumente und
Methoden. Es geht darum, bisherige Erfahrungen zu verwerten und gemeinsam mit den Regionen Instrumente und Methoden zu verbessern und neu zu
entwickeln.

Mögliche Maßnahmen und ÖROK-Arbeitsformate
- Eine Übersicht über bestehende Unterstützungsinstrumente im Bereich der
  Digitalisierung und Innovationssysteme erstellen. Motivationsfaktoren und
  Hemmnisse der Nutzung identifizieren und darauf aufbauend die Entwicklung
  maßgeschneiderte Bundes- und Landesinstrumente (z.B. Förderungen) prüfen.
- Sammlung von Best Practises durchführen.
- Studie zu generellen Aspekten für regionale Innovationsstrategien und
  -netzwerke unter Nutzung der Möglichkeiten der Digitalisierung ausarbeiten.
- Analysen zum Verständnis des Ökosystems der Innovation, der Ausbreitung
  von Innovation unter den rechtlichen und finanziellen Rahmenbedingungen
  zur Stärkung von regionalen Innovationskapazitäten ausarbeiten. Methoden
  und Instrumente zur besseren Messung und Quantifizierung von Innovation
  und regionaler Innovationspotenziale aufbereiten, gute Beispiele sammeln und
  Wissensaustausch vor allem im Rahmen des Mehrebenensystems unterstützen.
- Die Einrichtungen von ÖREK-Parternschaften zu den Themen „Chancen der
  Digitalisierung nutzen" und „Regionale Innovationssysteme stärken" prüfen.
- Die Umsetzung von Pilotprojekten oder von Modellregionen zum Thema
  „Regionale Innovationssysteme" in Abstimmung mit den Ländern, und einge-
  bettet in bestehende rechtliche und organisatorische Strukturen auf der (stadt-)
  regionalen Ebene prüfen.

Raumtypen	Relevante Systeme von Akteur:innen	Instrumente
alle Raumtypen mit raumtypenspezifischer Differenzierung	Bund, Länder, Regionen, Städte, Wirtschaftskammer, Unternehmen, Universitäten und Fachhochschulen, ÖROK	IWB/EFRE, LEADER, Bundes- und Landesförderungen

Die internationale und regionale Erreichbarkeit der Wirtschaftsstandorte verbessern sowie klimaneutral und umweltfreundlich gestalten

Die Erreichbarkeit des Standorts Österreich und seiner Regionen wird bis 2030 durch den weiteren Ausbau der transeuropäischen Verkehrsnetze, insbesondere des Schienennetzes, deutlich verbessert. Für wichtige Destinationen verändern sich die Reisezeiten im Vergleich zum PKW und zum Flugzeug zugunsten der klimafreundlichen Bahn (BMVIT 2019).

Die regionalen Erreichbarkeiten von Arbeits- und Dienstleistungsstandorten mit dem PKW sind in Österreich sehr gut. Die regionalen Erreichbarkeiten mit dem öffentlichen Verkehr sind vor allem in den ländlichen Regionen deutlich ungünstiger: Fast ein Fünftel der Bevölkerung außerhalb von Wien verfügt über keine zumutbare Erschließung durch öffentlichen Verkehr, fast 50 % der Bevölkerung (ohne Wien) haben keinen zum PKW konkurrenzfähigen Anschluss an öffentlichen Verkehr und nur 22 % (ohne Wien) haben eine sehr gute oder gute ÖV-Erschließung (ÖROK Atlas, Indikator 85). Die ÖV-Erschließung von Arbeitsplätzen ist noch schlechter: Fast 30 % der Arbeitspendler:innen (inklusive Wien) hat Anspruch auf eine Große Pendlerpauschale und damit keine zumutbare Verbindung durch öffentlichen Verkehr zum Arbeitsplatz (Arbeiterkammer Wien 2020).

Der auch durch die Covid-19-Pandemie stark wachsende Onlinehandel führt vor allem in Städten zu neuen Herausforderungen für die Organisation der urbanen Warenlogistik. Dezentrale Verteilzentren, Lagermöglichkeiten in Wohngebäuden sowie der umweltverträgliche Verteilverkehr (z.B. Transportfahrräder) benötigen Flächen innerhalb und außerhalb des öffentlichen Raums.

Für den Umbau Österreichs zu einem klimaneutralen Wirtschaftsstandort wird die Verbesserung der Erreichbarkeit mit klimaverträglichen Verkehrssystemen sowohl im Personen- als auch im Güterverkehr zur zentralen Aufgabe der nächsten Jahre. Die Umstellung auf Elektrofahrzeuge ist dafür keine ausreichend nachhaltige Lösung, auch wenn der Strom dafür mit österreichischen erneuerbaren Energiequellen produziert wird. Eine Verlagerung auf den öffentlichen Verkehr und aktive Mobilitätsformen (Fußgänger- und Radverkehr) bleibt daher eine zentrale Notwendigkeit.

Einen wesentlichen Beitrag zur Erreichung dieses Ziels leistet die bereits bestehende ÖREK-Partnerschaft „Plattform Raumordnung & Verkehr", in der unter anderem das österreichweite System der ÖV-Güteklassen erarbeitet wurde. In der ÖREK-Partnerschaft „Flächenfreihaltung für linienhafte Infrastrukturvorhaben" (ÖROK 2013) wurden bereits die wesentlichen Grundlagen und Lösungsvorschläge für die Sicherung überregionaler Trassen erarbeitet. Der Mobilitätsmasterplan 2030 bildet die Grundlage für die konkrete Umsetzung.

HANDLUNGS
AUFTRAG
3.3 a

Die Kapazität und Qualität des Schienennetzes ausbauen

Die weitere Verbesserung des Schienennetzes sowohl für den Personenwirtschafts- als auch für den Güterverkehr ist eine wichtige Grundvoraussetzung für ein klimaneutrales Verkehrssystem.

Mögliche Maßnahmen und ÖROK-Arbeitsformate
- Weiterhin regelmäßige Aktualisierung der österreichischen Erreichbarkeitsanalyse.
- Fortführung der ÖREK-Partnerschaft „Plattform Raumordnung und Verkehr" als Informationsdrehscheibe zwischen Mobilitäts-, Infrastruktur- und Raumentwicklung.
- Prüfung eines Mechanismus zur Koppelung von Bundesinvestitionen im Bereich umweltfreundlicher Infrastruktur (öffentlicher Verkehr, Fahrrad- und Fußwege) an stadtregionale Entwicklungskonzepte.

Raumtypen	Relevante Systeme von Akteur:innen	Instrumente
Achsenräume entlang hochrangiger Infrastruktur, große Stadtregionen, kleinere Stadtregionen und regionale Verdichtungsräume	Bund, Länder, Eisenbahnunternehmen, Städte, Gemeinden, Arbeiterkammer, Wirtschaftskammer, ÖROK	TEN, Instrumente zur Trassensicherung

HANDLUNGS
AUFTRAG
3.3 b

Die Kapazität und Qualität von Verkehrsknoten erhöhen

Die Ausstattung und Zugänglichkeit von multifunktionalen Verkehrsknoten bis hin zu einfachen Haltestellen wird ausgebaut, damit das multimodale und intermodale Mobilitätsverhalten besser unterstützt und alternativen zum motorisierten Individualverkehr ausgebaut werden. Auch die Koppelung mit Sharing-Konzepten wirft die Fragen auf. Welche Stationen sollen wie ausgestattet werden? Wie kann eine komfortable und sichere Zugänglichkeit für Fußgänger:innen und Radfahrer:innen gestaltet werden? Wie soll die städtebauliche und örtliche Einbindung erfolgen? Dabei sind Nachfragepotenziale (Einwohner:innen und Arbeitsplätze, Schulstandorte, Freizeiteinrichtungen etc.) ebenso zu berücksichtigen wie die Angebotsstruktur (Zahl der Abfahrten, Art der öffentlichen Verkehrsmittel, Umsteigerelationen etc.).

Mögliche Maßnahmen und ÖROK-Arbeitsformate
- Weiterhin regelmäßige Aktualisierung der österreichweiten Erreichbarkeits-analyse.
- Fortführung der ÖREK-Partnerschaft „Plattform Raumordnung und Verkehr" zur Harmonisierung der Methoden zur Kategorisierung von Verkehrsknoten für die Entwicklung der Ausstattungsqualität und zur Harmonisierung von Daten-grundlagen.

Raumtypen	Relevante Systeme von Akteur:innen	Instrumente
Achsenräume entlang hoch-rangiger Verkehrsinfrastruktur, große Stadtregionen, kleinere Stadtregionen und regionale Verdichtungsräume	Bund, Länder, Städte, Gemein-den, Eisenbahnunternehmen, Logistikunternehmen, ÖROK	TEN, Regionalplanung, Stadtentwicklungsplanung, Flächenwidmungs- und Bebauungsplanung

HANDLUNGS
AUFTRAG
3.3 c

Betriebsstandorte mit Schienenanschluss anbieten

Voraussetzung für die Verlagerung von Gütern von der Straße auf die Schiene ist eine Gleisverbindung zu großen Produktions- und Handelsbetrieben. Dafür muss bei neuen großen Standorten die Erschließungsmöglichkeit mit einem Schienenanschluss in der Planung und der Flächensicherung mitbedacht werden. Außerdem ist eine Fortführung der Fördermöglichkeiten erforderlich.

Mögliche Maßnahmen und ÖROK-Arbeitsformate
- Klärung der Zweckmäßigkeit weiterer gemeinsamer Aktivitäten der ÖROK im Rahmen der ÖREK-Partnerschaft „Plattform Raumordnung und Verkehr" zum Thema „Betriebsstandorte mit Schienenanschluss".

Raumtypen	Relevante Systeme von Akteur:innen	Instrumente
alle Raumtypen mit raumtypenspezifischer Differenzierung	Bund, Länder, Regionen, Städte, Gemeinden, Eisen-bahnunternehmen, Anschluss-bahnen, Unternehmen	Anschlussbahnförderung, Flächenwidmung

HANDLUNGS
AUFTRAG
3.3 d

Klimaneutrale, umwelt- und stadtverträgliche Verteillogistik organisieren

Der Onlinehandel führt vor allem in städtischen Gebieten zu mehr Kfz-Verkehr. Einkaufswege zu Fuß, mit dem Rad und dem öffentlichen Verkehr werden durch Lieferfahrten ersetzt. Für eine klima-, umwelt- und stadtverträgliche Verteil-logistik braucht es dezentrale Lösungen, bei denen die „letzte Meile" mit dem Fahrrad oder E-Fahrzeugen möglich ist und bei denen Umschlag- und Lager-orte stadtverträglich eingebettet werden.

Mögliche Maßnahmen und ÖROK-Arbeitsformate
- Klärung der Zweckmäßigkeit weiterer gemeinsamer Aktivitäten der ÖROK im Rahmen der ÖREK-Partnerschaft „Plattform Raumordnung und Verkehr" zum Thema „Klimaneutrale, umwelt- und stadtverträgliche Verteillogistik".

Raumtypen	Relevante Systeme von Akteur:innen	Instrumente
große und kleinere Stadtregionen	Länder, Städte, Gemeinden, Logistikunternehmen, Wohnbauträger	Verkehrs- und Logistikkon-zepte, Parkraumorganisation, Flächenwidmungs- und Bebauungsplanung

Die Wettbewerbsfähigkeit und Resilienz des Wirtschafts- und Arbeitsstandortes Österreich und seiner Regionen erhalten und stärken und dabei regionale Wirtschaftskreisläufe unterstützen

Wettbewerb ist ein Treiber für Innovation und Produktivität. Er dient damit der Steigerung von Wohlstand und Lebensqualität. Wettbewerb bedarf aber einer Gestaltung und kann nur im Zusammenwirken mit staatlichen Steuerungsleistungen sowie öffentlichen Dienstleistungen der Daseinsvorsorge zu einer fairen Verteilung von Wohlstand und Lebensqualität beitragen. Der globale und europäische Wettbewerb um Betriebe, Beschäftigte, Arbeitsplätze und Finanzkapital zwischen räumlichen Standorten hat sich mit dem freien Personen-, Waren-, Dienstleistungs- und Kapitalverkehr massiv intensiviert. Wenn die Wettbewerbsverhältnisse für diesen räumlichen Standortortwettbewerb nicht fair gestaltet werden, besteht die Gefahr, dass räumliche Ungleichheiten verstärkt und der territoriale Zusammenhalt geschwächt werden. Das ist dann der Fall, wenn es aus Wettbewerbsgründen zu Steuerdumping und zu einem Abbau von wohlfahrtsstaatlichen Leistungen kommt.

Aus der Sicht der räumlichen Wirtschaftsstandortentwicklung ist daher eine faire Gestaltung der Bedingungen für den Standortwettbewerb (z.B. Steuerpolitik, soziale und ökologische Mindeststandards) ein zentrales Anliegen, das aber nur auf der europäischen und globalen Ebene gelöst werden kann.

Österreich hat sich im europäischen und globalen Vergleich als wettbewerbsfähiger und resilienter Wirtschaftsstandort etabliert. Es hat den industriellen Strukturwandel bewältigt und bildet zusammen mit Deutschland, Tschechien, Slowakei, Ungarn, Polen, Slowenien und Norditalien die industrielle Kernzone der EU (Europäische Kommission 2019, WIIW 2020).

Österreich muss sich als Hochlohnstandort mit einer intensiven und wachsenden Außenhandelsverflechtung im globalen und europäischen Standortwettbewerb behaupten. Besonders wichtig für Österreich sind die Regionen der transnationalen europäischen Kooperationsräume Alpenraum, Donauraum und Mitteleuropa. Hier finden 70 % des Außenhandels, davon 30 % mit Mittel- und Südosteuropa mit einem hohen Anteil an österreichischen Direktinvestitionen (WIIW 2019) statt. Österreichs Lage am ehemaligen Eisernen Vorhang ist dabei immer noch höchst relevant. Eine positive wirtschaftliche Entwicklung der mittel- und südosteuropäischen Länder ist daher im österreichischen Interesse.

> „Die Förderung und der Aufbau regionaler Kreislaufwirtschaften stärkt die Widerstandsfähigkeit und Eigenständigkeit der Regionen. Durch stärkeres Bewusstsein für die Region werden lokale Ressourcen gezielt eingesetzt, lange Transportwege vermieden, Arbeitsplätze gewährleistet, Wertschöpfung vor Ort generiert und der direkte Bezug zwischen Produkt und Konsument:in hergestellt."
>
> **Die Young-Experts des ÖREK 2030**

Der innerösterreichische Standortwettbewerb auf regionaler und lokaler Ebene kann auch ein Kooperationshindernis bei der Betriebsstandortentwicklung sein. Das kann zu einer suboptimalen Standortentwicklung führen (z.B. hohe Verkehrserzeugung, hoher Flächenbedarf). Kooperationsförderliche Rahmenbedingungen sind daher eine wichtige Voraussetzung für die Entwicklung von wettbewerbsfähigen, resilienten und die Lebensqualität verbessernden Wirtschaftsstandorten.

Der Arbeitsstandort Österreich hat europaweit eine überdurchschnittliche Erwerbsquote, eine überdurchschnittliche Steigerung der Lohnstückkosten und dennoch eine vergleichsweise niedrige Arbeitslosigkeit (Eurostat 2019). Die regionale Verteilung der Arbeitslosigkeit zeigt keine regionstypischen Muster: Stadtregionen, ländliche Regionen oder Regionen mit Bevölkerungsrückgang können sowohl hohe als auch niedrige Arbeitslosenquoten aufweisen. Das weist darauf hin, dass die Arbeitsmarktentwicklung regional spezifischer Strategien bedarf.

Nach den aktuellen Prognosen wird die Zahl der erwerbsfähigen Personen in vielen ländlichen Regionen trotz Zuwanderung aus dem Ausland bis 2040 um mehr als 10 %, in einzelnen Regionen um bis zu 30 % abnehmen (ÖROK 2019b). Das verfügbare, richtig ausgebildete Arbeitskräftepotenzial wird daher zu einem zentralen Standortfaktor für den ländlichen Raum.

In den städtischen Zuwanderungsräumen geht es darum, ihre Funktion als international wettbewerbsfähige Spitzenstandorte zu stärken und die Arbeitskräftenachfrage mit der Entwicklung einer nachhaltigen Stadtwirtschaft in Einklang zu bringen.

Die Klimakrise und die Covid-19-Pandemie machen die Resilienz von Regionen zu einem dringlichen Thema. Eine Antwort dabei kann auch in einer verstärkten Entwicklung einer regionalen Kreislaufwirtschaft gesehen werden. Noch ist unklar, welche Wege dafür erfolgversprechend sind und in welcher Form die Raumentwicklungspolitik dazu einen produktiven Beitrag leisten kann.

Die Rahmenbedingungen für den regionalen und lokalen Standortwettbewerb im Sinne einer Stärkung von regionalen Kooperationen überprüfen und verbessern

Die bestehenden rechtlichen und finanziellen Rahmenbedingungen erschweren regionale Kooperationen zwischen den Gemeinden. Der Wettbewerb um Einwohner:innen, Betriebe, Tourist:innen oder Einrichtungen der Daseinsvorsorge steht oft im Vordergrund. Das führt zu suboptimalen Standortentwicklungen, zu ineffizienten und teuren Versorgungsleistungen mit technischer, verkehrlicher, sozialer und kultureller Infrastruktur.

Für eine funktionsraumorientierte Gestaltung der Standortentwicklung müssen die Rahmenbedingungen für eine gemeindeübergreifende Kooperation bei der Standortentwicklung hinterfragt werden.

Mögliche Maßnahmen und ÖROK-Arbeitsformate
– Die Einrichtung einer ÖREK-Partnerschaft zum Thema „Rahmenbedingungen für gemeindeübergreifende Kooperation bei der Standortentwicklung" prüfen. Identifizierung rechtlicher, finanzieller und organisatorischer Barrieren für Kooperation, Entwicklung von Lösungsvorschlägen, Entwicklung von Anreizsystemen für Kooperation, Ausarbeitung von Ausgleichs- und Kompensationsmechanismen und deren rechtliche Absicherung etc.
– Die Realisierbarkeit eines von Bund/Ländern getragenen Stadtregions-Förderprogramms ausgehend von guten Beispielen aus dem Ausland analysieren und allenfalls entwickeln.

Raumtypen	Relevante Systeme von Akteur:innen	Instrumente
alle Raumtypen mit raumtypenspezifischer Differenzierung	Bund, Länder, Städte, Gemeinden, Städtebund, Gemeindebund, Wirtschaftskammer, Arbeiterkammer, ÖROK, Regional- und LEADER-Managements	Kommunalsteuern und -abgaben, Finanzausgleich, Fördersysteme, Baulandmobilisierung, Bedarfszuweisungen der Länder, Gemeindefinanzierung durch Bund und Länder, Kostenwahrheit, Regionalentwicklungsstrategien, interkommunale Raumentwicklungskonzepte

Regionale Wertschöpfungsketten und eine regionale Kreislaufwirtschaft unter Einschluss der Tourismuswirtschaft weiterentwickeln

Kreislaufwirtschaft strebt ein ressourcenschonendes Wirtschaftssystem an, in dem kaum Abfälle produziert werden und in dem Rohstoffe innerhalb eines geschlossenen Kreislaufes kontinuierlich wieder genutzt werden. Neben den ökologischen und wirtschaftlichen Aspekten kann Kreislaufwirtschaft auch eine soziale Funktion durch die Schaffung von Beschäftigung für am Arbeitsmarkt benachteiligte Personen übernehmen.

Die EU-Kommission hat im Rahmen des „Fahrplans für ein ressourceneffizientes Europa" ein Paket für Kreislaufwirtschaft aufgesetzt, das auch in das Zielsystem der Strukturfondsprogramme 2021–2027 eingeflossen ist (Ziel: „Die Transformation zu einer Kreislaufwirtschaft unterstützen").

In der Bundesstrategie zur Nachhaltigen Abfallwirtschaft (2012) ist die Kreislaufwirtschaft ein wichtiges Aktionsfeld. Während die Rahmenbedingungen auf europäischer und nationaler Ebene geschaffen werden müssen, erfolgt die Umsetzung in erster Linie auf lokaler und regionaler Ebene. Regionale Kreislaufwirtschaft ist daher als Teil regionalwirtschaftlicher Entwicklungsstrategien und regionaler Wertschöpfungsketten zu sehen.

Regionale Wertschöpfungsketten wiederum versuchen regionale Produzent:innen in regionale Wirtschaftssysteme zu integrieren und auch eine Verbindung zu den regionalen Konsument:innen, insbesondere auch der Tourismuswirtschaft, herzustellen. Dazu braucht es regionale Kooperationen zwischen regionalen Produzent:innen und Konsument:innen.

Mögliche Maßnahmen und ÖROK-Arbeitsformate

- Die Einrichtung einer ÖREK-Partnerschaft mit dem Thema „Regionale Wertschöpfungsketten und regionale Kreislaufwirtschaft stärken" prüfen: Identifizierung von Themen, Branchen und Systemen von Akteur:innen, die sich für regionale Wertschöpfungsketten und Kreislaufwirtschaft eignen, Diskussion geeigneter regionaler Dimensionen, Eignung von Raumtypen für spezifische regionale Kreisläufe, Entwicklung von Vorschlägen für die Gestaltung von rechtlichen, finanziellen und organisatorischen Rahmenbedingungen, Aufbereitung guter Beispiele.
- Prüfung von Pilotprojekten und Modellregionen für Kreislaufwirtschaft und regionale Wertschöpfungsketten mit spezifischen Förderprogrammen in Abstimmung mit den Ländern und eingebettet in bestehende rechtliche und organisatorische Strukturen auf der (stadt-)regionalen Ebene; Integration des Themas Kreislaufwirtschaft in bestehende Modellregionsprogramme.

Raumtypen	Relevante Systeme von Akteur:innen	Instrumente
alle Raumtypen mit raumtypenspezifischer Differenzierung	Länder, Regionen, Städte, Wirtschaftskammer, Landwirtschaftskammer, Arbeiterkammer, Standortagenturen, Tourismuswirtschaft, AMS, (soziale) Unternehmen, ÖROK	IBW/EFRE, LEADER, EU-Agrarförderung Landesförderungen, KLIEN, regionale Entwicklungsstrategien

Regionale Zentren und ihre Funktionsräume als wissensbasierte Dienstleistungs- und Bildungsstandorte stärken

Der Sektor der wissensbasierten Dienste ist wachstums- und beschäftigungsintensiv. Der Beschäftigungszuwachs der letzten 20 Jahre wird zu einem hohen Teil durch wissensbasierte Arbeitsplätze getragen. Diese Dynamik ist mit ein Grund für das Einwohner:innen- und Beschäftigungswachstum in den großen Städten. Wissensbasierte Dienste sind eine wesentliche Quelle für Innovation, Forschung und Entwicklung. Unternehmen und Beschäftigte in diesem Sektor suchen räumliche Nähe für Vernetzung und Austausch, vielfältige Bildungs-, Kultur- und Freizeitangebote, attraktive Wohnmöglichkeiten und ein breites Jobangebot mit Entwicklungsmöglichkeiten.

Die Digitalisierung beschleunigt diese Dynamik nochmals. Für eine Stärkung der wissensbasierten Dienste auch in den ländlichen Räumen braucht es attraktive regionale Zentren.

Mögliche Maßnahmen und ÖROK-Arbeitsformate
– Die Einrichtungen von ÖREK-Partnerschaften zu den Themen „Chancen der Digitalisierung nutzen" und „Regionale Innovationssysteme stärken" prüfen.
– Die Umsetzung von Pilotprojekten oder von Modellregionen zum Thema „Regionale Innovationssysteme" in Abstimmung mit den Ländern und eingebettet in bestehende rechtliche und organisatorische Strukturen auf der (stadt-)regionalen Ebene prüfen.

Raumtypen	Relevante Systeme von Akteur:innen	Instrumente
kleinere Stadtregionen und ländliche Verdichtungsräume, ländliche Räume mit geringer Bevölkerungsdichte und Bevölkerungsrückgang	Bund, Länder, Standortagenturen, Städte, Gemeinden, Wirtschaftskammer, Unternehmen, Universitäten, Fachhochschulen, Forschungseinrichtungen, Regionalmanagements	Versteigerung von Mobilfunklizenzen, Förderung für den Breitbandausbau, Regionalbonus, interkommunale Betriebsstandortentwicklung und -vernetzung, interkommunale Gemeindekooperationen mit interkommunale Finanzausgleichsmechanismen, Beratungsangebote

HANDLUNGS AUFTRAG 3.4 d

International wettbewerbsfähige Spitzenstandorte entwickeln und die Städte als attraktive Produktionsstandorte gestalten

Große, international tätige Produktions-, Dienstleistungs- und Forschungsunternehmen, aber auch internationale Organisationen (z.B. UNO, EU) suchen weltweit oder europaweit nach Standorten mit bestens ausgebildeten Arbeitskräften, hervorragender Verkehrsanbindung, Zugang zu Universitäten und Forschungseinrichtungen sowie hoher Lebensqualität für die Führungskräfte und die Beschäftigten. Neben Wien sind dafür die Landeshauptstädte sowie Knotenstandorte entlang hochrangiger Infrastrukturachsen geeignet.

Im Sinne der „Neuen Leipzig Charta – Die transformative Kraft der Städte für das Gemeinwohl (Informelles Treffen der MinisterInnen für Stadtentwicklung 2020a) gilt es, die Dimension der „produktiven Stadt" als zentrale städtische Funktion auszubauen. Diese ist vor dem Hintergrund des Wandels zu einer „digitalen" und klimaneutralen Wirtschaft und Gesellschaft umzugestalten.

Mögliche Maßnahmen und ÖROK-Arbeitsformate
– Studie zur Klärung von Rahmenbedingungen für die Ausstattung von zukunftsfähigen, international wettbewerbsfähigen Spitzenstandorten ausarbeiten.

Raumtypen	Relevante Systeme von Akteur:innen	Instrumente
große Stadtregionen, Achsenräume entlang hochrangiger Verkehrsachsen	Bund, Länder, Städte, Städtebund, Standortagenturen	Förderungen, Beratungen, Instrumente der Baulandmobilisierung

Nachhaltige Tourismus- und Freizeitdestinationen klimaneutral und klimaresilient entwickeln

Österreich zählt zu den Ländern mit der höchsten Tourismusintensität in Europa (Eurostat 2019). Der Tourismus- und Freizeitstandort Österreich ist in den letzten Jahren bis zum Ausbruch der Covid-19-Pandemie dynamisch gewachsen. Von 2013–2019 haben die Nächtigungen um 13 % zugenommen. Besonders stark sind die Nächtigungen von Tourist:innen aus Mittelost- und Südosteuropa (+34 %) und aus nicht europäischen Ländern (+46 %) gestiegen (Statistik Austria 2019). Auch der Inlandstourismus und die Nachfrage nach Freizeitstandorten werden durch das Wachstum der Zahl der Senior:innen im Ruhestand (+50 % bis 2040, ÖROK 2019b), aber auch durch unterschiedliche Formen der Arbeitszeit-verkürzung und Arbeitszeitflexibilisierung weiter zunehmen.

Der Klimawandel könnte zu zusätzlichen Nachfragepotenzialen im Sommer durch Erholungssuchende aus Hitzeregionen führen. Er birgt aber auch beson-dere Risiken im Winter, vor allem für kleinere Wintersportgebiete in geringen Höhenlagen. Dabei werden die möglichen Nachfragesteigerungen im Sommer die erwartbaren Wertschöpfungsverluste im Wintertourismus voraussichtlich nicht kompensieren können. Geht man mittelfristig von einer Bewältigung der Covid-19-Pandemie durch Impfstoffe oder Medikamente aus, werden punktuell Erscheinungen von „Overtourism", die Anpassung an den Klimawandel sowie der Klimaschutz im Tourismus besondere Herausforderungen darstellen. Be-sondere Herausforderungen stellen auch Nutzungskonflikte im Freiraum, die Zunahme von Freizeitwohnsitzen und hohe Boden- und Immobilienpreise in den Gemeinden mit hoher Tourismusintensität dar. Damit verbunden sind oft Bevölkerungsrückgänge, Verknappung und Verteuerung von Wohnraum durch touristische Vermietung über Internet-Plattformen sowie das Verkehrsaufkom-men durch Tourismus- und Freizeitaktivitäten.

Die Handlungsaufträge stellen auch einen Beitrag zur Umsetzung des „Plan T-Masterplan für Tourismus des Bundes" (BMNT 2019c) dar. Wichtige Empfehlungen wurden bereits in der ÖROK-Empfehlung Nr. 56 „Flächen-sparen, Flächenmanagement & aktive Bodenpolitik" vorgelegt.

Die Erreichbarkeit von Tourismusregionen, Orten mit hoher Tourismusintensität und besonders nachgefragten Sehenswürdigkeiten mit Bahn und Bus, dem öffentlichen Verkehr und dem Fahrrad verbessern und fördern

Tourismus- und Freizeitaktivitäten sind in hohem Maße autoorientiert. Die Zu- und Abfahrt und das Abstellen der PKW sind ein Problem für die Zielorte. Dasselbe gilt für die Orte, die am Weg durchquert werden. Folgen sind Lärm- und Schadstoffbelastungen, Flächeninanspruchnahme und Treibhausgasemissionen. Beispiele zeigen, dass eine Reduktion des touristischen PKW-Verkehrs möglich ist und dass auch der Freizeitverkehr auf den öffentlichen Verkehr und das Rad verlagert werden kann.

Mögliche Maßnahmen und ÖROK-Arbeitsformate
- Die Einrichtung einer ÖREK-Partnerschaft mit dem Thema „Klima- und raumverträglicher Tourismus" prüfen.
- Behandlung in der ÖREK-Partnerschaft „Plattform Raumordnung und Verkehr".

Raumtypen	Relevante Systeme von Akteur:innen	Instrumente
große Stadtregionen, ländliche Tourismusregionen	Bund, Länder, Verkehrsverbünde, Städte, Gemeinden, Tourismusverbände	Verkehrsinfrastruktur,Verkehrsangebote, Mobility-as-a-Service-Angebote, Ticketsysteme, Information, Parkraumbewirtschaftung am Zielort, Zertifikate für nachhaltige Tourismusorte unter Einbeziehung der Mobilität, Modellregionen

Die Ausweitung von Zweitwohnsitzen und die Vermietung von Wohnungen über Plattformen in Städten und Regionen mit hoher Tourismusintensität beschränken

Besonders in Städten und Regionen mit hoher Tourismusintensität ist die Nachfrage nach Zweitwohnsitzen stark gestiegen. Die Anlage von Kapital in Immobilien („Betongold") hat auch in Tourismusregionen zu neuen Formen der Geldanlage und Bodenverwertung geführt (z.B. „Chaletdörfer"). Dadurch nimmt die Zersiedelung zu, der Druck auf Bodenpreise und Mieten steigt, Einheimische werden am Boden- und Wohnungsmarkt verdrängt und Flächen zur Lebensmittelproduktion werden in Bauland umgewandelt. In größeren Städten werden Wohnungen durch Vermietung über Plattformen für touristische Zwecke dem Wohnungsmarkt entzogen. Dadurch werden die Wohnungsknappheit und die Wohnungskosten erhöht.

Mögliche Maßnahmen und ÖROK-Arbeitsformate
- Studie zu institutionenübergreifenden Steuerungserfordernissen ausarbeiten.
- Verbesserungsmöglichkeiten der Datenlage prüfen und österreichweiten Harmonisierungsbedarf klären.
- Die Einrichtung einer ÖREK-Partnerschaft zum Thema „Klima- und raumverträglicher Tourismus" prüfen.

Raumtypen	Relevante Systeme von Akteur:innen	Instrumente
größere Stadtregionen, ländliche Tourismusregionen	Bund, Länder, Städte, Tourismusgemeinden	Raumordnungsgesetz, regionale Entwicklungspläne, örtliche Entwicklungskonzepte, Flächenwidmungs- und Bebauungspläne, Mietrecht, Gewerberecht

Die Regionen zu spezialisierten Bioökonomiestandorten unter Wahrung der Lebensmittelversorgung, der Biodiversität und des Klimaschutzes entwickeln

Die Bioökonomiestrategie des Bundes hat das Ziel, Österreich zum Bioökonomiestandort im Sinne des Klimaschutzes zu entwickeln (BMNT, BMBW, BMVIT 2019). Das bedeutet eine Substitution fossiler Rohstoffe durch nachwachsende Rohstoffe. Die Fläche für biogene Nutzungen (land- und forstwirtschaftliche Nutzflächen) ist aber seit 1960 um ca. 15,5 % zurückgegangen. Die landwirtschaftlichen Nutzflächen haben seit 1960 sogar um etwa 34 % abgenommen (BMLRT 2021a). Sie werden durch Ansprüche der Siedlungsentwicklung als Folge des Bevölkerungswachstums noch weiter zurückgehen. Eine Fortschreibung der Siedlungsflächen- und Verkehrsflächennutzung/Einwohner:in würde langfristig bis 2060 zu einem Verlust an landwirtschaftlicher Nutzfläche um weitere 12 % des aktuellen Bestandes führen (Hiess 2015).

Die forstwirtschaftlichen Nutzflächen haben hingegen seit 1960 vor allem durch die Aufgabe von Grünland- und Almflächen um ca. 9 % zugenommen. Für eine Substitution fossiler durch biogene Rohstoffe bedarf es aber mehr Fläche und/oder einer Steigerung der Effizienz durch Kaskadennutzung, Fraktionierung und Kreislaufwirtschaft.

In den letzten Jahrzehnten wurde die Abnahme landwirtschaftlicher Produktionsflächen durch unterschiedliche Formen der Nutzungsintensivierung kompensiert: Verwendung ertragsstarker Pflanzensorten und leistungsfähiger Zuchttiere, Präzisionslandwirtschaft, importiertes Kraftfutter für die Tierhaltung, bessere Nutzung der natürlichen Ertragspotenziale durch Optimierung von Düngung und Pflanzenschutzmitteleinsatz etc. Damit konnte die Versorgung der Bevölkerung mit hochwertigen Lebensmitteln weitestgehend sichergestellt werden. Allerdings hat die Landwirtschaft auf den verbliebenen Flächen mit zunehmenden Nutzungskonflikten (z.B. Lebensmittelproduktion versus Artenschutz) sowie mit den Folgen des Klimawandels zu kämpfen.

Der Ausbau des Bioökonomiestandortes Österreich unterstützt regionale Wertschöpfungsketten und Kreislaufwirtschaft und sichert das Einkommen der Produzent:innen nachhaltig. Die Raumentwicklung und Raumordnung muss dazu beitragen, die Produktionsflächen für die Bioökonomie zu sichern und durch eine regionale Kreislaufwirtschaft eine effektive und effiziente Entwicklung zu unterstützen.

HANDLUNGS AUFTRAG
3.6 a

Eine nachhaltige, klimawandelangepasste multifunktionale Waldbewirtschaftung durch Instrumente der forstlichen Raumplanung forcieren

Der Klimawandel und die stärkere Nutzung der Wälder für Tourismus- und Freizeitfunktionen stellen die österreichische Forstwirtschaft zunehmend vor neue Herausforderungen, für deren Lösung die forstliche Raumplanung einen wesentlichen Beitrag leisten kann. Diese wachsende multifunktionale Bedeutung des Waldes führt aber auch zu Nutzungskonflikten und erhöht die Notwendigkeit eines ständigen Interessenausgleichs der Waldbewirtschaftung mit Tourismus- und Freizeitwirtschaft, Jagdwirtschaft und Naturschutz.

Mögliche Maßnahmen und ÖROK-Arbeitsformate
– Die Einrichtung einer ÖREK-Partnerschaft zum Thema „Freiraumentwicklung, Ressourcenschutz und Klimawandel" prüfen.

Raumtypen	Relevante Systeme von Akteur:innen	Instrumente
alle Raumtypen mit raumtypenspezifischer Differenzierung	Bund, Länder, Regionen, Städte, Gemeinden, Wirtschaftskammer, Landwirtschaftskammer, Forstunternehmen, Waldbesitzer:innen, Naturschutzorganisationen, Jagdverbände, Tourismusverbände	forstliche Raumplanung

HANDLUNGS AUFTRAG
3.6 b

Regionale Bioökonomiestandorte mit biogenen Qualitätswertschöpfungsketten und -clustern ausbauen

Die Nutzung von biogenen klimaneutralen bis -positiven und recyclierbaren Rohstoffen trägt zu den Klimazielen bei, indem CO_2 nicht nur in den Rohstoffen und den daraus hergestellten Produkten gespeichert wird, sondern zusätzlich CO_2-intensiv hergestellte Produkte auf Basis fossiler und energieintensiver Rohstoffe substituiert werden. Damit kann auch die Abhängigkeit von begrenzten Rohstoffen reduziert werden. Sie birgt nicht nur für den Wirtschaftsstandort Österreich insgesamt, sondern vor allem für ländliche Regionen eine große Chance. Im Sinne des Ziels regionaler Wirtschaftskreisläufe sind regionale biogene Wertschöpfungsketten auszubauen. Zur Unterstützung einer regionalen Kreislaufwirtschaft sind die Kreisläufe in Richtung Wiederverwertung der Abfallprodukte zu schließen.

Mögliche Maßnahmen und ÖROK-Arbeitsformate
- Die Einrichtung einer ÖREK-Partnerschaft zum Thema „Regionale Wirschafts-kreisläufe und regionale Kreislaufwirtschaft stärken" prüfen: Identifizierung von Themen, Branchen und Systemen von Akteur:innen, die sich für biogene Wirtschaftskreisläufe eignen, Diskussion geeigneter regionaler Dimensionen, Eignung von Raumtypen für spezifische regionale Bioökonomiestandorte und Kreisläufe, Entwicklung von Vorschlägen für die Gestaltung von rechtlichen, finanziellen und organisatorischen Rahmenbedingungen, Bewusstseinsbildung für das Potenzial biogener Rohstoffe und Produkte für die Gesellschaft, Auf-bereitung guter Beispiele.

Raumtypen	Relevante Systeme von Akteur:innen	Instrumente
alle Raumtypen mit raumtypenspezifischer Differenzierung	Bund, Länder, (Stadt-) Regionen, Wirtschafts-kammer, Landwirtschafts-kammer, Standortagenturen, Unternehmen, ÖROK	IBW/EFRE, LEADER, Agrarförderungen, KLIEN-Förderungen

ZIEL 7

Regionale Ungleichheiten bei Wettbewerbsfähigkeit, Wirtschaftsleistung und Einkommensniveau verringern

Die Wettbewerbsfähigkeit, das Bruttoregionalprodukt und das Einkommens-niveau sind zentrale Indikatoren zur Abbildung der marktwirtschaftlichen Leis-tung von Wirtschaftsräumen. Damit sind sie auch Maßstäbe für die Erfassung wirtschaftlicher Ungleichheiten. Sie bilden einen Teilaspekt des übergeordneten Ziels der Lebensqualität mit gleichwertigen Lebensbedingungen und deren gerechterer räumlicher Verteilung ab.

Die Wettbewerbsfähigkeit der österreichischen Regionen (gemessen an 50 In-dikatoren) hat sich in den letzten Jahren im europäischen Vergleich insgesamt verbessert. Die regionalen Unterschiede in der Wettbewerbsfähigkeit zwischen den Regionen innerhalb Österreichs sind im europäischen Ländervergleich sehr gering (Europäische Kommission 2019). Die regionalen Disparitäten in der Wirt-schaftskraft (Bruttoinlandsprodukt/EW) haben in den letzten 30 Jahren deutlich abgenommen (Statistik Austria 2019).

Auch die Aufteilung der Wirtschaftsleistung zwischen den großen Stadtregio-nen und den ländlichen Regionen blieb in den letzten 20 Jahren annähernd konstant (Statistik Austria 2020). Das WIFO-Wettbewerbsradar weist für Öster-reich im Vergleich das höchste BIP/Kopf in den Nicht-Metropolregionen aus. Die reale Kaufkraft im ländlichen Raum ist europaweit am höchsten (WIFO 2020).

Allerdings können sich die Wirtschaftsleistung und das Einkommensniveau sowie deren Entwicklung innerhalb des ländlichen Raumes unabhängig vom Regionstyp (z.B. mit/ohne Bevölkerungsrückgang) stark unterscheiden. Das bedeutet, dass differenzierte maßgeschneiderte regionale Strategien notwendig sind, damit ein weiterer Abbau regionaler Unterschiede bei Wettbewerbsfähigkeit, Wirtschaftsleistung und Einkommen erreicht werden kann. Insgesamt geht es darum, jene Ungleichheiten in der Wettbewerbsfähigkeit, der Wirtschaftsleistung und beim Einkommensniveau abzubauen, die regionale Entwicklungschancen beeinträchtigen.

Die digitale und physische Erreichbarkeit sicherstellen

Die Covid-19-Pandemie hat gezeigt, dass eine flächendeckende Versorgung mit digitalen Infrastrukturen und Diensten, eine entsprechende Ausstattung öffentlicher Einrichtungen sowie die Befähigung der Menschen zur Nutzung der digitalen Möglichkeiten eine zentrale Voraussetzung für gleichwertige Lebensbedingungen darstellen. Der Markt kann eine möglichst ausgeglichene Verteilung nicht sicherstellen. Dafür braucht es eine Unterstützung durch die öffentliche Hand auf allen räumlichen Ebenen.

Mögliche Maßnahmen und ÖROK-Arbeitsformate
– Die Einrichtungen von ÖREK-Partnerschaften zu den Themen „Chancen der Digitalisierung nutzen" und „Regionale Innovationssysteme stärken" prüfen.
– Grundlagen für eine faire und effiziente Ausbaustrategie der digitalen Infrastruktur entwickeln.
– ÖROK-Atlas: Regionaldaten zum Stand der digitalen Versorgung weiter zur Verfügung stellen.

Raumtypen	Relevante Systeme von Akteur:innen	Instrumente
alle Raumtypen mit raumtypenspezifischer Differenzierung	Bund, Länder, Regionen, Städte, Gemeinden, ÖROK	Versteigerung von Mobilfunklizenzen, Förderung für den Breitbandausbau, Regionalbonus, Verkehrsinfrastruktur und Verkehrsangebot, ÖROK-Partnerschaft, ÖROK-Atlas

Ein attraktives Lebensumfeld für Beschäftigte generell, für Frauen im Besonderen und speziell in wirtschafts- und wissensbasierten Diensten in Regionen mit Bevölkerungsrückgang schaffen

Die prognostizierte Abnahme der erwerbstätigen Bevölkerung um bis zu 30 % in einzelnen Regionen wird zu einem Arbeitskräftemangel und damit auch zu einem Nachteil in der Standortentwicklung führen. Ein attraktives Lebensumfeld für Beschäftigte ist eine Voraussetzung für das Vermeiden von Abwanderung, die Rückkehr von zur Ausbildung weggezogenen Einheimischen und die Zuwanderung von Arbeitskräften.

Mögliche Maßnahmen und ÖROK-Arbeitsformate

- Regionale/räumliche Verteilung der Qualität des Lebensumfeldes von Beschäftigten aufzeigen, Unterschiede sichtbar machen und Empfehlungen für Anpassungen ausarbeiten.
- Gute Beispiele aufbereiten.

Raumtypen	Relevante Systeme von Akteur:innen	Instrumente
kleine Stadtregionen und ländliche Verdichtungsräume, ländliche Räume mit geringer Bevölkerungsdichte und Bevölkerungsrückgang	Länder, Regionen, Städte, Gemeinden, Arbeiterkammer	regionale Entwicklungsstrategien, LEADER-Strategien, interkommunale Kooperationen mit Ausgleichsmechanismen zwischen Gemeinden, Gemeindefinanzierung, Kulturförderung, Gender Budgeting

SÄULE 4

Vertikale und horizontale Governance weiterentwickeln

Entscheidend für den Erfolg des ÖREK 2030 und die gesamtstaatliche Handlungsfähigkeit im weiteren Sinne sind neben den Strategieinhalten die Umsetzungsprozesse. Diese sind auf **gut funktionierende Government- und Governance-Regelungen** angewiesen. Die Government-Rahmenbedingungen (Gesetze, Steuern, rechtliche Zuständigkeiten, politische Strukturen usw.) bilden die wesentliche Grundlage für das Erreichen der inhaltlichen Ziele des ÖREK 2030. Governance kann unterstützend wirksam werden, wenn die beteiligten Akteur:innen eine positive Grundhaltung gegenüber dem Kooperationsgedanken einnehmen und wenn ausreichende Ressourcen und ein gewisses „Governance-Know How" für die geeignete Gestaltung von Strukturen und Prozessen zur Verfügung stehen.

Wenn gesetzliche Rahmenbedingungen das Erreichen der ÖREK-Ziele erschweren oder diesen Zielen widersprechen, kann das selbst durch eine gute Governance nicht kompensiert werden.

Eine gut funktionierende Governance ist für die Umsetzung des ÖREK 2030 von großer Bedeutung. Die inhaltlichen übergeordneten Grundsätze der

Klimaverträglichkeit und Nachhaltigkeit, der Gemeinwohlorientierung und der Gerechtigkeit erfordern für die konkrete Ausgestaltung Abwägungs- und Aushandlungsprozesse. Auch die unterschiedliche regionale und räumliche Betroffenheit durch den Wandel sowie die Verschiedenheit der regionalen Potenziale für die Gestaltung der nötigen Transformation erfordern ein Zusammenspiel übergeordneter Strategien. Die Umsetzung muss an die regionalen und lokalen Gegebenheiten angepasst stattfinden.

Für die Weiterentwicklung der vertikalen und horizontalen Governance spielt auch die **Mitwirkung an europäischen Strategien und Prozessen der Raumentwicklung** eine wichtige Rolle. Einerseits geht es darum, raumrelevante österreichische Interessen zu formulieren und in die verschiedenen grenzüberschreitenden und transnationalen Prozesse einzuspielen. Andererseits liefern die europäischen Strategien und Prozesse wichtige Impulse, die strategisch gebündelt und in die Planungen auf Bundes-, Landes-, Regions- und lokaler Ebene integriert werden sollen.

Da in Österreich eine Rahmengesetzgebung des Bundes bzw. eine koordinierende Bundes-Raumordnung fehlt, ist eine **intensive Abstimmung zwischen räumlichen und sektoralen Planungen** umso wichtiger. Es geht einerseits darum, räumliche Ziele durch eine Prüfung der Raumwirksamkeit sektoraler Strategien und Planungen frühzeitig zu integrieren. Andererseits sind sektorpolitische Anliegen in die Pläne und Verfahren der Raumentwicklung und Raumordnung aufzunehmen. Von besonderer Bedeutung ist insbesondere die **Abstimmung zwischen Sektorzielen, räumlichen Zielen und Zielen für den Klima- und Biodiversitätsschutz sowie die Anpassung an den Klimawandel.**

"Für die Umsetzung der ambitionierten Ziele des ÖREK ist eine gute Governance erforderlich. Das bedeutet vor allem: ein noch besseres Zusammenspiel aller relevanten Politik- und Planungsebenen! Hier ist, wie man so schön sagt, *noch Luft nach oben!*"

Rainer Danielzyk, Geograf, ARL Hannover

Neben diesen Aspekten der horizontalen Governance ist auch die **vertikale Koordination und Abstimmung zwischen den verschiedenen Gebietskörperschaften** vom Bund bis zu den Gemeinden von großer Bedeutung für eine funktionierende räumliche Entwicklung. Besonderes Augenmerk liegt dabei auf der (stadt-)regionalen Handlungsebene. Diese war raumordnungsrechtlich und institutionell über lange Zeit schwach ausgestattet, hat im letzten Jahrzehnt jedoch stark an Bedeutung gewonnen und sich im Zuge dessen stärker professionalisiert. Die aktuellen Herausforderungen in der Raumentwicklung können immer weniger auf der lokalen Ebene bewältigt werden. Deshalb ist davon auszugehen, dass Gemeindekooperationen und die **(stadt-)regionale Handlungsebene** auch zukünftig weiter an Bedeutung gewinnen und dementsprechend verankert und mit Ressourcen auszustatten sein werden.

Besonders im Mittelpunkt aktueller Transformationsprozesse stehen **Städte und Stadtregionen** sowie **ländliche und alpine Räume.** Sie sind nicht nur mit großen Herausforderungen konfrontiert, sondern können auch wesentliche Beiträge zu einer klimaneutralen, nachhaltigen und resilienten Raumentwicklung auf regionaler, nationaler und europäischer Ebene leisten.

Die Komplexität der Herausforderungen nimmt zu und die Veränderungsgeschwindigkeit ist groß. Deshalb braucht es, neben vertikalen und horizontalen Abstimmungsmechanismen, Information und Bewusstseinsbildung **sowie geeignete Mitwirkungs- und Beteiligungsmöglichkeiten für die Zivilgesellschaft und die interessierte Öffentlichkeit.** Dafür steht ein breites Repertoire an Methoden und Verfahren zur Verfügung. Wichtig ist, dass die öffentliche Hand Beteiligungsprozesse inhaltlich, organisatorisch und finanziell unterstützt. Durch die Beteiligung steigt zwar meist der Koordinationsaufwand, dafür sind die Ergebnisse meist tragfähiger und stellen eine wesentliche Erleichterung bei der späteren Umsetzung dar

Grenzüberschreitende Kooperationsräume (Interreg)

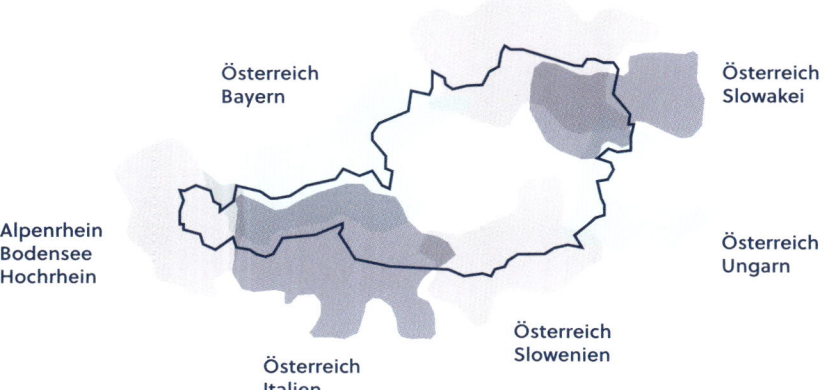

Österreich
Tschechische Republik

Österreich
Bayern

Österreich
Slowakei

Alpenrhein
Bodensee
Hochrhein

Österreich
Ungarn

Österreich
Slowenien

Österreich
Italien

Für den Erfolg des ÖREK 2030 sind nicht nur grenzüberschreitende und transnationale Kooperationen, horizontale und vertikale Abstimmungen sowie eine geeignete Öffentlichkeitsbeteiligung von großer Bedeutung. Auch eine wohlüberlegte **Kommunikation raumplanerischer Themen** ist wichtig. Dabei kann an positive Frames und Narrative aus der Alltagswelt der Menschen angeknüpft werden.

Damit vertikale und horizontale Governance gestärkt wird, braucht es zusätzlich zu den bestehenden kompetenzrechtlich geregelten Abstimmungen (Government) unterstützende Mechanismen wie z.B.:

- Die ÖREK-Partnerschaften und Plattformen der ÖROK.
- Die regionale Handlungsebene als Bindeglied und Schnittstelle zwischen Bund, Ländern, Städten, Gemeinden sowie weiteren Organisationen und Akteur:innen, die für die Umsetzung benötigt werden.
- Intermediäre Organisationen, die Governance managen und gestalten: Regionalmanagements, LEADER-Managements, Managements von Klima- und Energieregionen, Klimawandelanpassungsregionen etc.
- Bilaterale und transnationale Kooperationsstrukturen und -prozesse, die an der Gestaltung grenzüberschreitender europäischer Raumentwicklung mitwirken.

Das ÖREK 2030 schlägt vor diesem Hintergrund eine Reihe von Handlungsaufträgen zu folgenden thematischen Zielen vor:

▶ ZIEL 1
Die stadtregionale, regionale und interkommunale Handlungsebene stärken

▶ ZIEL 2
Das Zusammenwirken von Government und Governance verbessern

▶ ZIEL 3
Kommunikation und Beteiligung in der Planung ausbauen

▶ ZIEL 4
Räumlich relevante europäische und bilaterale Politiken aktiv mitgestalten und europäische Impulse in Österreich aufgreifen

▶ ZIEL 5
Überregionale Raumentwicklung und Raumordnung sektoral und sektorübergreifend ausbauen und stärken

Die stadtregionale, regionale und interkommunale Handlungsebene stärken

Die stadtregionale, regionale und interkommunale Handlungsebene hat in den letzten Jahren in vielerlei Hinsicht an Bedeutung gewonnen. Sie wurde ein wichtiges Element des Mehrebenen-Systems. Die zunehmend komplexer werdenden gesellschaftlichen Herausforderungen können durch rein staatliche Regelungen nicht mehr adäcuat gelöst werden. Dazu kommt, dass auch die Verwaltungsgrenzen zunehmend ihre Deckungsgleichheit mit den individuellen Lebenswelten verlieren. Aktives (kooperatives) Zusammenwirken von Staat, (Markt-)Wirtschaft und Zivilgesellschaft wird somit immer wichtiger. Die stadtregionale, regionale und interkommunale Handlungsebene gewinnt für die Umsetzung von sektorübergreifenden und sektoralen Politiken an Bedeutung. Das verlangt nach neuen Formen der Koordinierung und Kooperation. Wenn in diesem Koordinierungsprozess unterschiedliche Ebenen (Gemeinde – Region – Land – Bund – EU) beteiligt sind, spricht man von „Multi-Level-Governance".

Die stadtregionale, regionale und interkommunale Handlungsebene zeigt sich in Österreich aufgrund differenzierter strategischer Überlegungen und maßgeschneiderter Gestaltung sehr vielfältig. Sie ist in unterschiedlicher Form in das institutionelle System von der EU-Ebene über die Bundes- und Länderebene bis hin zur Städte- und Gemeindeebene eingebettet. Wenn von Regionen gesprochen wird, können sehr unterschiedliche Größen, sowohl in Bezug zur Fläche als auch zur Einwohner:innenzahl gemeint sein. Grob können folgende Arten von Regionen in Österreich unterschieden werden:

- Großregionen mit ca. 80.000 und mehr Einwohner:innen und einer Fläche von zumindest einem, meist aber mehreren politischen Bezirken, im wesentlichen Hauptregionen auf Bundesländerebene, große LEADER-Regionen.
- Großstadtregionen haben mindestens 100.000 und mehr Einwohner:innen, aber ein zumeist deutlich geringeres Flächenausmaß als Großregionen.
- Mittelgroße Regionen mit ca. 10.000 bis 80.000 Einwohner:innen, dazu zählen LEADER-Regionen, Regionen für Community Lead Local Development, Kleinstadtregionen.

- Kleinregionen mit mehr als zwei Gemeinden mit ca. 5.000 – 30.000 Einwohner:innen.
- interkommunale Kooperationsräume: 2 – ca. 5 Gemeinden.

Die Praxis zeigt, dass eine präzise Kategorisierung der Regionen nicht möglich und auch nicht sinnvoll ist. Dennoch spielt die Regionsgröße eine wichtige Rolle bei der Zuordnung von Aufgaben für die Gestaltung der organisatorischen Struktur und bei der Ausstattung mit Ressourcen.

Die stadtregionale, regionale und interkommunale Handlungsebene ist wichtig. Sie wird weiter an Bedeutung gewinnen.

- Gemeinsame Funktionsräume schaffen Chancen und Herausforderungen, die stadt- und gemeindegrenzen überschreiten.
- Der internationale Standortwettbewerb erfordert konkurrenzfähige Standorträume.
- Der regionale Standortwettbewerb erfordert im Sinne einer nachhaltigen und gemeinwohlorientierten Raumentwicklung eine koordinierte und kooperative interkommunale Raumentwicklung.
- Regionale Kooperation ermöglicht die Rückgewinnung von Handlungsspielräumen für Gemeinden auf Beschaffungs- und Absatzmärkten. Die stadtregionale, regionale und interkommunale Ebene leistet einen wesentlichen Beitrag zur Erhöhung der gesellschaftlichen und ökonomischen Resilienz (z.B. Naturgefahrenmanagement, regionale Kreisläufe, regionale Ausgleichsmechanismen).

„Im ÖREK wird mehrfach die stadtregionale Kooperation angesprochen: Ein klassisches, aber immer noch drängendes Anliegen der Raumplanung. Hier muss in Zukunft in Österreich mehr passieren, denn die Stadtregionen sind für Menschen wie Unternehmen ganzheitliche Handlungsräume – für Politik und Planung leider oft nicht."

Rainer Danielzyk, Geograf, ARL Hannover

Die stadtregionale, regionale und interkommunale Handlungsebene wurde daher in drei ÖREK-Partnerschaften intensiv analysiert und gemeinsam mit den regionalen Systemen von Akteur:innen diskutiert. In der ÖROK-Empfehlung Nr. 55 „Für eine Stadtregionspolitik in Österreich", der „Agenda Stadtregionen in Österreich" und in zwei Partnerschaften zur „(Stadt-)regionalen Handlungsebene in Österreich" wurde ein umfassendes Set an Handlungsvorschlägen vorgelegt.

Die stadt(-regionale) Handlungsebene ist in den letzten Jahren durch die Einführung von Modellregionen, jeweils eigenen Fördertöpfen und -mechanismen, Gebietsabgrenzungen und organisatorischen Strukturen unübersichtlich geworden. Die Förderregionen sind teilweise nicht nach funktionsräumlichen Kriterien abgegrenzt, überlappen einander und decken sich oftmals nicht mit den länderspezifischen Gebietskulissen. Damit entsteht auch eine Überforderung der Systeme von Akteur:innen auf der regionalen und lokalen Ebene.

Die Einrichtung von neuen Modellregionen soll in wechselseitiger Abstimmung im Rahmen der ÖROK unter den betroffenen Gebietskörperschaften und unter Berücksichtigung der Kompetenzlagen sowie in bestehende organisatorische und rechtliche Strukturen eingebettet erfolgen.

HANDLUNGS AUFTRAG
4.1 a

Interkommunale Kooperation in der Raumentwicklung und Raumordnung weiter ausbauen

Die zunehmende Komplexität der Aufgaben und die Geschwindigkeit von Veränderungsprozessen sind eine große Herausforderung für alle. Gemeinden und Kleinstädte brauchen einander, damit sie die zukünftigen Herausforderungen besser meistern können. Das erfordert Öffnung und eine Abkehr vom „Kirchturmdenken" sowie die Bereitschaft, sich auf neue Formen der Koordination und Zusammenarbeit einzulassen.

Mögliche Maßnahmen und ÖROK-Arbeitsformate
- Die (stadt-)regionale Handlungsebene stärken und die Weiterentwicklung von Formen der interkommunalen Zusammenarbeit unterstützen.
- Effiziente und effektive Kooperationsformate zur Vermeidung von organisatorischen Redundanzen und zur bestmöglichen inhaltlichen Abstimmung über alle Ebenen weiterentwickeln.

Raumtypen	Relevante Systeme von Akteur:innen	Instrumente
kleinere Stadtregionen mit ihren ländlichen Verdichtungsräumen, ländliche Tourismusregionen, ländliche Räume mit geringer Bevölkerungsdichte und Bevölkerungsrückgang	Länder, Städte, Gemeinden, Städtebund, Gemeindebund	Raumordnungsgesetze, Raumordnungsprogramme, Bedarfszuweisungen für die Gemeinden, Förderungen, Regionalverbände, interkommunale Entwicklungsgesellschaften, Verträge, interkommunaler Finanzausgleich, Modellregionsprogramme, (stadt-)regionale Handlungsebene

HANDLUNGSAUFTRAG
4.1 b

Die (stadt-)regionale Handlungsebene durch eine bessere österreichweite Vernetzung stärken

Die (stadt-)regionale Handlungsebene ist für viele Fragen der Raumentwicklung und Raumordnung sowie der integrierten Regionalentwicklung hochrelevant. Sie ist jedoch rechtlich und institutionell nur schwach verankert. Das ist einerseits eine Schwäche, andererseits aber auch eine Chance, weil Gestaltungsräume für innovative Governanceansätze genutzt werden können.

Mögliche Maßnahmen und ÖROK-Arbeitsformate
- Die (stadt-)regionale Handlungsebene mit dem Auftrag zur Durchführung von österreichweiten Diskursformaten mit einem Fokus auf Schlüsselthemen des ÖREK 2030 stärken.
- Österreichweite Diskursformate zu ausgewählten räumlich relevanten Themen finanzieren.
- Den Erfahrungsaustausch und Wissenstransfer auf der (stadt-)regionalen Handlungsebene stärken.
- Geeignete Voraussetzungen für eine umsetzungsorientierte Aufbereitung und Nutzbarmachung von planungs- und praxisrelevantem Klima-Wissen für Akteur:innen der Raumentwicklung und Raumordnung schaffen.
- Spezifische Entscheidungs-, Arbeits-, Vollzugs- und Praxishilfen (Leitlinien, Handbücher, Prüfkriterien, Checklisten, gute Praxisbeispiele etc.) zur gezielten Berücksichtigung des Klimawandels in der Raumentwicklung und Raumordnung bedarfsorientiert erstellen.
- Vermittlung und Kommunikation an die Akteur:innen der Raumentwicklung aller Planungsebenen (Informationsveranstaltungen, Beratungs- und Schulungsangebote, Aus- und Weiterbildung) unterstützen.
- Vorschläge ausarbeiten, wie die Wirksamkeit der (stadt-)regionalen Handlungsebene verbessert werden kann.

Raumtypen	Relevante Systeme von Akteur:innen	Instrumente
alle Raumtypen mit raumtypenspezifischer Differenzierung	Bund, Länder, Regionen, Städte, Gemeinden, Städtebund, Gemeindebund, ÖROK, Regionalmanagements	(stadt-)regionale Handlungsebene, Finanzierung von regelmäßigen Diskursformaten

Die (stadt-)regionalen Potenziale für die Umsetzung von Bundes- und Sektorpolitiken besser nutzen

Stadtregionen und andere Regionen leisten im Zusammenwirken mit den Bundesländern wesentliche Beiträge zur Umsetzung von raumwirksamen Bundes- und Sektorpolitiken. Dieses Potenzial gilt es im Rahmen der bestehenden Kompetenzen weiter zu entwickeln. Ziel ist eine gesamtstaatlich wirkungsvolle Raumentwicklung für besonders raumrelevante Themen (z.B. Klimawandelanpassung, Mobilität, Energie). Damit die regionale Ebene im Bereich raumwirksamer Politikbereiche des Bundes stärker als bisher wirksam werden kann, braucht es eine intensivere Einbeziehung und Mitsprache sowie eine bessere institutionelle Verankerung und Ressourcenausstattung für die (Stadt-)Regionen. Für eine allfällig erforderliche institutionelle Verankerung und Ressourcenausstattung ist die wechselseitige Abstimmung zwischen dem Bund und den für die Raumordnung zuständigen Bundesländern eine wesentliche Voraussetzung.

Mögliche Maßnahmen und ÖROK-Arbeitsformate
- Raumwirksame Bundes- und Sektorthemen identifizieren, für deren Umsetzung die (stadt-)regionale Handlungsebene im Rahmen der bestehenden Kompetenzen einen Beitrag leisten kann.
- Die (stadt-)regionale Handlungsebene bei der Programmierung von EU- und Bundesförderprogrammen sowie bei anderen Raumordnungs- und Raumentwicklungsfragen auf Bundesebene einbeziehen.
- Pilotprojekte für eine themen- und raumtypenspezifische Umsetzung durchführen.
- Modellregionen für eine themen- und raumtypenspezifische Umsetzung, z.B. zu Beiträgen der Raumordnung zur Klimaneutralität und -resilienz in Abstimmung mit den Ländern und eingebettet in bestehende rechtliche und organisatorische Strukturen auf der (stadt-)regionalen Ebene prüfen.
- Raumentwicklungsaspekte in bestehenden Fördermodellregionen (KLAR!, KEM) bzw. in LEADER-Strategien in Abstimmung mit den Ländern berücksichtigen.
- Neue Aktivitätsfelder in der Gemeindeberatung (z.B. regionale Klimawandel-Transformations-Manager:innen) etablieren und bereits bestehende intermediäre, regions- und gemeindenah agierende Beratungs- und Transferorganisationen (z.B. Klimabündnis, e5) unter gezielter Vernetzung mit bereits etablierten, regionalen Entwicklungsorganisationen der Länder (z.B. Regionalmanagements) stärken.
- Regionale finanzielle Ausgleichsmechanismen weiterentwickeln.

Raumtypen	Relevante Systeme von Akteur:innen	Instrumente
alle Raumtypen mit raumtypenspezifischer Differenzierung	Bund, Länder, Regionen, Städte, Gemeinden, Städtebund, Gemeindebund, ÖROK	Finanzausgleich, regionale Organisationsformate, Plattformformate für die (stadt-)regionale Handlungsebene, Modellregionen, Pilotprojekte, Förderprogramme

Eine österreichische Stadtregionspolitik in die Umsetzung bringen

Städte und Stadtregionen sind wesentliche Akteure der österreichischen Raumordnung und Raumentwicklung. Sie sind Kristallisationspunkte für aktuelle Transformationsprozesse wie Digitalisierung, Migration und gesellschaftliche Vielfalt, Klimakrise und Dekarbonisierung, Bodensparen und Mobilitätswende. Städte und Stadtregionen stehen hier einerseits vor großen Herausforderungen. Sie besitzen andererseits auch große Problemlösungskapazitäten und können das auch als Chance für die zukünftige Entwicklung nutzen.

Mögliche Maßnahmen und ÖROK-Arbeitsformate
- Die Realisierbarkeit eines von Bund/Ländern getragenen Stadtregions-Förder-programms ausgehend von guten Beispielen aus dem Ausland analysieren und allenfalls entwickeln.
- Die bisher noch offenen Punkte der ÖROK-Empfehlung Nr. 55 „Für eine Stadt-regionspolitik in Österreich" unter Berücksichtigung der unterschiedlichen länder- und regionsspezifischen Gegebenheiten bearbeiten.

Raumtypen	Relevante Systeme von Akteur:innen	Instrumente
größere Stadtregionen, kleinere Stadtregionen mit ihren ländlichen Verdichtungs-räumen	Bund, Länder, Städte, Gemeinden, Städtebund, Gemeindebund	Raumordnungsgesetze, Raumordnungsprogramme, Bedarfszuweisungen, Förderungen, stadtregionale Strategien und Konzepte

ZIEL 2

Das Zusammenwirken von Government und Governance verbessern

Für die Umsetzung der oft ambitionierten inhaltlichen Ziele und Ansprüche, die in Strategien, Programmen und Planungen formuliert werden, sind sowohl gutes Government als auch gute Governance nötig. In beiden Bereichen besteht Verbesserungsbedarf, damit die Ziele des ÖREK 2030 erreicht werden können.

Ein sparsamerer Umgang mit Grund und Boden ist nur dann zu erreichen, wenn bestehende finanzrechtliche Rahmenbedingungen (z.B. Steuersystem, Boden als Wertanlage, Wohnbauförderung, Pendlerpauschale) verändert wer-den. Auch in materienrechtlichen Bundesgesetzen sind räumliche Aspekte und Folgewirkungen stärker zu beachten.

Aspekte der Gemeinwohlorientierung und der Grundsatz einer gerechten Raumentwicklung und -ordrung sind gegenüber Eigentums- und Investi-tionsinteressen zu stärken. Dazu braucht es eine konsequente Anwendung bestehender oder auch den Einsatz neuer Instrumente, wie Baulandmobilisierung oder Planwertausgleich. Des Weiteren geht es darum, die Nähe zwischen Antragsteller:innen und Entscheidungsträger:innen auf der lokalen Ebene, die immer wieder zu fachlich unbefriedigenden Entscheidungen führt, zu reduzieren. Für die zunehmende Verlagerung von raumplanerischen Entscheidungen auf die juristische Ebene benötigen Gemeinden und betroffene Bürger:innen stärkere Unterstützung.

„Raumordnung ist ein wichtiger Teil gesellschaftlicher Vorsorge. Ein klimaneutrales, energieoptimiertes Österreich ist ohne eine Änderung nicht nur von Planungsmaximen, sondern auch von Zuständigkeiten in der Verwaltung schwer vorstellbar. Das neue ÖREK geht erste Schritte in diese Richtung, mehr wäre noch besser gewesen."

Verena Winiwarter, Umwelthistorikerin BOKU Wien

Ein besseres Zusammenwirken von Government und Governance erfordert auch ein verstärktes Augenmerk auf Governance-Prozesse. Gute Governance braucht zum einen Kooperationsbereitschaft, zum anderen erfordert sie ausreichende Ressourcen und ein gewisses Ausmaß an „Governance-Capacities" mit klaren Strukturen und Prozessen sowie einer Vereinbarungskultur.

Damit Governance-Prozesse besser gelingen können, sind rechtliche Rahmenbedingungen wie etwa Bestimmungen des Finanzausgleichs und der Steuerhoheit oder steuerrechtliche Fragen, die Gemeindekooperationen erschweren, entsprechend zu prüfen und gegebenenfalls anzupassen. Dort wo EU-rechtliche Rahmenbedingungen gemeindeübergreifende Kooperationen erschweren (z.B. wie bei der Mehrwertsteuerverrechnung zwischen Gemeinden), geht es darum, auf Lösungen auf EU-Ebene hinzuwirken.

Auch eine stärkere Abstimmung der rechtlichen Begriffe, Definitionen und Regelungsmechanismen in den raumordnungsrechtlichen Gesetzen auf Landesebene könnte zu einer gesamtheitlichen Stärkung der Raumentwicklung und Raumordnung in Österreich beitragen.

Gut funktionierende und einander unterstützende Government- und Governance-Strukturen und -Prozesse sind von größte Bedeutung. Die aktuellen Herausforderungen insbesondere im Zusammenhang mit dem Klimaschutz und der Anpassung an den Klimawandel machen sie umso wichtiger. Auch die Grundsätze der Klimaverträglichkeit und Nachhaltigkeit, der Gerechtigkeit und des Gemeinwohls können durch ein gutes Zusammenspiel von Government und Governance gestärkt werden.

HANDLUNGS AUFTRAG
4.2 a

Räumliche Nutzungskonkurrenzen nachvollziehbar abwägen und öffentliche Interessen insbesondere zum Klimaschutz und zur Klimawandelanpassung sicherstellen

Die Abwägung unterschiedlicher, einander oft widersprechender räumlicher Nutzungsinteressen benötigt Instrumente, die fachlich fundiert und zugleich praxistauglich sein müssen, damit sie sowohl in formalen Verfahren als auch informellen Aushandlungsprozessen angewendet werden können. Verstärktes Augenmerk bei Nutzungskonflikten gilt dabei den Aspekten des Klimaschutzes und der Anpassung an den Klimawandel.

Mögliche Maßnahmen und ÖROK-Arbeitsformate
– Methoden für eine praxistaugliche Vorgehensweise zur Durchführung von Interessensabwägungen, z.B. zur Abwägung von öffentlichen Interessen versus Einzelinteressen bei konkreten Vorhaben und Einzeländerungen von Plänen und Programmen entwickeln.
– Untersuchungsumfang der SUP-Pflicht sowie Prüfumfang von Raumplänen bundesweit vereinheitlichen.

- Zielkataloge der Raumordnungsgesetze in Bezug auf Klimaschutzziele, Klimawandelanpassungsziele sowie Biodiversitätsziele prüfen und Handlungsbedarfe zur Priorisierung gegenüber anderen bzw. bestehenden Zielen identifizieren – in Verbindung mit einer neuen ÖREK-Partnerschaft zum Thema „Freiraumentwicklung, Ressourcenschutz und Klimawandel".
- ÖROK-Empfehlung zum Umgang mit Nutzungskonflikten und Interessensabwägungen im Sinne des Gemeinwohls ausarbeiten.

Raumtypen	Relevante Systeme von Akteur:innen	Instrumente
alle Raumtypen mit raumtypenspezifischer Differenzierung	Bund, ÖROK, Länder, Städte, Gemeinden, Fachplaner:innen	strategische Umweltprüfung für Pläne und Programme, ökologische Risikoanalysen, qualitative Methoden zur Interessensabwägung bei Einzelvorhaben, ÖROK-Empfehlung

HANDLUNGS AUFTRAG 4.2 b

Das Gemeinwohlinteresse und den Grundsatz der Gerechtigkeit für die Raumentwicklung und Raumordnung präzisieren

Die drei Grundsätze des ÖREK 2030 orientieren sich an aktuellen Diskursen auf europäischer Ebene. Während die Frage der nachhaltigen Raumentwicklung bereits intensiv aufgearbeitet wurde, benötigen Fragen der Gemeinwohlorientierung und der Gerechtigkeit in der Raumentwicklung einen vertieften Diskurs, damit diese Themen in der Umsetzung auf Ebene des Bundes, der Bundesländer, der Regionen, Städte und Gemeinden ihren Niederschlag finden.

Mögliche Maßnahmen und ÖROK-Arbeitsformate
- Konferenzen/Workshops zum Thema „Gemeinwohlorientierte und gerechte Raumentwicklung organisieren.
- Ausarbeitung einer Studie zum Thema „Präzisierung der Grundsätze gemeinwohlorientierte und gerechte Raumentwicklung" prüfen.

Raumtypen	Relevante Systeme von Akteur:innen	Instrumente
alle Raumtypen mit raumtypenspezifischer Differenzierung	Bund, Länder, Städte, Gemeinden, Hochschulen, Wirtschaftskammer, Arbeiterkammer, Kammer der ZiviltechnikerInnen, ArchitektInnen und IngeneurInnen, ÖROK, (stadt-)regionale Handlungsebene	strategische Umweltprüfung Fachdiskurse, Studie

HANDLUNGS AUFTRAG 4.2 c

Steuern, Förderungen und Finanzausgleich für die nachhaltige, gemeinwohlorientierte und gerechte Raumentwicklung und Raumordnung besser nutzen

Bestehende finanzrechtliche Bestimmungen und Förderinstrumente stehen Raumordnungszielen wie z.B. dem sparsamen Bodenverbrauch oft entgegen. In einem gemeinsamen Arbeitsprozess sollen die kontraproduktiven Anreize der einzelnen Bestimmungen aufgezeigt und konkrete Verbesserungsvorschläge erarbeitet werden.

Mögliche Maßnahmen und ÖROK-Arbeitsformate
– Die Ausarbeitung einer Studie oder die Einrichtung einer ÖREK-Partnerschaft
zum Thema „Steuerung der Raumentwicklung durch regionalwirtschaftliche
Förderinstrumente" prüfen.

Raumtypen	Relevante Systeme von Akteur:innen	Instrumente
alle Raumtypen mit raumtypenspezifischer Differenzierung	Bund, Länder, Städte, Gemeinden, Hochschulen, Wirtschaftskammer, Arbeiterkammer, Kammer der ZiviltechnikerInnen, ArchitektInnen und IngeneurInnen	Finanzausgleich, Steuerrecht, Bedarfszuweisungen, Gemeindefinanzierungsgesetze, Pendlerpauschale, Wohnbauförderung

**HANDLUNGS
AUFTRAG
4.2 d**

Aspekte der Raumentwicklung und Raumordnung in materienrechtlichen Bundesgesetzen stärken

Die räumlichen Aspekte und Folgewirkungen finden in materienrechtlichen
Bundesgesetzen oft zu wenig Beachtung. Im Rahmen einer Studie sollen
konkrete Vorschläqge erarbeitet werden, wie einzelne materienrechtliche
Bundesgesetze anzupassen sind.

Mögliche Maßnahmen und ÖROK-Arbeitsformate
– Studie/Fachexpertise zur Klärung einer besseren Verankerung der Raumentwicklung und Raumordnung in materienrechtlichen Bundesgesetzen ausarbeiten.

Raumtypen	Relevante Systeme von Akteur:innen	Instrumente
alle Raumtypen mit raumtypenspezifischer Differenzierung	Bund, Länder, Städte, Gemeinden, Hochschulen, Raumordnungsrechtsexper:innen, Wirtschaftskammer, Arbeiterkammer, Landwirtschaftskammer	Raumordnungsgesetze, Standortentwicklungsgesetz, UVP-Gesetz, Bundesinfrastrukturplanung, andere Materiengesetze

**HANDLUNGS
AUFTRAG
4.2 e**

Die Landesraumordnungsgesetze weiterentwickeln und harmonisieren, dabei die fortschrittlichsten Bestimmungen als Orientierung verwenden

Die Raumordnungsgesetze der Bundesländer werden regelmäßig überarbeitet.
Das bietet die Chance, Inhalte und Begriffe österreichweit schrittweise zu harmonisieren, die jeweils fortschrittlichsten Bestimmungen (im Sinne ihres Zielbeitrags) zum Vorbild zu nehmen und darüber hinaus neue Standards zu setzen.

Mögliche Maßnahmen und ÖROK-Arbeitsformate
– Die Einrichtung einer ÖREK-Partnerschaft zum Thema „Raumordnungsrecht"
mit Fokus auf die Schlüsselthemen des ÖREK 2030 prüfen.

Raumtypen	Relevante Systeme von Akteur:innen	Instrumente
alle Raumtypen mit raumtypenspezifischer Differenzierung	Bund, Länder, Städte, Gemeinden, Hochschulen, Raumordnungsrechtsexpert:innen, Wirtschaftskammer, Arbeiterkammer, Kammer der ZiviltechnikerInnen, ArchitektInnen und IngeneurInnen, Städtebund, Gemeindebund, Landwirtschaftskammer	Raumordnungsgesetze

Kommunikation und Beteiligung in der Planung ausbauen

Raumentwicklung und Raumordnung sind in mehrfacher Hinsicht auf die Mitwirkung der von der Planung betroffenen Gruppen von Akteur:innen angewiesen:

– Planung und Entwicklung benötigt zunehmend die Akzeptanz betroffener Interessensgruppen, das gilt insbesondere für Transformationsprozesse.
– Planung als Interessensabwägungsprozess muss einerseits Interessenskonflikte zwischen unterschiedlichen Beteiligten moderieren und ausgleichen sowie andererseits zwischen individuellen Interessenslagen und dem Gemeinwohl Entscheidungen treffen.
– Im Vorfeld von Planung und Entwicklung geht es darum, das Raumverhalten unterschiedlicher Systeme von Akteur:innen im Sinne der Grundsätze und räumlichen Ziele der Raumentwicklung zu beeinflussen.

Information, Bewusstseinsbildung, Kommunikation und Beteiligung sind daher wichtige Instrumente der Raumentwicklung und Raumordnung – und auch für die Umsetzung des ÖREK 2030. Adressat:innen sind die Systeme von Akteur:innen auf den unterschiedlichen Handlungsebenen genauso wie NGOs, Unternehmen und Bürger:innen:

– Ministerien mit politischen Kabinetten und relevanten Abteilungen sowie nachgeordneten Dienststellen,
– sektorale politische ReferentInnen und Fachabteilungen auf Länderebene,
– Bürgermeister:innen und Amtsleiter:innen auf Gemeindeebene,
– Regionalvorstände und Regionalmanagements in den Regionen LEADER-Managements,
– Wirtschafts- und Sozialpartner:innen,
– Planungsbüros und Ortsplaner:innen,
– zivilgesellschaftliche Organisationen insbesondere im Sozial- und Umweltbereich,
– Universitäten,
– Fachmedien,
– Massenmedien.

Für diese Ziel- und Dialoggruppen braucht es jeweils an die spezifischen Bedürfnisse angepasste Informations-, Bewusstseinsbildungs-, Kommunikations- und Beteiligungsformate.

HANDLUNGSAUFTRAG
4.3 a

Zielgruppenspezifische Informations- und Kommunikationsformate entwickeln und umsetzen

Die Vermittlung von Themen der Raumordnung und Raumentwicklung ist oft abgehoben und abstrakt. Es braucht positive Frames und Narrative, die an der Alltagswelt der Ziel- und Dialoggruppen anknüpfen, Bewusstsein schaffen und Handlungsperspektiven für die Zukunft aufzeigen. Eine wichtige Grundlage dafür bilden Kommunikationsstrategien für wesentliche Inhalte des ÖREK 2030.

Mögliche Maßnahmen und ÖROK-Arbeitsformate
- Eine ziel- und dialoggruppenorientierte Kommunikationsstrategie samt Umsetzungsplan unter Einbeziehung der Dialoggruppen (Co-Design) erarbeiten.
- Einen zielgruppenspezifischen Informations- und Kommunikationsauftrag auf der ÖROK-Ebene entwickeln.
- Mittel für Informations-, Bewusstseinsbildungs- und Kommunikationsleistungen auf der ÖROK-Ebene bereitstellen.

Raumtypen	Relevante Systeme von Akteur:innen	Instrumente
alle Raumtypen mit raumtypenspezifischer Differenzierung	Bund, Länder, Regionen, Städte, Gemeinden, Kammern, ÖROK	Studien, ÖROK-Atlas, Broschüren, Folder, Veranstaltungen, Leitfäden, Handbücher, Online-Formate

HANDLUNGSAUFTRAG
4.3 b

Beteiligung betroffener Interessensgruppen an Strategie- und Planungsprozessen organisieren

Die Beteiligung von Interessengruppen an Strategie- und Planungsprozessen bietet die große Chance, das Wissen und die Interessen der Beteiligten hereinzuholen und die Tragfähigkeit der Ergebnisse zu erhöhen. Das stellt auch eine wesentliche Erleichterung für die spätere Strategie-Umsetzung dar. Demgegenüber steht ein erhöhter Koordinationsaufwand für eine faire Beteiligung. Beteiligung sollte all jene einbeziehen, die wesentlich zum Erfolg eines Vorhabens beitragen – oder dieses auch zum Scheitern bringen können.

Mögliche Maßnahmen und ÖROK-Arbeitsformate
- Standards für eine faire Öffentlichkeitsbeteiligung, Entwicklung von zielgruppenspezifischen Beteiligungsformaten und Identifizierung der Themen, die sich für eine Beteiligung eignen, berücksichtigen.
- Bewusstseinsbildung für eine kooperative Haltung in Fragen der Raumordnung und Raumentwicklung vornehmen.

Raumtypen	Relevante Systeme von Akteur:innen	Instrumente
alle Raumtypen mit raumtypenspezifischer Differenzierung	Bund, Länder, Städte, Gemeinden, ÖROK	Förderungen, Information, Konsultationsverfahren, Mitbestimmungsverfahren, Moderations- und Mediationsverfahren unter Berücksichtigung neuer Online-Formate, Ausgleichsmodelle

Räumlich relevante europäische und bilaterale Politiken aktiv mitgestalten und europäische Impulse in Österreich aufgreifen

Österreich insgesamt, die Bundesländer, die Städte, Regionen bis hin zu den Gemeinden sind in unterschiedlicher Form und Intensität in Themen und Prozesse der europäischen und grenzüberschreitenden Raumentwicklung engagiert. Dazu zählen:

- Die Mitarbeit an strategischen Dokumenten und Prozessen zur Raumentwicklung auf europäischer Ebene: Green Deal, Recovery and Resilience Facility, Territoriale Agenda der EU, Neue Leipzig Charta der europäischen Städte, Urbane Agenda der EU, ESPON, Biodiversitätsstrategie und die Beteiligung an deren Umsetzungsprojekten.
- Die Beteiligung an makroregionalen Strategien der EU für den Donauraum und für den Alpenraum.
- Die Mitarbeit an der Erstellung transnationaler und bilateraler Programm- und Strategiedokumente im Rahmen der EU-Förderprogramme (IBW/EFRE, ELER, ESF) sowie die Nutzung der Mittel für kooperative transnationale und bilaterale Umsetzungsprojekte.
- Die Mitwirkung in den Gremien der Alpenkonvention.
- Die Beteiligung an regionalen und kleinräumigen grenzüberschreitenden Kooperationsformaten (z.B. Europaregionen, Agglo-Programm St.Galler Rheinland, Bodenseeregion, Bratislava Stadtumland-Management BAUM).

Die Vertretung Österreichs auf der europäischen Ebene wird durch das BMLRT gemeinsam mit dem Außenministerium (für die makroregionalen Strategien) wahrgenommen. Das BMLRT übernimmt auch die Koordination aller relevanten Systeme von Akteur:innen in Österreich. Die ÖROK bildet dabei die zentrale Plattform für die Abstimmungs- und Koordinationsprozesse.

Im Dezember 2020 wurde auf EU-Ebene eine Einigung über die Recovery and Resilience Facility in der Höhe von 750 Mrd. Euro erzielt. In enger inhaltlicher Verknüpfung mit dem Green Deal soll es gelingen, die sozialen Auswirkungen der Covid-19-Pandemie zu bewältigen. Gleichzeitig soll dafür gesorgt werden, dass die Volkswirtschaften der Europäischen Union den ökologischen und digitalen Wandel vollziehen und nachhaltiger und widerstandsfähiger werden.

Im Dezember 2020 wurden auch die neue Territoriale Agenda 2030 „A Future for all Places" und auch die „Die Neue Leipzig Charta – die transformative Kraft der Städte für das Gemeinwohl" beschlossen.

Ebenfalls im Dezember 2020 haben die Alpenstaaten im Rahmen der XVI. Alpenkonferenz den Klimaaktionsplan 2.0 mit konkreten Umsetzungspfaden und Maßnahmen – im Sektor Raumplanung etwa ein Konzept einer „Raumplanung für Klimaaktionen" – beschlossen.

Derzeit ist auch die Vorbereitung der neuen EU-Förderprogramme (IWB/EFRE, ELER, ESF) für die Periode 2021–2027 im Gange. Etwa zur Mitte der Laufzeit des ÖREK 2030 werden die Vorarbeiten für die nachfolgende EU-Programmperiode 2028–2034 beginnen.

Diese aktuellen europäischen Rahmensetzungen bieten Chancen und Herausforderungen für die österreichischen Akeur:innen:

- Einerseits geht es darum, prioritäre raumrelevante Themen und Anliegen aus österreichischer Perspektive in die diversen Strategie- und Umsetzungsprozesse einzubringen, die oft von sektoralen Logiken dominiert werden. In weiterer Folge sind diese Anliegen für Projektumsetzungen zu nutzen. Das erfordert eine Einbeziehung der räumlichen Systeme von Akteur:innen, die bei der Umsetzung eine wesentliche Rolle spielen, bereits in die Programmerstellung. Dazu zählen neben den Ländern vor allem auch die Regionen sowie der Städte- und Gemeindebund.
- Andererseits sollen die wertvollen und zukunftsweisenden inhaltlichen Impulse aus den europäischen Strategien und Prozessen in Österreich in Wert gesetzt werden. Das betrifft die Bundesebene (wie z.B. im Rahmen des ÖREK), die Bundesländer, die Regionen sowie die Städte und Gemeinden.

HANDLUNGS AUFTRAG 4.4 a

Österreichische Strategien für raumrelevante europäische Politiken, Programme und Instrumente und deren Aufnahme in Österreich entwickeln

In einem ersten Schritt erarbeiten die österreichischen Schlüsselakteur:innen auf Basis des ÖREK 2030 gemeinsam prioritäre raumrelevante Themen und Anliegen. In einem zweiten Schritt bringen sie diese in die diversen europäischen Strategie- und Umsetzungsprozesses ein. Die Erarbeitung der Themen erfordert Koordinationsleistungen auf nationaler Ebene, die federführend durch das für die Koordination von Raumentwicklung und Regionalpolitik zuständige Ressort auf Bundesebene wahrgenommen werden sollten.

Mögliche Maßnahmen und ÖROK-Arbeitsformate
- Die Einrichtung einer ÖREK-Partnerschaft zum Thema „Entwicklung einer gesamtösterreichischen Position zur Integration räumlicher Themen in europäische Strategien und Programme 2028–2034" prüfen, dabei prioritäre Themen wie z.B. Klimawandel, Energiewende, Biodiversität, Mobilität berücksichtigen.

- Studien zur Entwicklung räumlicher Strukturen und Verflechtungen in für Österreich relevanten bilateralen und transnationalen Regionen ausarbeiten.
- Studien zur Untersuchung der Wirksamkeit sektoraler europäischer Politiken auf die Raumentwicklung in Österreich (insbesondere auch auf die ÖREK 2030-Raumtypen) und Entwicklung österreichischer Positionen ausarbeiten.
- Bei der Governance der Umsetzung der Territorialen Agenda, der Neuen Leipzig Charta und der Urbanen Agenda mitwirken.
- Die österreichischen Interessen und Themen für das europäische Raumforschungsprogramm ESPON definieren.
- Die Entwicklung und Umsetzung von transnationalen Umsetzungsprojekten mit österreichischer Beteiligung, einschließlich öffentlicher nationaler Co-Finanzierung koordinieren und unterstützen.

Raumtypen	Relevante Systeme von Akteur:innen	Instrumente
alle Raumtypen mit raumtypenspezifischer Differenzierung	Bund, Länder, Städtebund, Gemeindebund, Wirtschaftskammer, Arbeiterkammer, Regionale Umsetzungsakteur:innen, ÖROK	ÖREK-Partnerschaft, STRAT. AT, GAP-Strategie, (stadt-)regionale Handlungsebene, grenzüberschreitende Kooperationsformate (z.B. EVTZ), CLLD, Studien

HANDLUNGS AUFTRAG 4.4 b

Stadtregionen im europäischen Kontext stärker positionieren

Die europäischen Städte und Stadtregionen stehen im Mittelpunkt aktueller Transformationsprozesse. Die Urbane Agenda und die Neue Leipzig Charta bieten vielfältige Ansätze, die Stärken und Potenziale von europäischen Städten und Stadtregionen für die Entwicklung zu einer klimaneutralen, nachhaltigen und resilienten europäischen Raumentwicklung zu nutzen (siehe auch ÖROK-Empfehlung Nr.55 „Für eine Stadtregionspolitik in Österreich, 2017).

Mögliche Maßnahmen und ÖROK-Arbeitsformate
- Gemeinsame Positionen zur österreichischen Stadtregionspolitik auf EU-Ebene entwickeln.
- Die Einrichtung einer ÖREK-Partnerschaft zum Thema „Entwicklung einer gesamtösterreichischen Position zur Integration räumlicher Themen in europäische Strategien und Programme" prüfen.

Raumtypen	Relevante Systeme von Akteur:innen	Instrumente
alle Raumtypen mit raumtypenspezifischer Differenzierung	Bund, Länder, Städte, Stadtregionen, Städtebund, ÖROK, Städtenetzwerke	Urbane Agenda der EU, EU-Fördermittel, Transnationale Programme, ÖREK-Partnerschaft

Überregionale Raumentwicklung und Raumordnung sektoral und sektorübergreifend ausbauen und stärken

Die von der Bundesverfassung vorgegebene Kompetenzverteilung sieht in Österreich im Unterschied zu anderen europäischen Ländern keine koordinierende Bundesraumordnung und auch keine Rahmengesetzgebung auf Bundesebene vor. Sektorale Fachplanungen auf Bundesebene weisen aber zum Teil eine hohe Raumwirksamkeit auf. Sie sind ihrerseits bei der Umsetzung – z.B. im Rahmen von Begutachtungsverfahren – auf die Mitwirkung der Raumordnungsabteilungen der Länder und der örtlichen Entwicklungs- und Ordnungsplanung auf Städte- und Gemeindeebene angewiesen. Die ÖROK stellt das koordinierende Bindeglied zwischen den unterschiedlichen Ebenen der Fachplanungen und der Raumentwicklung und Raumordnung dar.

Dadurch ergeben sich Herausforderungen in der sektorübergreifenden Koordination:

– die frühzeitige Integration räumlicher Ziele durch eine Prüfung der Raumwirksamkeit sektoraler Strategien, Förderprogramme und Planungen und
– die Integration von sektorpolitischen Anliegen in die Pläne und Verfahren der Raumentwicklung und Raumordnung.

Die Kompetenzverteilung erschwert auch eine strategische überregionale Planung über größere bundesländerübergreifende Räume oder Raumtypen wie z.B. den Alpenraum, ländliche Räume oder Ballungsräume. Dieses Thema wurde bereits im ÖREK 2011 aufgegriffen. In mehreren ÖREK-Partnerschaften und ÖROK-Empfehlungen wurden dazu bereits konkrete Lösungsvorschläge ausgearbeitet. Dazu zählen:

– die Ergebnisse der ÖREK-Partnerschaft „Flächenfreihaltung für linienhafte Infrastrukturvorhaben",
– die Empfehlungen der ÖREK-Partnerschaft „Kooperationsplattform Stadtregion",

- die ÖROK-Empfehlungen zu „Risikomanagement für gravitative Naturgefahren in der Raumplanung (ÖROK-Empfehlung Nr. 54) und zu „Hochwasserrisiko-management" (ÖROK-Empfehlung Nr. 57),
- die Ergebnisse der ÖREK-Partnerschaft „Strategien für Regionen mit Bevölkerungsrückgang".

„Aktuelle räumliche Herausforderungen reichen über administrative Grenzen hinweg. Demgegenüber stehen bei konkreten Entscheidungen dennoch oft lokale Interessen und Auswirkungen im Vordergrund. Um eine ressourcenscho-nende Entwicklung in ganz Österreich zu ermöglichen, sind übergeordnete und rechtlich bindende Rahmenbedin-gungen notwendig. Durch die Stärkung höherer Ebenen kann private Einfluss-nahme sowie der politische Entschei-dungsdruck reduziert und die Planungs-qualität langfristig erhöht werden."

Die Young-Experts des ÖREK 2030

Mit der ÖREK-Partnerschaft „Plattform Raumordnung und Ver-kehr" wurde ein Gremium eingerichtet, in dem die Raumord-nungsabteilungen der Länder mit dem Infrastrukturministerium und den Fachabteilungen der Länder unter Einbeziehung des Städte- und Gemeindebundes an einer Abstimmung zwischen Raumentwicklung und Verkehrsentwicklung arbeiten.

Mit dem „Masterplan für den ländlichen Raum" wurde vom BMLRT (vormals Lebensministerium) ein Entwicklungskonzept für einen bundesländerübergreifenden Raumtyp, den ländlichen Raum, vor-gelegt. Für die Raumentwicklung in überregionalen Teilräumen wie dem Alpenraum und dem Donauraum bilden die Alpenkonvention und die makroregionalen Strategien für den Alpenraum und den Donauraum (einen allerdings grenzüberschreitenden) Rahmen.

HANDLUNGS AUFTRAG
4.5 a

Umsetzungsstrategien von sektoralen Planungen auf der räumlichen Ebene erarbeiten

Sektorale Ziele und Programme und auch übergeordnete Strategien brauchen für die Umsetzung vielfach die Beteiligung von Umsetzungsakteur:innen auf der regionalen und lokalen Ebene. Dafür ist es sinnvoll, die relevanten Umset-zungsakteur:innen bereits im Zuge der Strategieentwicklung einzubeziehen. Die Ausarbeitung von Umsetzungsstrategien dient auch dazu, konkrete Aktivitäten wie die Ausgestaltung von Förderprogrammen an die Bottom-Up-Bedürfnisse frühzeitig anzupassen. Bestehende Umsetzungskapazitäten und Rahmenbedin-gungen können so rechtzeitig berücksichtigt werden.

Mögliche Maßnahmen und ÖROK-Arbeitsformate
- Die (stadt-)regionale Handlungsebene für die Entwicklung von Umsetzungs-strategien von sektoralen Bundes- und Länderstrategien auf der überregionalen und regionalen Ebene stärken.
- Die (stadt-)regionale Handlungsebene in die Erstellung von räumlich wirksa-men Förderprogrammen und Fördermodellen auf Bundesebene einbeziehen.
- Themenspezifischen Modellregionen, z.B. zu prioritären Themen des ÖREK 2030 in Abstimmung mit den Ländern und eingebettet in bestehende recht-liche und organisatorische Strukturen auf der (stadt-)regionalen Handlungs-ebene, prüfen.

Raumtypen	**Relevante Systeme von Akteur:innen**	**Instrumente**
alle Raumtypen mit raumtypenspezifischer Differenzierung	Fachministerien des Bundes, Sektorabteilungen der Länder, Raumordnungsabteilungen der Länder, Städte, Gemeinden, ÖROK, Stadt- und Regionalmanagements	Förderungen, Modellregionen

Die Raumwirksamkeit von sektoralen Fachplanungen auf Bundes- und Landesebene prüfen und räumliche Ziele berücksichtigen

Sektorale Fachplanungen auf Bundes- und Landesebene, aber auch sektorübergreifende Politikthemen wie z.B. die Klima- und Energiepolitik weisen oft eine hohe Raumwirksamkeit auf. Räumliche Zielsetzungen sollen deshalb frühzeitig in sektorale Planungen integriert und mit den sektoralen Zielen abgestimmt werden.

Mögliche Maßnahmen und ÖROK-Arbeitsformate
– Die ÖROK-Partnerschaft „Plattform Raumordnung und Verkehr" fortführen.
– Ein methodisches Konzept für Raumverträglichkeitsprüfungen von raumrelevanten Sektorplanungen und sektorübergreifenden Politikmaterien auf Bundes- und Landesebene entwickeln, dabei an bestehenden Ansätzen wie z.B. am Territorial Impact Assessment (TIA) orientieren.

Raumtypen	Relevante Systeme von Akteur:innen	Instrumente
alle Raumtypen mit raumtypenspezifischer Differenzierung	Fachministerien des Bundes, Sektorabteilungen der Länder, Raumordnungsabteilungen der Länder, Städte, Gemeinden, ÖROK, regionale Handlungsebene	Raumverträglichkeitsprüfungen, ÖROK-Partnerschaften, Stellungnahmeverfahren

7
Wie werden wir tätig?
Das 10-Punkte-Programm

10 Punkte für die Umsetzung

Die Verstärkung der Umsetzungsorientierung ist ein zentrales Anliegen des ÖREK 2030.

Mit einem 10-Punkte-Programm werden Maßnahmen aus dem Handlungsprogramm gebündelt, die mit einer besonders hohen inhaltlichen Priorität bis 2030 auf ÖROK-Ebene umgesetzt werden sollen. Es soll dazu beitragen, die Umsetzungsorientierung des ÖREK zu stärken, weitere strategische Prioritätensetzungen zu ermöglichen und ÖROK-Beschlüsse herbeizuführen.

Diese Punkte bilden den Kern der Umsetzung und fließen in das ÖROK-Arbeitsprogramm ein. Das 10-Punkte-Programm ist ohne innere Priorisierung und für Veränderungen in der Laufzeit des ÖREK 2030 offen.

Folgende zehn Punkte werden als prioritäre Themen mit dem Stand des Wissens zum Erstellungszeitpunkt des ÖREK 2030 festgelegt:

Flächeninanspruchnahme und Bodenversiegelung reduzieren

Raumentwicklung auf Klimaneutralität und Energiewende fokussieren

Erreichbarkeit sichern und klimaneutral gestalten

Daseinsvorsorge für gleichwertige Lebensbedingungen gestalten und leistbares Wohnen sichern

Regionale Wertschöpfungsketten und Kreislaufwirtschaft stärken

Die prioritären Themen sollen nach Maßgabe der Möglichkeiten durch Aktivitäten im eigenen Wirkungsbereich der ÖROK-Mitglieder (Bund, Länder, Gemeindebund, Städtebund, Wirtschafts- und Sozialpartner) unterstützt werden.

Die mit dem ÖREK 2011 eingeführten ÖREK-Partnerschaften haben sich bewährt und sollen als Arbeitsformat weitergeführt werden. Mit dem ÖREK 2030 wird ein Schritt weitergegangen:

ÖREK-Umsetzungspakte werden als wesentliches Instrument zur Erhöhung der Wirkungsorientierung des ÖREK 2030 vorgeschlagen. Sie werden aus den prioritären Themen des 10-Punkte-Programms abgeleitet und sollen mit expliziten politischen Aufträgen bzw. Vereinbarungen der ÖROK versehen werden. So können zeitliche Prioritäten gesetzt und die Handlungsdynamik intensiviert werden.

Orts- und Stadtkerne stärken sowie Raum für Baukultur eröffnen

Freiräume ressourcenschonend und für den Klimaschutz gestalten

Klimawandelanpassung durch Raumentwicklung und Raumordnung unterstützen

Government und Governance als Querschnittsthema integrieren

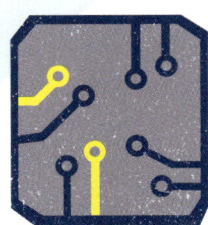

Die Digitalisierung nutzen und regionale Innovationssysteme stärken

Die prioritären Themen des 10-Punkte-Programms sollen im Lauf der Umsetzung ca. alle drei Jahre im Zuge eines Monitoringprozesses einer Überprüfung auf Aktualität unterzogen und danach gegebenenfalls adaptiert werden. Dabei sollen nach Maßgabe der Möglichkeiten auch raumtypenspezifische Aspekte berücksichtigt werden.

Den prioritären Themen des 10-Punkte-Programms werden Arbeitsformate und Maßnahmen aus allen Säulen des Handlungsprogramms zugeordnet, um so Synergien zur Erreichung der ÖREK-Ziele bestmöglich ausschöpfen zu können. Dabei wird unterschieden zwischen:

- Kernmaßnahmen: Maßnahmen, die zum jeweiligen prioritären Thema im Rahmen der ÖROK bearbeitet werden sollen
- Unterstützende Maßnahmen: Maßnahmen, die nach Maßgabe der Ressourcen flexibel mit den Kernmaßnahmen kombiniert werden und auch von einzelnen ÖROK-Mitgliedern übernommen werden können

Die endgültige Auswahl und Kombination von Kernmaßnahmen und unterstützenden Maßnahmen erfolgt im Zuge des Umsetzungsprozesses. Die prioritären Themen des 10-Punkte-Programms werden im Folgenden porträtiert.

Raumentwicklung auf Klimaneutralität und Energiewende fokussieren

Die Bewältigung der Klimakrise erfordert weichenstellende Entscheidungen und Maßnahmen in den nächsten zehn Jahren. Ohne weitreichende Maßnahmen zur Begrenzung der Treibhausgasemissionen könnte es zu einem durchschnittlichen globalen Temperaturanstieg um bis zu 4,5° C kommen (IPPC 2013). Österreich als entwickelte Industrienation trägt pro Kopf unverhältnismäßig stark zur Klimakrise bei, ist aber auch als Binnen- und Alpenland durch einen überdurchschnittlichen Temperaturanstieg und erhöhte Naturgefahren besonders betroffen.

Österreich hat sich im Klimaschutzabkommen von Paris und im Rahmen der Klimaziele der Europäischen Union zur Reduktion der Treibhausgasemissionen verpflichtet und sich national ambitionierte Ziele gesetzt. Bis 2040 soll Österreich Klimaneutralität erreicht haben, bis 2030 sollen die Treibhausgase um 36 % gegenüber 2005 (ohne Emissionshandel) gesenkt, der nationale Gesamtstromverbrauch zu 100 % bilanziell aus erneuerbaren Energieträgern abgedeckt werden. Bis 2050 soll der vollständige Ausstieg aus der fossilen Energiewirtschaft erfolgt sein. Das Ziel der Klimaneutralität in Österreich bis spätestens 2040 erfordert noch ambitioniertere Treibhausgas-Reduktionspfade. Die Dringlichkeit der Umsetzung von konkreten Maßnahmen wird damit deutlich erhöht.

„Das ÖREK liegt als Leitbild vor, eingebettet in vielfältige Herausforderungen. Entscheidend für die Umsetzung ist, dass Leser:innen im eigenen Umfeld wirklich alle Hebel mit ganzem Einsatz umstellen."

Karl Steininger, Klimaökonom, Universität Graz

Der notwendige Umbau zu einem klimaneutralen Lebens- und Wirtschaftsstandort im Sinne des europäischen Green Deals soll durch die Instrumente der Raumentwicklung und Raumordnung unterstützt werden. Dabei ist zu berücksichtigen, dass die gesamtwirtschaftlichen Kosten der Schäden durch den Klimawandel regional sehr unterschiedlich verteilt sind. Gleichzeitig werden Regionen durch europäische und nationale Steuerungsmaßnahmen (z.B. Herstellung von Kostenwahrheit bei den CO_2-Emissionen) in sehr unterschiedlichem Ausmaß betroffen sein. Die Raumentwicklung muss daher einerseits die Transformation zur Klimaneutralität unterstützen, andererseits auf eine raumverträgliche Gestaltung achten.

Die Klimaziele können nur mit einer Energiewende weg von fossilen Energieträgern hin zu erneuerbaren Energiequellen erreicht werden. Die Nutzung fossiler Energien hat den Flächenbedarf für die Energieerzeugung stark reduziert. Mit der Wende hin zu erneuerbaren Energieträgern wie Biomasse, Solarenergie und Windenergie bekommt die Fläche für Energieproduktion, Energiespeicherung und Energietransporte eine stärkere Bedeutung. Die Raumentwicklung und Raumordnung steht vor einer völlig neuen Herausforderung mit vielfältigen Aufgaben: Ermittlung und Auswahl der Flächen und Standorte mit der besten Eignung, Sicherung von Flächen für Produktions- und Speicherstandorte, Vermittlung bei Nutzungskonflikten und Ausgleich zwischen den unterschiedlichen Flächenansprüchen.

Eine Raumentwicklung für Klimaneutralität und zur Energiewende wird daher ein bestimmendes Thema in den nächsten zehn Jahren sein. Das bedeutet, eine Verankerung des Klimaschutzes in der Raumentwicklung und Raumordnung vorzunehmen, die Gestaltung der Energiewende durch eine räumliche Steuerung des Ausbaus erneuerbarer Energien und Netze zu unterstützen und Österreich zu einem klimaneutralen Wirtschaftsstandort zu entwickeln.

Folgende Kernmaßnahmen und Arbeitsformate werden zur Umsetzung vorgeschlagen:

- Ausarbeitung einer Studie oder Prüfung einer ÖREK-Partnerschaft zum Thema „Gerechte Raumentwicklung im Klimawandel und bei Vermeidungs- und Anpassungsstrategien": regionalwirtschaftliche Auswirkungen von klimapolitischen Interventionen, Vorschläge für die Gestaltung der klimapolitischen Interventionen im Sinne der Ziele der Raumordnung und Energieraumplanung
- Methoden und Modelle zur Konkretisierung der Potenziale und des Flächenbedarfs für erneuerbare Energie (Erzeugungs- und Übertragungsinfrastruktur) auf regionaler Ebene unter Berücksichtigung einer intelligenten Diversifizierung erneuerbarer Energieträger und -technologien entwickeln, bundesweit abstimmen und Ergebnisse zur Verfügung stellen (Indikatoren im ÖROK-Atlas zum Thema Energie und Umwelt für spezifische Energieformen aufbereiten und Wärmeatlas zur Verfügung stellen)
- Planungsrichtlinien zur vorrangigen Nutzung der Potenziale für erneuerbare Energie auf Gebäuden und technischen Anlagen sowie bereits genutzte Flächen erarbeiten und Strategien zur vorrangigen Mobilisierung dieser Potenziale entwickeln
- Ergebnisse der ÖREK-Partnerschaften zur Energieraumplanung um konkrete Kriterien für die formellen Instrumente der überörtlichen und örtlichen Raumordnung ergänzen und adaptieren

Folgende unterstützende Maßnahmen und Arbeitsformate können zur Umsetzung beitragen:

- Prüfung der Zweckmäßigkeit eines Kodex für nachhaltige Wirtschaftsstandortentwicklung mit einem Leitfaden und Zertifizierungsverfahren ausgehend von guten Beispielen (z.B. Klimaaudit und Klimarisikoanalyse gemeinsam mit Standortagenturen und Betriebsentwicklungsgesellschaften)
- Studie zur Kostenwahrheit, externen Kosten und Klimawirkungen von Betriebsstandorten ausarbeiten
- Raumentwicklungsaspekte in bestehenden Fördermodellregionen (KLAR!, KEM) bzw. LEADER-Strategien in Abstimmung mit den Ländern berücksichtigen
- Zielkataloge der Raumordnungsgesetze in Bezug auf Klimaschutzschutzziele, Klimawandelanpassungsziele sowie Biodiversitätsziele prüfen und Handlungsbedarfe zur Priorisierung gegenüber anderen bzw. bestehenden Zielen identifizieren

Flächeninanspruchnahme und Bodenversiegelung reduzieren

Die Flächeninanspruchnahme, oft auch als Flächen- oder Bodenverbrauch bezeichnet, beschreibt den dauerhaften Verlust biologisch produktiven Bodens, insbesondere durch Flächen für Siedlungs- und Verkehrszwecke (Umweltbundesamt 2021). Die Flächeninanspruchnahme betrug in Österreich in den letzten Jahren im Durchschnitt 10 bis 12 ha/Tag (inklusive der Freizeit- und Abbauflächen), etwa 40 % davon wurden versiegelt (Umweltbundesamt 2019). Auch in Zukunft ist mit einer weiteren Nachfrage nach Siedlungsflächen zu rechnen. Bis 2040 wird ein Zuwachs an Einwohner:innen um ca. 7 % erwartet (Statistik Austria 2019), die Nachfrage nach Bauflächen und Wohnraum ist hoch und hat in den letzten Jahren zu einem deutlich spürbaren Anstieg der Grundstückspreise und Mieten vor allem in den Stadtregionen geführt. Die Nachfrage nach Zweitwohnsitzen treibt ebenfalls die Bodennachfrage und Grundstückspreise an.

Ziele zum sparsamen Umgang mit Grund und Boden finden sich seit jeher als Vorgaben in den Raumordnungsgesetzen der Länder. Sie werden durch Gesetze zum Bodenschutz, strategische Programme auf Ebene des Bundes und der Länder gestärkt und gestützt, und durch quantitative Zielzahlen konkretisiert. Sowohl die österreichische Nachhaltigkeitsstrategie aus dem Jahr 2002 als auch das Regierungsprogramm 2020−2024 geben als Zielzahl eine neue Inanspruchnahme von Flächen netto von 2,5 ha/Tag bzw. 9 km²/Jahr bis 2030 an. Diese Ziele sind eingebettet in den EU-Fahrplan für ein ressourcenschonendes Europa, in dem bis 2050 ein Netto-Neuverbrauch an Boden von Null vereinbart wurde. Die Herausforderungen zur Klimawandelanpassung sowie zum Klimaschutz verleihen diesen Zielen für die nächsten Jahre hohe Dringlichkeit.

Die oben angeführten nationalen Ziele wurden von der Bundesregierung festgelegt. Eine österreichweite Verankerung unter Einbeziehung der Bundesländer, der Städte und Gemeinden fehlt bisher. Eine österreichweit abgestimmte Zielsetzung ist aber Voraussetzung für eine erfolgreiche Umsetzung, da zentrale Steuerungskompetenzen bei den Ländern, Städten und Gemeinden liegen.

In der ÖROK-Empfehlung Nr. 56 „Flächensparen, Flächenmanagement & aktive Bodenpolitik" (ÖROK 2017c) wurden die zentralen Instrumente und Maßnahmen bereits dargestellt. In einem nächsten Schritt geht es darum, die Umsetzung durch die Entwicklung eines gemeinsamen österreichweiten Zielbildes mit quantitativen Zielgrößen und Zeithorizonten, verbunden mit einer Regionalisierung auf Bundesländerebene und in weiterer Folge einer Spezifizierung auf Regionsebene, zu unterstützen und in verbindlichere Formen zu gießen. Es gilt, die Maßnahmen zu einer effizienteren Nutzung bereits bestehender Potenziale (Innenentwicklung und Nachverdichtung, Aktivierung von Leerständen, Recycling von Brachflächen, Mobilisierung von gewidmetem Bauland) ebenso wie jene zum Schutz noch nicht verbauter Flächen (Schutz landwirtschaftlicher Flächen, Schutz von Natur-, Grün- und Erholungsräumen) in ein strategisches Gesamtkonzept (Bodenstrategie für Österreich) einzubetten. Notwendige Entscheidungen zur Umsetzung sind vorzubereiten, die von allen Institutionen mitgetragen werden.

Folgende Kernmaßnahmen und Arbeitsformate werden zur Umsetzung vorgeschlagen:
− Datengrundlagen als Ausgangsbasis für österreichweit einheitliche Auswertungen zum Thema Auflassung von Nutzungen (Flächen und Gebäude) verbessern und österreichweite Evidenzen aufbereiten und veröffentlichen (ÖROK-Atlas)
− Zweckmäßigkeit eines österreichweiten Leerstandskatasters klären sowie bundesweite Push and Pull-Maßnahmen für Eigentümer:innen konzipieren

- Brachflächenrecycling fördern (z.B. Novelle ALSAG)
- Einrichtung einer ÖREK-Partnerschaft zum Thema „2,5 ha" zur Erarbeitung einer ÖROK Empfehlung für konkrete quantitative Zielzahlen je Bundesland und differenzierte Vorgaben für die unterschiedlichen Raumtypen – verbunden mit qualitativen Zielen (Bodenqualität) zur Senkung der Flächeninanspruchnahme und -versiegelung – prüfen
- Flächennutzungen bzw. Veränderungen von Flächennutzungen, die für die Zielüberprüfung bzw. Erreichung des nationalen 2,5 ha Zielwertes relevant sind (z.B. Definition „Flächeninanspruchnahme" in Relation zur Bevölkerungszahl) definieren und ein nationales Monitoringsystem in Bezug auf quantitative Zielzahlen entwickeln
- Maßnahmen zur Implementierung der Zielzahlen für die Länder in die Rechtsgrundlagen der Raumplanung und des Bodenschutzes erarbeiten
- Österreichweite Standards und Kriterien für qualitätsvolle Verdichtung durch die überörtliche Festlegung von Mindestdichten und Mindestanteilen an flächensparenden Bauformen sowie Empfehlungen zur Entsiegelung von Flächen entwickeln. Instrumente zur Verknüpfung der Reduktionsziele zur Flächeninanspruchnahme mit finanziellen Anreizen sowohl für Kommunen als auch private Grundeigentümer:innen prüfen und erarbeiten
- Ergebnisse der ÖREK-Partnerschaften „Flächensparen, Flächenmanagement und aktive Bodenpolitik" sowie „Leistbares Wohnen" aufgreifen und die Fortführung in einer neuen Partnerschaft zum Thema „Baulandmobilisierung und aktive Bodenpolitik" prüfen. Fokus auf die vertiefte Erarbeitung von rechtlichen Grundlagen und Empfehlungen für Möglichkeiten zum Ausgleich von Widmungs- und Dichtegewinnen sowie Absicherung von Qualitätszielen der Raumordnung und leistbarem Wohnen in privatrechtlichen Verträgen legen
- Modelle und Grundlagen zur Erstellung und Implementierung regionalisierter Baulandbedarfsberechnungen und zum interkommunalen Handel mit Flächenzertifikaten aufbauend auf den Erfahrungen in anderen Ländern (z.B. Bayern) fachlich prüfen, adaptieren und weiterentwickeln

Folgende unterstützende Maßnahmen und Arbeitsformate können zur Umsetzung beitragen:
- Möglichkeiten und Erfordernisse zur Anpassung der rechtlichen Rahmenbedingungen für eine künftig verstärkte Rückwidmung von Bauland, das im Widerspruch zu den geltenden Raumordnungszielen und Grundsätzen steht, ausarbeiten und Anforderungen an begleitende Anreiz- und Fördersysteme konkretisieren (z.B. Wohnbauförderung)

Orts- und Stadtkerne stärken sowie Raum für Baukultur eröffnen

Orts- und Stadtkerne sind die Kernelemente eines Netzes von Zentren unterschiedlicher Größe (internationale Zentren, Mittel- und Kleinzentren). Sie sind Ankerpunkte der regionalen und lokalen Versorgung. Orts- und Stadtkerne waren immer die vitalen Mittelpunkte des öffentlichen Lebens, in denen die zentralen Funktionen der Daseinsvorsorge gebündelt und auf kurzen Wegen erreichbar waren. Sie sind damit ein wichtiger Pfeiler einer nachhaltigen Raumentwicklung. Mit der Motorisierung und zuletzt der Digitalisierung wurde ein tiefgreifender Wandel ausgelöst, der die Funktionsfähigkeit der Orts- und Stadtkerne gefährdet. So kauften 2020 bereits zwei Drittel der Österreicher:innen im Internet ein. Der Online-Handel hat durch die Covid-19-Pandemie einen weiteren Beschleunigungsschub erhalten. Während der Versand- und Internethandel seinen Umsatz 2020 um fast 20 % steigern konnte, ist der Umsatz im stationären Handel eingebrochen (Statistik Austria 2021). Bereits vor der Covid-19-Pandemie waren Orts- und Stadtkerne von Funktionsverlusten betroffen, weil Einkaufs- und Fachmarktzentren Kaufkraft und Frequenzen aus den Zentren abgesaugt haben. Leerstehende Geschäftslokale, Verluste in der Gastronomie, damit verbundene Einnahmenausfälle für Hausbesitzer:innen und fehlende Mittel für die Gebäudesanierung bedrohen die Vitalität, Funktionsfähigkeit und Substanz der Orts- und Stadtzentren. Die Orts- und Stadtkerne leisten aber einen wichtigen Beitrag zum Flächensparen, zum ressourcenschonenden Umgang mit der bestehenden Bausubstanz, zu kurzen Wegen und damit einer Reduktion des PKW-Verkehrs und der Erreichung der Klimaziele. Die Erhaltung der Orts- und Stadtzentren als wichtiger Teil des baukulturellen Erbes ist in zahlreichen internationalen Dokumenten wie im Ziel 11 der Agenda für eine nachhaltige Entwicklung der UNO, der UNESCO-Empfehlung zur historischen Stadtlandschaft oder der Neuen Leipzig Charta zur nachhaltigen europäischen Stadt verankert. Aber auch in nationalen Dokumenten wie insbesondere im Dritten und Vierten Österreichischen Baukulturreport oder den „ÖROK-Fachempfehlungen zur Stärkung von Orts- und Stadtkernen" ist die Stärkung der Orts- und Stadtkerne sowie der Baukultur vorgesehen.

Ziel der Raumentwicklung und Raumordnung sind daher wirtschaftlich vitale Orts- und Stadtkerne mit inklusiven Strukturen, einer hochwertigen Architektur sowie einer baulichen Umwelt, in der sich die Menschen wohl fühlen, in der sie sich gerne aufhalten und die Inklusion für alle Nutzer:innengruppen ermöglichen. Das Bewusstsein für den Wert ästhetischer Qualität ist auch eine Voraussetzung für die Akzeptanz raumordnerischer Maßnahmen. Die österreichische Kulturlandschaft mit ihren Orten und Städten ist ein Schatz, den es zu erhalten, aber auch weiterzuentwickeln gilt. Dazu zählen lebendige multifunktionale Stadt- und Ortskerne mit einem funktionierenden Wirtschaftsleben genauso wie öffentliche Räume mit einer hohen Aufenthaltsqualität. Die Instrumente der Raumplanung und des Städtebaus können dazu einen wesentlichen Beitrag leisten.

Folgende Kernmaßnahmen und Arbeitsformate werden zur Umsetzung vorgeschlagen:
– Bestehende und gegebenenfalls neue Förderungen auf die erforderlichen Maßnahmen zur Stärkung der Orts- und Stadtkerne ausrichten
– Umsetzung der „ÖROK-Fachempfehlungen zur Stärkung der Orts- und Stadtkerne" unter Berücksichtigung der unterschiedlichen länder- und regionsspezifischen Gegebenheiten forcieren
– Österreichweite Bewusstseinsbildungsmaßnahmen ausarbeiten
– Leitlinien/Orientierungen für Bewusstseinsbildung sowie partizipative Prozesse ausarbeiten und zur Verfügung stellen
– Diskussionsveranstaltungen abhalten, den Diskurs und Wissenstransfer in der Fachwelt und zur breiten Öffentlichkeit vermehrt unterstützen und forcieren, Medienarbeit vornehmen
– Studien und Konzepte zur ortsbildverträglichen Nachverdichtung insbesondere von Handels- und Gewerbestandorten erarbeiten (u.a. CO_2-freie Erreichbarkeit, Reduktion versiegelter Flächen, mehrgeschossige Nutzungen, Online-Handel etc.) sowie Planungsprinzipien zur Stadt der kurzen Wege umsetzen

Folgende unterstützende Maßnahmen und Arbeitsformate können zur Umsetzung beitragen:
– Die Zweckmäßigkeit von Leitfäden zur Planung des öffentlichen (Straßen-) Raums im Rahmen der ÖREK-Partnerschaft „Plattform Raumordnung und Verkehr" prüfen

– Neue Aktivitätsfelder in der Gemeindeberatung (z.B. regionale Manager:innen für Klimawandel-Transformation) etablieren und bereits bestehende intermediäre regions- und gemeindenah agierende Beratungs- und Transferorganisationen (wie Klimabündnis, e5) unter gezielter Vernetzung mit bereits etablierten regionalen Entwicklungsorganisationen der Länder (z.B. Regionalmanagements) stärken

Freiräume ressourcenschonend und für den Klimaschutz gestalten

Nicht bebaute und unversiegelte Grün- und Freiräume umfassen ca. 90 % der Fläche Österreichs. Sie übernehmen wichtige Funktionen sowohl in städtischen wie in ländlichen Räumen. Sie sind die zentrale Quelle für die land- und forstwirtschaftliche Produktion, die Gewinnung von mineralischen und biogenen Rohstoffen und eine wertvolle Ressource für den Tourismus. Sie sind Teil des Risiko- und Schutzmanagements vor Naturgefahren und sichern Biodiversität von Fauna und Flora. Im städtischen Raum geht es auch um die Zugänglichkeit von Grünräumen sowie die Aufrechterhaltung und Verbesserung der mikroklimatischen Funktionen.

Die Fläche für biogene Nutzungen (land- und forstwirtschaftliche Nutzflächen) ist aber seit 1960 um ca. 15,5 % zurückgegangen. Die landwirtschaftlichen Nutzflächen haben sogar um 34 % abgenommen (BMLRT 2021a). Eine Fortschreibung der Siedlungs- und Verkehrsflächennutzung/Einwohner:in würde langfristig bis 2060 zu einem weiteren Verlust an landwirtschaftlicher Fläche um ca. 12 % führen (Hiess 2015). Mit dem Ausbau erneuerbarer Energien kommen zusätzliche Ansprüche auf die knappen Flächen hinzu.

Neben den Freiflächen nimmt auch die Biodiversität ab. Der Rückgang fliegender Insekten, die Gefährdung von einem Drittel der Brutvogelarten oder die zunehmende Zerschneidung von Lebensräumen sind Indikatoren dafür (Umweltbundesamt 2019). 5 % wertvoller Biotope befinden sich in gewidmetem, aber noch nicht bebautem Bauland (Umweltbundesamt 2019). Die Bioökonomiestrategie des Bundes hat das Ziel, Österreich zum Bioökonomiestandort im Sinne des Klimaschutzes zu entwickeln (BMNT, BMBW, BMVIT 2019). In der Biodiversitätsstrategie Österreich 2030+ (BMK 2021) werden die Vereinbarungen aus der UN-Agenda für eine nachhaltige Entwicklung (Ziel 11 „Städte und Siedlungen inklusiv, sicher, widerstandsfähig und nachhaltig gestalten", Ziel 15 „Leben am Land") und das UN-Übereinkommen über biologische Vielfalt für Österreich sowie die „EU-Biodiversitätsstrategie 2030 – Mehr Raum für die Natur in unserem Leben" spezifiziert. Raumentwicklung und Raumordnung werden darin als wichtiger Parameter bei der Umsetzung angesprochen.

Die räumliche Bezugsebene von Frei- und Grünräumen spannt den Bogen von vergleichsweise kleinen Grünflächen innerhalb bebauter Gebiete bis zu zusammenhängenden Freiraumkorridoren, großflächigen Landschaftsräumen und Schutzgebieten sowie derer Vernetzung. Unter grüner Infrastruktur wird ein strategisches geplantes Netzwerk ökologisch wertvoller, natürlicher und naturnaher Flächen mit Umweltelementen verstanden. Das Netzwerk soll so angelegt und bewirtschaftet werden, dass sowohl im urbanen als auch im ländlichen Raum ein breites Spektrum an Ökosystemdienstleistungen gewährleistet und die biologische Vielfalt geschützt ist.

Es ist daher Aufgabe der Raumentwicklung und Raumordnung, zur Sicherung der Vielfalt und Qualität der Frei- und Grünräume, zum Schutz des Klimas, der natürlichen Ressourcen und der Biodiversität sowie der Entwicklung der grünen und blauen Infrastruktur in Abstimmung mit der wirtschaftlichen Nutzung beizutragen. Dazu zählt auch das Management von Flächenkonkurrenzen.

Folgende Kernmaßnahmen und Arbeitsformate werden zur Umsetzung vorgeschlagen:

- Die Einrichtung einer ÖREK-Partnerschaft zum Thema „Freiraumentwicklung, Ressourcenschutz und Klimawandel" prüfen: Ziele und Grundsätze im Zusammenhang mit den Funktionen von Frei- und Grünräumen sowie Natur- und Kulturlandschaften im Kontext des Klimawandels und Biodiversitätsschutzes und den Anforderungen an Erholungsbedürfnisse zur Aufnahme in den Raumordnungsgesetzen erarbeiten
- Modelle und Möglichkeiten zur finanziellen Berücksichtigung von ökosystembasierten Dienstleitungen sowie Steigerung der Erholungseignung im Zusammenhang mit fiskalpolitischen Instrumenten prüfen und deren räumliche Wirkung aufzeigen
- Leitlinien und Ausgleichsmechanismen zum örtlich differenzierten Umgang mit dem Zielkonflikt zwischen baulicher (Nach-)Verdichtung einerseits sowie Freiraumsicherung und Durchgrünung andererseits ausarbeiten und gute Praxisbeispiele aufbereiten

Folgende unterstützende Maßnahmen und Arbeitsformate können zur Umsetzung beitragen:

- Kriterien und Grundlagen zur robusten und nachvollziehbaren Auswahl und Abwägung von Grün- und Freiraumfunktionen ausarbeiten, und wo sinnvoll und möglich im ÖROK-Atlas zugänglich machen
- Interessens- und Nutzungskonflikte auf Grün- und Freiräumen benennen und Wirkungen von Nutzungen umfassend betrachten – insbesondere in Bezug auf Klimafunktionen und neuer Funktionskategorien wie z.B. Klimavorsorge-, Vorrang-, Vorbehalts-, Vorhalte- und Eignungsflächen, aber auch in Bezug auf Erholungsfunktionen
- Parameter und Methoden zur räumlichen Konkretisierung von vorrangigen Freiraumfunktionen erarbeiten und pilothaft für unterschiedliche Raumtypen anwenden
- Quantitative Zielwerte für grüne Infrastruktur in Siedlungsräumen entwickeln und auf Umsetzbarkeit prüfen. Möglichkeiten zur Sicherung und Ausbau der grünen Infrastruktur im Rahmen von privatrechtlichen Maßnahmen ergänzend zu den Instrumenten der örtlichen Raumordnung (Flächenwidmungs- und Bebauungsplan) rechtlich prüfen und aufzeigen
- Gute Beispiele aufbereiten und Wirkungszusammenhänge von Frei- und Grünraumnutzungen sowie den zugrundeliegenden Ökosystemleistungen aufzeigen
- Natur-/ökosystembasierte Leistungen von Freiräumen für Klimaschutz und Klimawandelanpassung, die regionale Lebensmittelversorgung sowie Erholungsfunktion aufzeigen. Den Mehrfachnutzen für Gesellschaft und Umwelt darstellen und durch Festlegung multifunktionaler Planungskategorien und Schaffung entsprechender Anreize umsetzen
- Modelle und Prozesse zum Aufbau von regionalen Ausgleichsflächenpools erarbeiten und Umsetzungserfordernisse sowie Grundlagen auf fachlicher sowie rechtlicher Ebene bundesweit darstellen bzw. konkretisieren. Diese auf Wirkungen zum Klima- und Biodiversitätsschutz sowie Ernährungssicherheit fokussieren; realisierte flächenbezogenen Ausgleichsmaßnahmen österreichweit erfassen

Erreichbarkeit sichern und klimaneutral gestalten

Die regionalen Erreichbarkeiten von Arbeits- und Dienstleistungsstandorten mit dem PKW sind in Österreich sehr gut. Die regionalen Erreichbarkeiten mit dem öffentlichen Verkehr sind vor allem in den ländlichen Regionen deutlich ungünstiger. Fast ein Fünftel der Bevölkerung außerhalb von Wien verfügt über keine zumutbare Erschließung durch öffentlichen Verkehr, fast 50 % der Bevölkerung (ohne Wien) haben keinen zum PKW konkurrenzfähigen Anschluss an den öffentlichen Verkehr und nur 22 % (ohne Wien) haben eine sehr gute oder gute ÖV-Erschließung (ÖROK Atlas Indikator 85). Die ÖV-Erschließung von Arbeitsplätzen ist noch schlechter. Fast 30 % der Arbeitspendler:innen (inklusive Wien) hat Anspruch auf eine Große Pendlerpauschale und damit keine zumutbare Verbindung durch öffentlichen Verkehr an den Arbeitsplatz (Arbeiterkammer Wien 2020).

Megatrends wie der demografische und gesellschaftlichen Wandel, aber auch die Digitalisierung stellen das Mobilitäts- und Verkehrssystem vor neue Herausforderungen. Mehr Senior:innen, weniger Schüler:innen vor allem in Regionen mit Bevölkerungsrückgang, Home-Office und multilokale Lebensstile sowie die Flexibilisierung der Arbeitszeiten erschweren die Bereitstellung eines attraktiven, aber gleichzeitig effizienten Angebots im öffentlichen Verkehr. Der wachsende Online-Handel verändert die Zustelllogistik, führt zu einer wachsenden Nachfrage nach Logistikflächen und Verteilverkehren.

Im Green Deal der Europäischen Kommission ist eine Reduktion der Treibhausgase im Verkehr um 90 % bis 2050 vorgesehen. Österreich hat bis 2030 eine Reduktion der Treibhausgasemissionen aus dem Verkehr um 36 % gegenüber 2005 vorgesehen, bis 2040 soll Österreich klimaneutral sein. Das Ziel der Klimaneutralität in Österreich bis spätestens 2040 erfordert noch ambitioniertere Treibhausgas-Reduktionspfade. Die Dringlichkeit der Umsetzung von konkreten Maßnahmen wird damit deutlich erhöht.

Für den Umbau Österreichs zu einem klimaneutralen Lebens- und Wirtschaftsstandort wird die Verbesserung der Erreichbarkeit mit klimaverträglichen Verkehrssystemen sowohl im Personen- als auch im Güterverkehr zur zentralen Aufgabe der nächsten Jahre. Die Umstellung auf Elektrofahrzeuge ist dafür keine ausreichend nachhaltige Lösung, auch wenn man davon ausgeht, dass der Strom mit österreichischen erneuerbaren Energiequellen produziert wird. Eine Verlagerung auf den öffentlichen Verkehr, den Rad- und Fußverkehr bleibt daher eine zentrale Notwendigkeit.

Gleichzeitig ist die Erreichbarkeit von Einrichtungen der Daseinsvorsorge für alle ein wichtiger Bestandteil einer gerechten Raumentwicklung. Dafür braucht es kompakte und gut durchmischte Siedlungen mit kurzen Wegen, polyzentrische Strukturen, die eine hohe Versorgungsqualität mit Gütern und Dienstleistungen der Daseinsvorsorge ermöglichen sowie Achsen und Knoten des öffentlichen Verkehrs als Rückgrat für die Siedlungsentwicklung. Die Abstimmung von Raumentwicklung und Verkehrssystem ist in Übereinstimmung mit dem Mobilitätsmasterplan 2030 und der FTI-Strategie Mobilität eine Voraussetzung für eine klimaneutrale Erreichbarkeit, mit der dennoch gleichwertige Lebensbedingungen für alle angeboten werden können.

Folgende Kernmaßnahmen und Arbeitsformate werden zur Umsetzung vorgeschlagen:

– ÖREK-Partnerschaft „Plattform Raumordnung und Verkehr" vertieft weiterführen
– Die Einrichtung einer ÖREK-Partnerschaft zum Thema „Klima- und raumverträglicher Tourismus" prüfen

Folgende unterstützende Maßnahmen und Arbeitsformate können zur Umsetzung beitragen:

– Weiterhin regelmäßige Aktualisierung der österreichischen Erreichbarkeitsanalyse
– Weiterentwicklung der ÖV-Güteklassen im Rahmen der ÖREK-Partnerschaft „Raumordnung und Verkehr" in Richtung einer Integration von Arbeitsplätzen und Betriebsbauland
– Prüfung eines Mechanismus zur Koppelung von Bundesinvestitionen im Bereich umweltfreundlicher Infrastruktur (öffentlicher Verkehr, Fahrrad- und Fußwege) an stadtregionale Entwicklungskonzepte
– Klärung der Zweckmäßigkeit weiterer gemeinsamer Aktivitäten der ÖROK zum Thema „Betriebsstandorte mit Schienenanschluss" im Rahmen der ÖREK-Partnerschaft „Plattform Raumordnung und Verkehr"
– Klärung der Zweckmäßigkeit weiterer gemeinsamer Aktivitäten der ÖROK zum Thema „Klimaneutrale, umwelt- und stadtverträgliche Verteillogistik" im Rahmen der ÖREK-Partnerschaft „Plattform Raumordnung und Verkehr"
– Dokumentation der Entwicklung der ÖV-Erschließungsqualität nach ÖV-Güteklassen für Arbeitsplätze und Betriebsbauland im Rahmen des ÖROK-Atlas
– Grundlagen für die fachlichen Empfehlungen z.B. die Entwicklung von nachfrageorientierten ÖV-Standards sowie neue Empfehlungen insbesondere für Raumtypen mit derzeit geringer ÖV-Erreichbarkeit und -Güteklassen erarbeiten und in einer ÖROK-Empfehlung fokussieren
– Rechtliche Grundlagen zur Raumordnung und zum Bauwesen sowie formelle Instrumente der überörtlichen und örtlichen Raumplanung prüfen. Den bundesweiten bzw. institutionenübergreifenden Handlungsbedarf zur Abstimmung von Siedlungsentwicklung und Energieverbauch durch Mobilität klären
– Rechtliche Möglichkeiten zur Verknüpfung von formellen Instrumenten der örtlichen Raumordnung (Flächenwidmung, Bebauungsplan) mit zivilrechtlichen Verträgen (Mobilitätsverträge) aufzeigen und eine ÖROK-Empfehlung ausarbeiten
– ÖROK-Erreichbarkeitsmodell um Elemente des Umweltverbundes weiterentwickeln und durch die ÖREK-Partnerschaft „Plattform Raumordnung und Verkehr" begleiten
– Studie zu „Zentralität und Raumentwicklung in Österreich" aktualisieren, um „Polyzentralität" sowie Ergebnisse aus ÖROK-Erreichbarkeitserhebung und ÖV-Güteklassenmodell ergänzen

Die Klimawandelanpassung durch Raumentwicklung und Raumordnung unterstützen

Dürren, Starkniederschläge, Stürme, Hitzeperioden oder schneearme Winter zeigen die Präsenz der Klimakrise. Österreich ist als Binnenland mit einer alpinen Topografie stark betroffen. Die Risiken von Naturgefahren sind besonders hoch und die wirtschaftliche Betroffenheit ist vor allem im Wintertourismus sehr ausgeprägt. Wetter- und klimabedingte Schäden kosten aktuell zumindest 2 Milliarden Euro pro Jahr. Bis 2030 wird ein Anstieg allein dieser Schäden auf 3–6 Milliarden Euro, bis 2050 auf 6–12 Milliarden Euro prognostiziert (Steininger et al 2020).

Neue Gefahren und Risiken ergeben sich durch den steigenden Siedlungsdruck in immer dichter besiedelten Dauersiedlungsräumen und dem damit verbundenen Vordringen in die bisher der Natur vorbehaltenen Räume. Aber auch die klimaresiliente Sicherheit von Infrastrukturanlagen für Verkehr und Energieversorgung außerhalb der Siedlungsräume stellt eine wachsende Herausforderung dar. Die Klimakrise verändert darüber hinaus die Wahrscheinlichkeiten des Eintretens von Katastrophenereignissen. Der vorausschauende Umgang mit Restrisiken gewinnt mit fortschreitendem Klimawandel an Relevanz und Dringlichkeit. Die Praxis der Rücknahme von Gefahrenzonenplänen und Widmungsbeschränkungen in baulich vor Gefahren geschützten Zonen führt zu Schadenspotenzialen im Überlast- oder Versagensfall von Schutzmaßnahmen. Es besteht daher der dringende Bedarf eines integralen Risikomanagements, um einen systematischen Umgang mit den verschiedenen Arten von Naturgefahren und deren Risiken zu ermöglichen.

Die „Österreichische Strategie zur Anpassung an den Klimawandel" (BMNT 2017) adressiert die Raumentwicklung und Raumordnung als wichtige Komponenten am Weg zu einer verbesserten Klimaresilienz. Klimawandelanpassung ist dabei ein flächendeckender Auftrag. Hochwasser, Hitze, Waldbrände oder Sturmereignisse betreffen städtische Regionen gleichermaßen wie ländliche Regionen, Siedlungsgebiete genauso wie Grün- und Freiräume.

Eine klimawandelangepasste Raumentwicklung und Raumordnung muss dazu beitragen, Boden und Wasser als Lebensgrundlagen zu sichern. Des Weiteren sind die Funktion und Qualität von Frei-, Grün- und öffentlichen Aufenthaltsräumen auch bei höheren Temperaturen zu gewährleisten und die zunehmenden Risiken durch Naturgefahren und weitere Gefahren des Klimawandels (z.B. Hitzestress insbesondere in urbanen Gebieten) durch präventive Raumplanung einzugrenzen.

Folgende Kernmaßnahmen und Arbeitsformate werden zur Umsetzung vorgeschlagen:
- Sektor- bzw. fachübergreifende und österreichweit standardisierte Erhebung von raumbezogenen Daten und Planungsgrundlagen sowie die Definition von Sicherheitsniveaus, wie das im Rahmen der ÖROK-Empfehlungen Nr. 57 und 54 beschlossen wurde, nach Maßgabe der länder- und regionsspezifischen Gegebenheiten umsetzen
- Die Ergebnisse der ÖREK-Partnerschaften „Risikomanagement für gravitative Naturgefahren" sowie „Risikomanagement Hochwasser" zusammenführen. Den Handlungsbedarf für die Anpassung bzw. Neuaufnahme von Zielen und Vorgaben in den Raumordnungsgesetzen der Länder konkretisieren sowie mit Bundesgesetzen (z.B. Forstrecht) abstimmen und harmonisieren

Folgende unterstützende Maßnahmen und Arbeitsformate können zur Umsetzung beitragen:
- Empfehlungen und Hilfestellungen für Verfahren und Prozesse zum Risiko-Governance entwickeln
- Vorgaben und Richtlinien in der Raumordnung zu Trinkwasserschutz und Wasserversorgung österreichweit unter Berücksichtigung der Folgen des Klimawandels (Zunahme von Dürre- und Trockenheitsperioden, verringerte Grundwasserneubildung, Starkniederschläge und kleinräumige Überflutungen, Verunreinigung von Wasserspendern, Verschärfung von Wassernutzungskonflikten) abstimmen und vereinheitlichen
- Empfehlungen und Grundlagen für ein nachhaltiges (ökosystembasiertes) Regenwassermanagement ausarbeiten und Möglichkeiten zur Umsetzung von gemeinschaftlichen Anlagen in der z.B. Bebauungsplanung aufzeigen

(ev. in Verbindung mit einer bereits für weitere Handlungsaufträge zu prüfen-den ÖREK-Partnerschaft zum Thema „Freiraumentwicklung, Ressourcenschutz und Klimawandel")

– Bundesländerübergreifende Infrastruktur(-planungs-)korridore klimaresilient planen und in nationalen Plänen und Programmen sowie durch entsprechende gesetzliche Regelungen sichern (z.B. Energieübertragungsnetze)

– Weitere klimainduzierte Gefahren prüfen und ökosystembasierte Anpassungs-erfordernisse schärfen (vgl. Ziele zur Freiraumsicherung – Hochwasserrückhalt). Raumbezogene Daten und Grundlagen erarbeiten und in bestehende Rege-lungssysteme implementieren

– Maßnahmen der Bewusstseinsbildung und Öffentlichkeitsarbeit umsetzen

– Räumlich differenzierte gesamtösterreichische Untersuchungen zu Klimafol-genrisiken (Auswirkungen der Klimaänderung auf räumlich-soziale Systeme) und Transformationsrisiken (Auswirkungen von klimapolitischen Maßnahmen zur Dekarbonisierung auf Räume und soziale Gruppen) vornehmen und Hand-lungsmöglichkeiten herausarbeiten

– Räumlich relevante Fragen der Klimagerechtigkeit aufzeigen und untersuchen

Daseinsvorsorge für gleichwertige Lebensbedingungen gestalten und leistbares Wohnen sichern

Der demografische Wandel hin zu einer urbaneren Gesellschaft führt zu gleich-zeitigen Unterauslastungen und Überlastungen von Einrichtungen und Diens-ten der Daseinsvorsorge. Die älter werdende Gesellschaft und der Wandel der Geschlechterrollen verändern die Bedarfe der Daseinsvorsorge (Kindergärten, Ganztagsschulen, Pflegeeinrichtungen und -dienstleistungen). Das Bevölke-rungswachstum in den Städten, im Stadtumland, der Nachfragedruck nach touristischen Nutzungen in den Tourismusregionen stellt leistbares Wohnen in Frage. Die Konzentrationsprozesse von Versorgungseinrichtungen und Diens-ten der Daseinsvorsorge durch Motorisierung, marktgetriebene Effizienzkalküle und nachfrageorientierte Qualitätsansprüche haben die Verteilung und die Erreichbarkeit von Infrastrukturen und Diensten der Daseinsvorsorge verändert. Digitale Dienste können der Daseinsvorsorge neue Impulse geben. Sie könnten in Zukunft durch die Nutzung digitaler Kommunikationsmöglichkeiten einen wesentlichen Beitrag für die Versorgung leisten (E-Government, Telemedizin, Online-Einkauf, etc.). Dazu ist allerdings eine flächendeckend gute Versorgung mit digitaler Infrastruktur und eine Hilfe bei der Aneignung der Nutzungsmög-lichkeiten eine wesentliche Voraussetzung.

Die Territoriale Agenda 2030 der Europäischen Union „Eine Zukunft für alle Orte" hebt die Bedeutung des Zugangs zu Infrastrukturen und Dienstleis-tungen der Daseinsvorsorge als wesentlichen Beitrag zum zentralen Ziel „Ein gerechtes Europa, das allen Menschen Zukunftsperspektiven bietet" hervor. Auch die „Neue Leipzig-Charta – die transformative Kraft der Städte für das Gemeinwohl" der EU betont die Wichtigkeit der Infrastrukturen und Dienst-leistungen der Daseinsvorsorge für eine gerechte und produktive Stadt. Vor diesem Hintergrund bleibt die räumliche Organisation der Daseinsvorsorge ein zentrales Thema der Raumentwicklung und Raumordnung.

Im Sinne einer gerechten und nachhaltigen Raumentwicklung geht es darum, möglichst gleichwertige Lebensbedingungen in allen Regionen zu sichern. Die räumliche Vielfalt in Österreich ist ein hohes Gut. Daraus erwächst aber ein unterschiedliches Angebot an ortsspezifischer Lebensqualität. Die Bevölkerung soll die Chance haben ihre Standortentscheidungen nach den jeweiligen subjektiven Interessen treffen zu können. Daher geht es darum, die Räume so auszustatten und zu gestalten, dass die zentralen Grundbedürfnisse durch das Angebot an Infrastrukturen und Dienstleistungen der Daseinsvorsorge in zumutbarer Qualität und Erreichbarkeit abgedeckt sind. Damit verbunden ist eine aktive räumliche Gestaltung des demografischen und gesellschaftlichen Wandels, ein Denken, Planen und Handeln in regionalen Lebens- und Funktionsräumen ebenso wie die Sicherung von leistbarem Wohnraum und die Versorgung mit digitaler Infrastruktur.

Folgende Kernmaßnahmen und Arbeitsformate werden zur Umsetzung vorgeschlagen:

- Die Einrichtung einer ÖREK-Partnerschaft zum Thema „Zukunftsorientierte Daseinsvorsorge" prüfen
- Gegebenenfalls eine ÖROK-Empfehlung zu (Mindest-)Standards der Daseinsvorsorge ausarbeiten
- Anpassungsbedarfe beim leistbaren Wohnen aus gesamtösterreichischer Perspektive aufzeigen (vgl. z.B. Empfehlungen der ÖREK-Partnerschaft „Leistbares Wohnen", ÖROK-Schriftenreihe Nr. 191) und auf Verwerfungen hinweisen (vgl. Grundsätze des ÖREK 2030 klimaverträgliche und nachhaltige, gerechte, gemeinwohlorientierte Raumentwicklung" bzw. marktgetriebene Preisentwicklung)

Folgende unterstützende Maßnahmen und Arbeitsformate können zur Umsetzung beitragen:

- Österreichweite, vergleichbare und belastbare Daten und Grundlageninformationen aufbereiten (z.B. Verbesserung der Datengrundlagen als Ausgangspunkt für ÖROK-Wohnungsbedarfsprognosen, Indikatoren im ÖROK-Atlas)
- Studie zu „Zentralität und Raumentwicklung in Österreich" aktualisieren, um „Polyzentralität" sowie Ergebnisse aus ÖROK-Erreichbarkeitserhebung und ÖV-Güteklassenmodell ergänzen
- Österreichweite Evidenzen und Datengrundlagen zur Daseinsvorsorge aufbereiten und publizieren: u.a. gesetzlichen Grundlagen, Finanzierung und Kompetenzen
- Österreichweites Daten-/Berechnungsmodell für Mindeststandards bzw. Grundsätze erarbeiten und publizieren (ÖROK-Atlas), dabei Erreichbarkeiten, Verkehrsbedarfe und THG-Emissionen systematisch berücksichtigen
- Regionale/räumliche Verteilungen der altersspezifischen Versorgung aus gesamtösterreichischer Sicht aufzeigen, Unterschiede sichtbar machen und Empfehlungen für Anpassungen ausarbeiten (vgl. Grundsatz „gerechte Raumentwicklung")
- Bei der Bereitstellung gesamtösterreichisch anwendbarer/nutzbarer Daten (z.B. Versorgungsdienstleistungen, Pflege etc.), (digitaler) Dienste unterstützen und im ÖROK-Atlas darstellen
- Regionale/räumliche Verteilung der Qualität des Lebensumfeldes von Beschäftigten aufzeigen, Unterschiede sichtbar machen und Empfehlungen für Anpassungen ausarbeiten
- Die (stadt-)regionale Handlungsebene stärken und die Weiterentwicklung von Formen der interkommunalen Zusammenarbeit unterstützen
- Konferenz/Workshops zum Thema „Gemeinwohlorientierte und gerechte Raumentwicklung" organisieren
- Ausarbeitung einer Studie zum Thema „Präzisierung der Grundsätze gemeinwohlorientierte und gerechte Raumentwicklung" prüfen

Regionale Wertschöpfungsketten und Kreislaufwirtschaft stärken

Kreislaufwirtschaft strebt ein ressourcenschonendes Wirtschaftssystem an, in dem kaum Abfälle produziert werden und Rohstoffe innerhalb eines geschlossenen Kreislaufes kontinuierlich wieder genutzt werden. Neben den ökologischen und wirtschaftlichen Aspekten kann Kreislaufwirtschaft auch eine soziale Funktion durch die Schaffung von Beschäftigung für am Arbeitsmarkt benachteiligte Personen übernehmen.

Die EU-Kommission hat im Rahmen des „Fahrplans für ein ressourceneffizientes Europa" ein Paket für Kreislaufwirtschaft aufgesetzt, das auch in das Zielsystem der Strukturfondsprogramme 2021–2027 eingeflossen ist (Ziel: „Die Transformation zu einer Kreislaufwirtschaft unterstützen"). Auch die Territoriale Agenda 2030 der Europäischen Union betont die Bedeutung der Kreislaufwirtschaft und von kreisläufigen Wertschöpfungsketten.

Der Weg zu einer Kreislaufwirtschaft ist auch eine wichtige Komponente im „Österreichischen Aufbau- und Resilienzplan". Die regionale Organisation der Abfallwirtschaft ist dabei ein wesentlicher Aspekt.

Regionale Wertschöpfungsketten wiederum versuchen Produzent:innen in regionale Wirtschaftssysteme zu integrieren und eine Verbindung auch zu regionalen Konsument:innen herzustellen. Dazu braucht es Kooperationen zwischen regionalen Produzent:innen und Konsument:innen mit einer Unterstützung durch neutrale Vermittler:innen.

Die Covid-19-Pandemie hat das Bewusstsein für die Verletzbarkeit der global vernetzten Systeme geschärft und im Zusammenhang mit der Klimakrise regionalen Kreisläufen und Produkten einen neuen Stellenwert gegeben. Das Haushaltspanel der AMA hat ergeben, dass das Qualitätsbewusstsein der Konsument:innen im Jahr 2020 deutlich gestiegen ist. Für zwei Drittel der Befragten hat die regionale Herkunft der Waren an Bedeutung gewonnen. Frische, der Bezug direkt vom Produzent:innen und hohe Qualität sind für jeden zweiten Menschen ein wichtiges Kriterium. Der Ab-Hof-Verkauf hat sich beispielsweise im Jahr 2020 um 24 % erhöht, der Absatz auf Bauernmärkten ist um 13 % gestiegen. Auch im Tourismus hat sich schon in den letzten Jahren gezeigt, dass das Interesse und die Nachfrage nach regionalen Qualitätsprodukten (z.B. „Slow Food") zugenommen hat.

Regionale Wertschöpfungsketten unter Einbeziehung des Tourismus und regionale Kreislaufwirtschaft sind wesentliche Elemente zur Stärkung regionaler Resilienz und zu einer ressourcenschonenden Raumnutzung. Sie setzen an den regionalen und lokalen Stärken an und schöpfen die bestehenden Potenziale bestmöglich aus. Sie dienen der Stärkung der Wettbewerbsfähigkeit des Wirtschafts- und Arbeitsstandortes Österreich im Allgemeinen und seiner Regionen im Besonderen.

Folgende Kernmaßnahmen und Arbeitsformate werden zur Umsetzung vorgeschlagen:
– Die Einrichtung einer ÖREK-Partnerschaft mit dem Thema „Regionale Wertschöpfungsketten und regionale Kreislaufwirtschaft stärken" prüfen: Identifizierung von Themen, Branchen und Systemen von Akteur:innen, die sich für Kreislaufwirtschaft und regionale Wertschöpfungsketten eignen, Diskussion geeigneter regionaler Dimensionen, Eignung von Raumtypen für spezifische

regionale Kreisläufe, Entwicklung von Vorschlägen für die Gestaltung von rechtlichen, finanziellen und organisatorischen Rahmenbedingungen, Aufbereitung guter Beispiele

Folgende unterstützende Maßnahmen und Arbeitsformate können zur Umsetzung beitragen:
- Prüfung von Pilotprojekten und Modellregionen für Kreislaufwirtschaft und regionale Wertschöpfungsketten mit spezifischen Förderprogrammen in Abstimmung mit den Ländern und eingebettet in bestehende rechtliche und organisatorische Strukturen auf der (stadt-)regionalen Ebene. Integration des Themas Kreislaufwirtschaft in bestehende Modellregionsprogramme
- Die (stadt-)regionale Handlungsebene stärken und die Weiterentwicklung von Formen der interkommunalen Zusammenarbeit unterstützen

Chancen der Digitalisierung nutzen und regionale Innovationssysteme stärken

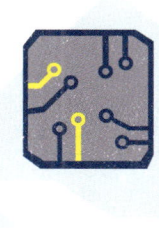

Mittlerweile werden etwa 28 % des Wirtschaftswachstums durch die Branche der Informations- und Kommunikationstechnologien (IKT) ausgelöst (WIFO 2019). 99 % der Wohnsitze in Österreich sind grundsätzlich mit Breitbandinfrastruktur mit bis zu 10 Mbit grundversorgt, die regionalen Unterschiede sind aber sehr groß. Der Versorgungsgrad mit einer Kapazität von über 30 Mbit liegt im Durchschnitt bei 90 %, allerdings mit regionalen Schwankungen. Noch größer sind die regionalen Unterschiede bei ultraschnellen Anschlüssen mit zumindest 100 Mbit: Hier liegt der Versorgungsgrad im Durchschnitt bei 81 %. Mehr als 1000 Mbit stehen derzeit 45 % der Haushalte zur Verfügung (Breitbandatlas 2021, ÖROK-Atlas 2019). Die Versorgung mit Breitband nimmt rasch zu, 58 % der Haushalte verfügen bereits über eine 5G-Versorgung (BMLRT 2021).

Die IKT-produzierenden Branchen und die IKT-nutzenden Branchen sind stärker in urbanen Regionen konzentriert, allerdings haben ländliche Regionen im Zeitraum 2010–2017 aufgeholt (WIFO, 2019). Etwa 20 % der Beschäftigten arbeiten in IKT-intensiven Branchen, in höherem Ausmaß wiederum in urbanen Regionen (WIFO 2019).

Die IKT-Nutzung hat durch die Covid-19-Pandemie sowohl bei der beruflichen als auch bei der privaten Nutzung einen Beschleunigungsschub erfahren. Arbeiten und Lernen erfolgt verstärkt im Home-Office, Dienstreisen werden durch virtuelle Besprechungs- und Konferenzformate, Arztbesuche durch Telemedizin und Einkaufswege durch Online-Bestellungen ersetzt. Die Nachfrage nach Wohnflächen und Wohnungsausstattung, Büroflächen, Einkaufsflächen ändert sich ebenso wie der Bedarf nach physischer Erreichbarkeit von Diensten der Daseinsvorsorge. All das wird vielfältige und im Zusammenspiel noch gar nicht abschätzbare räumliche Auswirkungen haben.

Es ist jedenfalls davon auszugehen, dass die Digitalisierung auch räumliche Strukturen beeinflussen wird, und dass die Chancen und Risiken für eine nachhaltige und gerechte Raumentwicklung erkannt werden müssen, damit eine gezielte Raumpolitik formuliert werden kann. Die Digitalisierung wirft auch Fragen des Zugangs zu privaten und öffentlichen Daten für die planenden Institutionen auf.

„Die Digitalisierung bringt sowohl Chancen als auch Risiken. Es liegt in unserer Hand, die positiven Effekte zu nutzen und etwaige Risiken im Vorhinein abzumildern. Besonders ländliche Gemeinden und Kleinstädte können durch die abnehmende Bedeutung räumlicher Distanzen der Abwanderung entgegenwirken. Durch flexiblere Lösungen, etwa in der Mobilität oder in der Arbeitswelt, kann die Lebensqualität in Gemeinden und Regionen gesteigert werden."

Die Young-Experts des ÖREK 2030

Die Digitalisierung ist eine zentrale Antriebskraft für Innovation. Österreich hat sich in der Strategie für Forschung, Technologie und Innovation (FTI-Strategie) 2030 zum Ziel gesetzt, vom „Innovation Follower" zum „Innovation Leader" zu werden. Innovationsfähigkeit ist für einen Hochlohnstandort im globalen Standortwettbewerb eine Notwendigkeit. Es liegt daher im Gesamtinteresse Österreichs, aber auch im Eigeninteresse der Regionen, dass Innovationspotenziale möglichst flächendeckend gehoben werden. Das bedingt eine Öffnung und stärkere Diversifizierung regionaler Innovationsprozesse, da Innovationen am besten im Rahmen eines förderlichen und unterstützenden Umfeldes, eines „Innovations(-öko-)systems" gedeihen. Ziel ist die Übersetzung erfolgreicher Innovationen in regional und global funktionale Geschäfts- und Organisationsmodelle. Der Innovationsbegriff schließt dabei wirtschaftliche und soziale Innovationen im Sinne systemischer, organisatorischer Erneuerungen und Prozessinnovationen ebenso wie technologische Komponenten mit ein.

Die Konzepte einer Smart City als auch des Smart Village der EU beschreiben die digitale Transformation von Gemeinden/Städten und Regionen als wichtiges Element zukünftiger Entwicklungsprozesse unter Einbeziehung gesellschaftlicher Gruppen von Akteur:innen. Regionale Innovationssysteme spielen aber auch eine wichtige Rolle im Rahmen der „smarten Spezialisierung", also einer Entwicklung, die auf den regionalen Stärken und Potenzialen aufbaut.

Folgende Kernmaßnahmen und Arbeitsformate werden zur Umsetzung vorgeschlagen:

- Die Einrichtungen von ÖREK-Partnerschaften zu den Themen „Chancen der Digitalisierung nutzen" und „regionale Innovationssysteme stärken" prüfen
- Analysen der räumlichen Auswirkungen der Digitalisierung (z.B. Home-Office, Industrie 4.0, virtuelle Kommunikation, Online-Handel, etc.) ausarbeiten: Identifizierung von Steuerungsmechanismen und -notwendigkeiten, Versorgung von Gebieten mit digitaler Infrastruktur, Motivation und Unterstützung der Bevölkerung bei der Nutzung digitaler Angebote der Daseinsvorsorge etc.
- Analysen zum Verständnis des Ökosystems der Innovation, der Ausbreitung von Innovation unter den rechtlichen und finanziellen Rahmenbedingungen zur Stärkung von regionalen Innovationskapazitäten ausarbeiten. Methoden und Instrumente zur besseren Messung und Quantifizierung von Innovation und regionaler Innovationspotenziale aufbereiten. Gute Beispiele sammeln und Wissensaustausch vor allem im Rahmen des Mehrebenensystems unterstützen

Folgende unterstützende Maßnahmen und Arbeitsformate können zur Umsetzung beitragen:

- Eine Übersicht über bestehende Unterstützungsinstrumente im Bereich der Digitalisierung und Innovationssysteme erstellen, Motivationsfaktoren und Hemmnisse der Nutzung identifizieren und darauf aufbauend die Entwicklung maßgeschneiderter Bundes- und Landesinstrumente (z.B. Förderungen) prüfen
- Grundlagen für eine faire und effiziente Ausbaustrategie der digitalen Infrastruktur entwickeln
- Die Umsetzung von Pilotprojekten oder von Modellregionen „Regionale Innovationssysteme" in Abstimmung mit den Ländern und eingebettet in bestehende rechtliche und organisatorische Strukturen der (stadt-)regionalen Handlungsebene prüfen
- Studie zu generellen Aspekten für regionale Innovationsstrategien und –netzwerke unter Nutzung der Möglichkeiten der Digitalisierung ausarbeiten
- Digitale Transformationspfade im regionalen Kontext inklusive digitaler Anwendungen und damit in Zusammenhang stehenden Fragestellungen entwickeln (z.B. Datenschutz, Datenverfügbarkeit, Smartness-Kriterien)
- Studie zur Multilokalität ausarbeiten, Evidenzen aufbereiten und publizieren

Government und Governance als Querschnittsthema integrieren

Entscheidend für den Erfolg des ÖREK 2030 und die gesamtstaatliche Handlungsfähigkeit im weiteren Sinne sind neben den Strategie-Inhalten die Umsetzungsprozesse. Diese sind auf gut funktionierende Government- und Governance-Regelungen angewiesen. Die Government-Rahmenbedingungen (Gesetze, Steuern, rechtliche Zuständigkeiten, politische Strukturen usw.) bilden die wesentliche Grundlage für das Erreichen der inhaltlichen Ziele des ÖREK. Governance kann unterstützend wirksam werden, wenn die beteiligten Akteur:innen eine positive Grundhaltung gegenüber dem Kooperations-Gedanken einnehmen. Des Weiteren, wenn ausreichende Ressourcen und ein gewisses „Governance-Knowhow" für die geeignete Gestaltung von Strukturen und Prozessen zur Verfügung stehen.

Wenn gesetzliche Rahmenbedingungen das Erreichen der ÖREK-Ziele erschweren oder diesen Zielen gar entgegenstehen, kann das durch eine noch so gute Governance nicht kompensiert werden.

Eine gut funktionierende Governance ist für die Umsetzung des ÖREK 2030 von großer Bedeutung. Die inhaltlichen übergeordneten Grundsätze der Nachhaltigkeit, der Gemeinwohlorientierung und Gerechtigkeit erfordern für die konkrete Ausgestaltung von Abwägungs- und Aushandlungsprozessen. Auch die unterschiedliche regionale und räumliche Betroffenheit durch den Wandel sowie die Verschiedenheit der regionalen Potenziale für die Gestaltung der nötigen Transformation erfordern ein Zusammenspiel übergeordneter Strategien. Die Umsetzung muss an die regionalen und lokalen Gegebenheiten angepasst sein.

Für die Weiterentwicklung der vertikalen und horizontalen Governance spielt die Mitwirkung an europäischen Strategien und Prozessen der Raumentwicklung eine wichtige Rolle. Einerseits geht es darum, raumrelevante österreichische Interessen zu formulieren und in die verschiedenen grenzüberschreitenden und transnationalen Prozesse einzuspielen. Andererseits liefern die europäischen Strategien und Prozesse wichtige Impulse, die strategisch gebündelt und in die Planungen auf Bundes-, Landes-, Regions- und lokaler Ebene integriert werden sollen.

> „Für die ÖREK-Umsetzung ist die Raumsicht der Sektorpolitiken und ihrer Instrumente erfolgskritisch: Wohnbauförderung, Wirtschaftsförderung, Verkehrsmaßnahmen, Finanzausgleich und Bedarfszuweisungen dürfen nicht weiter zur Zersiedelung und Verkehrsbelastung beitragen, sondern müssen sich auf Flächensparen, Innenentwicklung und klimaresiliente Mobilität ausrichten."
>
> **Sibylla Zech, Raumplanerin, TU Wien**

Da in Österreich eine Rahmengesetzgebung des Bundes bzw. eine koordinierende Bundes-Raumordnung fehlt, ist eine intensive Abstimmung zwischen räumlichen und sektoralen Planungen umso wichtiger. Es geht einerseits darum, räumliche Ziele durch eine Prüfung der Raumwirksamkeit sektoraler Strategien und Planungen frühzeitig zu integrieren. Andererseits sind sektor-politische Anliegen in die Pläne und Verfahren der Raumentwicklung und Raumordnung aufzunehmen. Von besonderer Bedeutung ist die Abstimmung zwischen Sektorzielen, räumlichen Zielen und Zielen für den Klima- und Biodiversitätsschutz sowie die Anpassung an den Klimawandel.

Neben diesen Aspekten der horizontalen Governance ist auch die vertikale Koordination und Abstimmung zwischen den verschiedenen Gebietskörperschaften vom Bund bis zu den Gemeinden von großer Bedeutung für eine funktionierende räumliche Entwicklung. Besonderes Augenmerk liegt dabei auf der (stadt-)regionalen Handlungsebene. Sie war raumordnungsrechtlich und institutionell über lange Zeit schwach ausgestattet, hat im letzten Jahrzehnt jedoch stark an Bedeutung gewonnen und sich im Zuge dessen stärker professionalisiert. Die aktuellen Herausforderungen in der Raumentwicklung können immer weniger auf der lokalen Ebene bewältigt werden. Deshalb ist davon auszugehen, dass Gemeindekooperationen und die (stadt-)regionale Handlungsebene auch zukünftig weiter an Bedeutung gewinnen und dementsprechend verankert und mit Ressourcen auszustatten sein werden.

Die Komplexität der Herausforderungen nimmt zu, und die Veränderungsgeschwindigkeit ist groß. Deshalb braucht es neben vertikalen und horizontalen Abstimmungsmechanismen Information und Bewusstseinsbildung sowie geeignete Mitwirkungs- und Beteiligungsmöglichkeiten für die Zivilgesellschaft und die interessierte Öffentlichkeit. Dafür steht ein breites Repertoire an Methoden und Verfahren zur Verfügung. Wichtig ist, dass die öffentliche Hand Beteiligungsprozesse inhaltlich, organisatorisch und finanziell unterstützt. Durch die Beteiligung steigt zwar meist der Koordinationsaufwand, dafür sind die Ergebnisse meist tragfähiger und stellen eine wesentliche Erleichterung bei der späteren Umsetzung dar.

Für den Erfolg des ÖREK 2030 sind nicht nur grenzüberschreitende und transnationale Kooperationen, horizontale und vertikale Abstimmungen sowie eine geeignete Öffentlichkeitsbeteiligung von großer Bedeutung. Auch eine wohlüberlegte Kommunikation raumplanerischer Themen ist wichtig. Dabei kann an positive Frames und Narrative aus der Alltagswelt der Menschen angeknüpft werden.

Für die Umsetzung der inhaltlichen Prioritäten (des 10-Punkte-Programms) spielen Aspekte der Governance und des Governments eine zentrale und erfolgskritische Rolle.

Als Querschnittsaspekte sollen die folgenden Dimensionen in die inhaltliche Bearbeitung der Umsetzung integriert werden:
– Mehrebenenzusammenarbeit Bund/Länder/Regionen
– Finanzen und Raumentwicklung
– Behandlung von Interessenkonflikten und Interessenabwägung
– Grenzüberschreitende und europäische Raumentwicklung
– Beteiligung von Systemen an Akteur:innen außerhalb der ÖROK
– Kommunikation und Bewusstseinsbildung

7.2

ÖREK-Umsetzungspakte

ÖREK-Umsetzungspakte sind ein Instrument zur Erhöhung der Wirkungsorientierung des ÖREK 2030. Sie werden mit einem dezidierten politischen Arbeitsauftrag der ÖROK versehen. Für die dreijährigen Arbeitsprogramme der ÖROK wird eine begrenzte Zahl an Umsetzungspakten vorgesehen, die an die Arbeitskapazitäten und Ressourcen der beteiligten Institutionen angepasst ist. Das erfordert eine Priorisierung innerhalb des 10-Punkte-Programms. Träger der Umsetzungspakte ist der Ständige Unterausschuss der ÖROK. Die Vorbereitung der Beschlussfassung in der Stellvertreterkommission und in der Politischen ÖROK sowie die Federführung bei der Bearbeitung der Umsetzungspakte (Leadership) erfolgt von ÖROK-Partnern aus dem Mitgliederkreis des Ständigen Unterausschusses, die sich dazu bereiterklären und die vom Ständigen Unterausschuss und der Stellvertreterkommission dafür ein Mandat übertragen bekommen. Die ÖROK-Geschäftsstelle unterstützt die Bearbeitung der Umsetzungspakte organisatorisch und administrativ.

Arbeitsformate und Maßnahmen auf ÖROK-Ebene

Zur Umsetzung des ÖREK 2030 stehen folgende **Arbeitsformate** zur Verfügung:

- **Der Ständige Unterausschuss (StUA)** ist das Gremium, das den Umsetzungsprozess von institutionenübergreifenden Maßnahmen und Arbeitsformaten des ÖREK leitet.
- Der **Unterausschuss für Regionalwirtschaft** ist das Gremium, das bei regionalwirtschaftlich relevanten Inhalten einbezogen werden kann.
- **ÖREK-Partnerschaften** bilden ein wesentliches Element bei der Umsetzung des ÖREK. Sie werden von ÖROK-Partnern initiiert und vom Ständigen Unterausschuss oder dem Unterausschuss Regionalwirtschaft fachlich und von den politischen Vertreter:innen der jeweiligen Partner politisch legitimiert. ÖREK-Partnerschaften arbeiten zeitlich befristet auf Basis des „Leitfadens zur Umsetzung von ÖREK-Partnerschaften". In der Evaluierung des ÖREK 2011 wurde eine Fortführung des Formats der ÖREK-Partnerschaften unbedingt empfohlen. Aus Basis der Empfehlungen der Evaluierung sollen folgende Punkte zukünftig stärker berücksichtigt werden:

  - frühzeitig ein politisches Mandat für die Unterstützung und Teilnahme an der Partnerschaft einholen
  - auf eine stärkere Einbindung des Ständigen Unterausschusses achten
  - die Einbeziehung der regionalen Ebene und weiterer Zielgruppen (z.B. Stakeholder:innen, Wissenschaft, organisierte Öffentlichkeit) verbessern
  - den Diskurs mit der Fachöffentlichkeit aktiv stimulieren
  - ein stärkeres Augenmerk auf die Verbreitung der Ergebnisse innerhalb der jeweiligen eigenen Institutionen legen
  - Dissemination, Vermittlung und Öffentlichkeitsarbeit bereits im Entstehungsprozess mitdenken und entsprechende Ressourcen sichern
  - eine Reflexion und ein Monitoring etwa drei Jahre nach Abschluss der Partnerschaft vorsehen, um den Stand der Umsetzung zu erheben, Umsetzungshindernisse zu erfassen und zu diskutieren, Lernprozesse zu reflektieren und Anpassungen von Empfehlungen vornehmen zu können

- **ÖREK-Plattformen** sind ähnlich konzipiert wie die ÖREK-Partnerschaften, sie unterscheiden sich aber dadurch, dass sie keiner zeitlichen Befristung unterworfen sind. Sie gehen aus ÖREK-Partnerschaften hervor, benötigen ein entsprechendes Mandat des Ständigen Unterausschusses sowie eine Unterstützung durch Leadpartner:innen auf Bundes- und Landesebene.
- **ÖROK-Arbeitsgruppen** können vom StUA eingesetzt werden, um spezifische Fragestellungen vertieft zu bearbeiten.

Als **Maßnahmen** sind jene Aktivitäten zu verstehen, die aus den Arbeitsformaten der ÖROK zu konkreten Ergebnisprodukten führen und die mit der laufenden Betreuung von Aufgaben zusammenhängen. Dazu zählen:

- die Beauftragung und Veröffentlichung von Studien, Gutachten, Leitfäden sowie die Aufbereitung von Ergebnissen der Arbeitsformate im Rahmen der ÖROK-Schriftenreihe
- Beiträge zu Kommunikation und Öffentlichkeitsarbeit von Ergebnissen der ÖREK-Partnerschaften
- die Ausarbeitung und Abstimmung von Empfehlungen der ÖROK
- die Entwicklung gemeinsamer Strategien und Konzepte: z.B. ÖREK-Kommunikationsstrategie

- die Evaluierung und das Monitoring des ÖREK 2030
- Beiträge zur Raumforschung, insbesondere durch Analysen und Prognosen und die Veröffentlichung entsprechender Informationen in den Raumordnungsberichten, im ÖROK-Atlas und auf der ÖROK-Homepage
- die Bereitstellung und Veröffentlichung von Daten aus ÖROK-Bearbeitungen (z.B. Prognosen, ÖV-Güteklassen, Daten zur Flächeninanspruchnahme und Versiegelung)
- die Organisation von Konferenzen, Fachveranstaltungen und Workshops als Elemente des Wissensmanagements, der Bewusstseinsbildung und der Vernetzung der Akteur:innen im Bereich der Raumentwicklung und Raumordnung

7.4

Raumbeobachtung, Monitoring und Evaluierung

Zur Begleitung der Umsetzung des ÖREK im Kompetenzbereich der ÖROK selbst soll ein Monitoringkonzept zum ÖREK 2030 entwickelt werden. Darin sollen die Beobachtungsinhalte und -methoden für das inhaltliche Monitoring sowie die Beobachtung und Begleitung des Umsetzungsprozesses festgelegt werden. Zentrale Formate für die Durchführung des regelmäßigen Monitorings sind die Erstellung der dreijährigen Arbeitsprogramme der ÖROK und des dreijährig erscheinenden Raumordnungsberichts. Im Rahmen der Arbeitsprogramme der ÖROK können die Aktualität der Leitthemen überprüft und neue Umsetzungspakte auf den Weg gebracht werden.

Im Gegensatz zum Monitoring geht es bei der Evaluierung nicht nur darum die Umsetzung von Maßnahmen zu prüfen und die Entwicklungen im Raum zu erfassen. Darüber hinaus geht es auch um die Frage der Wirkung des Raumentwicklungskonzepts bzw. um den Zusammenhang zwischen der Umsetzung des Raumentwicklungskonzepts und den beobachteten Wirkungen in Bezug auf die Grundsätze, die räumlichen Ziele und die Säulenziele. Eine Evaluierung ist etwa zur Hälfte der Laufzeit des ÖREK 2030 geplant. Für die Durchführung der Evaluierung soll ein Evaluierungskonzept erstellt werden, in dem die inhaltlichen Evaluierungsfragen und die Evaluierungsmethodik ausgearbeitet werden. Dabei sollen nach Maßgabe der Möglichkeiten auch raumtypenspezifische Aspekte berücksichtigt werden.

Das Raumbeobachtungs- und Rauminformationssystem der ÖROK stellt eine zentrale Quelle für die inhaltliche Bearbeitung auf unterschiedlichen räumlichen Ebenen und für viele mit räumlichen Fragestellungen befassten Institutionen, Unternehmen und Personen dar.

Das System der Raumbeobachtung soll im Lichte der inhaltlichen Ausrichtung des ÖREK 2030 aktualisiert und weiterentwickelt werden. Die Raumbeobachtung soll unter Berücksichtigung der Ressourcen und organisatorischen Möglichkeiten der ÖROK-Geschäftsstelle weiterhin über den ÖROK-Atlas sowie die Raumordnungsberichte erfolgen. Ergänzend dazu soll zu ausgewählten Themenbereichen (z.B. Flächeninanspruchnahme, ÖV-Güteklassen, Energieraumplanung, etc.) die Bereitstellung von vertiefenden Planungsgrundlagen durch die ÖROK geprüft werden.

Im Handlungsprogramm sind zahlreiche Vorschläge enthalten, in welche Richtung eine Weiterentwicklung erfolgen kann, um die Handlungsaufträge zu unterstützen und das Monitoring und die Evaluierung des ÖREK 2030 zu ermöglichen.

8 Was braucht es für uns?
Die ÖREK 2030
Young Experts

Ein besonderes Augenmerk bei der Erstellung des ÖREK 2030 lag auf der Einbeziehung einer Gruppe „junger Expert:innen" mit unterschiedlichen Hintergründen und Erfahrungen, den Young-Experts des ÖREK 2030. Für eine zukunftsweisende Raumplanung in Österreich ist es von wesentlicher Bedeutung, auch die Perspektive der nächsten Generationen einzubinden.

Was braucht es für uns Young Experts?

Wir Young Experts sind überzeugt: Das ÖREK 2030 wird uns in eine positive Zukunft begleiten. Es folgt der Philosophie „Raum für Wandel" und ist auf die nächsten zehn Jahre ausgerichtet. Die Wirkungen können und sollen weit darüber hinaus reichen. Für eine zukunftsgerichtete Raumentwicklung braucht es daher sowohl einen langfristigen Rahmen als auch unmittelbare Umsetzungsmaßnahmen.

Welche Aspekte unserer Ansicht nach besonders dringlich sind und deshalb zuerst angepackt werden sollten, haben wir anhand von sechs Schwerpunkten zusammengefasst.

Gemeinsam handeln macht uns stärker

Interkommunale und regionale Zusammenarbeit möglich machen und bestärken

Gemeindeübergreifende Zusammenarbeit bringt Vorteile für alle Gemeinden, unabhängig der Größe und der Struktur. Sie hilft über den eigenen Tellerrand hinauszublicken, schont Ressourcen, bündelt lokales Wissen und bildet eine Basis für zukünftige Herausforderungen. Dafür braucht es eine Kooperationskultur, die sich auf ein geteiltes Problembewusstsein stützt, in der gemeinsame Projekte entwickelt und Lösungen gefunden werden.

Für uns braucht es:
– Gezielte, gemeinsame Entwicklungsstrategien und die Bündelung kommunaler Dienstleistungen mit
  • Gemeinsamer Wirtschaftsentwicklung (z.B. Gewerbegebiete)
  • Gemeinsamer Siedlungsentwicklung
  • Gemeinsamer Entwicklung hinsichtlich Verkehr und
  • Gemeinsamer Freiraumentwicklung
– Die Nutzung von verbindlichen sowie informellen Instrumenten
– Österreichweit die Etablierung von Regionalmanagements
– Eine Zusammenarbeit zur Klimawandelanpassung und -bekämpfung

In der Region, für die Region

Regionale Kreislaufwirtschaft entwickeln und stärken

Die Förderung und der Aufbau regionaler Kreislaufwirtschaften stärkt die Widerstandsfähigkeit und Eigenständigkeit der Regionen. Durch stärkeres Bewusstsein für die Region werden lokale Ressourcen gezielt eingesetzt, lange Transportwege vermieden, Arbeitsplätze gewährleistet, Wertschöpfung vor Ort generiert und der Bezug zwischen Produkt und Konsument:in hergestellt.

Für uns braucht es:
- Schaffung von Anreizen, Förderungen und Strukturen, zur Etablierung von regionalen Kreislaufwirtschaften
- Ermittlung und Festigung von regionalen Potenzialen und Möglichkeiten
- Schaffung von Modellregionen und Pilotprojekten, um Erfahrungen zu generieren
- Förderung von Wissensaustausch in der Region

Regionale Zentren für alle

Abgestimmte polyzentrische Strukturen etablieren

Regionale Zentren erlauben es, die Funktionen von großen Städten aufzuteilen und Infrastruktur, Arbeitsplätze, Nahversorgung, sowie Freizeitangebote je nach Region zu bündeln. So lassen sich charakteristische Zentren des Zusammenlebens entwickeln, die den regionalen Zusammenhalt stärken und die Versorgung im ländlichen Raum sicherstellen.

Für uns braucht es:
- Attraktive regionale Zentren durch
  - Daseinsvorsorge
  - Leistbaren Wohnraum
  - Ein vielfältiges Arbeitsplatzangebot und
  - Digitalisierung
- Die Erarbeitung von überregionalen (auch bundesländerübergreifenden und grenzüberschreitenden) Entwicklungskonzepten
- Regionale Zentren als Standorte wissensbasierter Dienstleistungen
- Die Erhöhung der Erreichbarkeit von regionalen Zentren
- Kompakte Siedlungsstrukturen, um Zersiedelung zu vermeiden

Gehen wir den Wandel an

Die Klimakrise und Energiewende ernst nehmen

Die Klimakrise stellt die größte Herausforderung unserer Zeit dar. Eine klimagerechte Raumordnung nimmt hier eine zentrale Rolle ein und trägt zur Klima- und Energiewende sowie zur Klimawandelanpassung bei. Durch den sparsamen Umgang mit natürlichen Ressourcen bewahren wir nicht nur unsere Lebensgrundlage. Er trägt auch dazu bei, natürliche Systeme zu erhalten und die Gleichwertigkeit der Lebensverhältnisse zukünftiger Generationen zu begünstigen. Die Handlungen der nächsten Jahre sind richtungsweisend.

Für uns braucht es:
- Unverzügliche Ausrichtung aller raumplanerischen Tätigkeiten auf die internationalen Klimaziele
- Einen verpflichtenden Klimacheck aller Strategien und Entwicklungskonzepte
- Eine rasche Absenkung der Flächeninanspruchnahme auf höchstens 2,5 Hektar/Tag
- Eine Sicherung von vernetzten Grün- und Freiflächen
- Die Priorisierung von Innenentwicklung vor Außenentwicklung
- Die Nutzung der Potenziale der Klima- und Energiewende
- Die Wahrnehmung der Verantwortung für lokale und globale Klimagerechtigkeit

Vertrauen ist gut, klare Vorgaben sind besser

Stärkung übergeordneter Planungsebenen (als Kontrollinstanz)

Aktuelle räumliche Herausforderungen reichen über administrative Grenzen hinweg. Demgegenüber stehen bei konkreten Entscheidungen dennoch oft lokale Interessen und Auswirkungen im Vordergrund. Um eine ressourcenschonende Entwicklung in ganz Österreich zu ermöglichen, sind übergeordnete und rechtlich bindende Rahmenbedingungen notwendig. Durch die Stärkung höherer Ebenen kann private Einflussnahme sowie der politische Entscheidungsdruck reduziert und die Planungsqualität langfristig erhöht werden.

Für uns braucht es:
- Ein klares Bekenntnis zur Zusammenarbeit auf allen Ebenen
- Die Prüfung der Raumwirksamkeit in rechtlichen Grundlagen (auch sektorübergreifend)
- Eine Harmonisierung der Raumordnungsgesetze (Best-of ROG!)
- Mehr Unterstützung und Kontrolle durch übergeordnete Ebenen (Bund und Länder)
- Mutige und vor allem verpflichtende bodenpolitische Instrumente und Maßnahmen (inkl. Monitoring und Sanktionen)
- Die rechtliche Verpflichtung zur regionalen Abstimmung im Bereich der Flächennutzung (Einrichtung einer formalen Koordinationsstelle)

Digitale Chancengleichheit herstellen

Den digitalen Wandel formen und die Möglichkeiten nutzen

Die Digitalisierung bringt sowohl Chancen als auch Risiken. Es liegt in unserer Hand, die positiven Effekte zu nutzen und etwaige Risiken im Vorhinein abzumildern. Besonders ländliche Gemeinden und Kleinstädte können durch die abnehmende Bedeutung räumlicher Distanzen der Abwanderung entgegenwirken. Durch flexiblere Lösungen, etwa in der Mobilität oder in der Arbeitswelt, kann die Lebensqualität in Gemeinden und Regionen gesteigert werden.

Für uns braucht es:
- Eine Eindämmung des Ressourcenverbrauches mithilfe digitaler Technologien
- Strategien, wie mit der Digitalisierung räumliche Distanzen überwunden werden können (z.B. durch neue Arbeitsformen, Online-Handel, Automatisierung der Mobilität
- Einen konkreten Plan, um Fachkräfte durch die Schaffung von Arbeitsmöglichkeiten vor Ort in den ländlichen Raum zurückzuholen
- Die Förderung von Multimodalität durch digitale Vernetzung
- Den verstärkten Einsatz von Umweltmonitoring durch Sensorik und Datensammlung
- Ein integriertes E-Government für ganz Österreich
- Regional differenzierte Evaluierungen aller Chancen und Risiken der Digitalisierung (z.B. als fester Bestandteil in allen Strategien/Konzepten/Entwicklungsprogrammen)
- Die Verfügbarkeit von vorhandenen Daten für die Planung

Das ÖREK 2030 lebt von der Umsetzung. Unser Appell richtet sich daher an die politischen Verantwortlichen und an alle Personen, die sich mit der Raumentwicklung Österreichs beschäftigen: Wir haben viel, worauf wir aufbauen können. Gleichzeitig brauchen wir auch Raum für Neues, um den aktuellen Herausforderungen gerecht zu werden.

Lasst uns gemeinsam mutig sein – gehen wir es an!

Die Young Experts des ÖREK 2030

Luca Braun	Florian Jäger	Lena Rücker
Pedram Dersch	Martin Kubli	Julia Schlacher
Flora Fessler	Finn Laurien	Iva Shokoska
Nadine Hamader	Verena Manhart	Ulrike Stroissnig
Isabel Heiß	Silva Maringele	Laura Tamandl
Melanie Helm	Laurin Mayer	Matthias Tischler

Der Prozess zum ÖREK 2030

Die Erstellung des ÖREK 2030 stand unter dem Eindruck eines besonderen Transformationsprozesses: Der Prozessauftakt und der Start der Arbeiten im Herbst 2019 fand auf bis dahin „herkömmlichen" Wegen im Rahmen physischer Sitzungen zunächst in den ÖROK-Gremien statt.

Mit Mitte März 2020 war eine erste Öffnung des Prozesses und der Start der Diskussion fachlicher Vorschläge in ÖREK 2030-Themengruppen geplant. Die Covid-19-Pandemie und damit verbundene Lockdowns machten ab diesem Zeitpunkt mehrfache Adaptionen des Erstellungsprozesses notwendig. Der Beratungsprozess in den Themengruppen wurde um zwei Monate nach hinten verschoben und startete im Juni 2020 fast gänzlich online und setzte damit einen bislang für kaum möglich gehaltenen Digitalisierungsprozess in Gang: Ab Juni 2020 fand der gesamte Abstimmungs- und Beteiligungsprozess zum ÖREK 2030 online bzw. teilweise hybrid statt. Sowohl interne Steuerungsbesprechungen als auch Diskussionen in den Themengruppen sowie die Beratungen und Abstimmungen in den ÖROK-Gremien fanden in Videokonferenzen und mit digitalen Tools statt.

Auch das „Prozesshighlight" – die ÖREK 2030-Fachkonferenz – erfolgte im September 2020 als zweitägige Online-Konferenz mit etwa 170 Teilnehmer:innen. Die Konferenz hatte zum Ziel, den Prozess für die interessierte Fachöffentlichkeit zu öffnen und die inhaltlichen Vorschläge breit und aus verschiedenen Perspektiven zu diskutieren. Nach einem hochrangig besetzten Eröffnungsdialog (BM Elisabeth Köstinger, LR Josef Schwaiger, Bgm. Alfred Riedl, Andreas Schmidbauer) wurden die vorliegenden Entwürfe zu Leitbild, Grundsätzen und räumlichen Zielen sowie Themenpapieren präsentiert. Danach konnten alle Teilnehmer:innen in 16 parallelen Diskussionsgruppen ihre Rückmeldungen und Vorschläge einbringen. In einer Open-Space-Session am zweiten Tag der Konferenz wurde in zehn parallelen Workshops Themen diskutiert, die von Teilnehmer:innen der Veranstaltung eingebracht wurden. Das Highlight am zweiten Tag bildete ein offener und kritischer Dialog mit Mitgliedern des ÖREK 2030-Think Tank (Lukas Bühlmann, Rainer Danielzyk, Karl Steininger, Verena Winiwarter, Sibylla Zech) und Günther Lichtblau (UBA), der als Climate Observer den ÖREK Prozess begleitet hat. Der ÖREK-Think Tank brachte Kommentare zu Entwürfen des ÖREK darüber hinaus in zwei weiteren Diskussionsrunden ein.

Die ÖREK 2030-Fachkonferenz stellte einen intensiven Impuls und wertvollen Beitrag für die weitere Bearbeitung dar. Unter Einbeziehung der Diskussionsbeiträge überarbeitete das externe Team die inhaltlichen Entwürfe, die in einer zweiten Themengruppenrunde im Winter 2020 beraten wurden. Ergänzend fanden im Zeitraum Oktober 2020 bis Jänner 2021 Reflexionsformate bei ÖROK-Mitgliedern zum ÖREK 2030 statt. Diese dienten dazu, die Inhalte des ÖREK in den jeweiligen Institutionen zu diskutieren und inhaltliche Rückmeldungen zu erhalten.

Nach einer zweiten Runde der Themengruppen galt es, den breiten Diskussionsprozess bestehend aus Fachkonferenz, Themengruppen, Reflexionen und Impulsen des Think Tank sowie der Climate Observer des Umweltbundesamtes zusammenzuführen und sämtliche Beiträge in einen Entwurf für ein Gesamtdokument des ÖREK 2030 zu gießen. Dieser wurde im ersten Halbjahr 2021 in den ÖROK-Gremien intensiv diskutiert und finalisiert.

Die Akzeptanz des Prozesses und der daraus resultierenden Ergebnisse sind wesentlich für die Umsetzung des ÖREK 2030. Im Sinne eines transparenten Bearbeitungsprozesses wurden alle Entwurfsfassungen auch auf der ÖROK-Homepage veröffentlicht.

Der politische Beschluss zum ÖREK 2030 erfolgte in der Sitzung der Österreichischen Raumordnungskonferenz am 20. Oktober 2021.

Inhaltliche Bearbeitung und Prozessbegleitung

Dipl.-Ing. Helmut Hiess (Projektleitung),
Dipl.-Ing. Wolfgang Pfefferkorn, MMag. Elisabeth Stix
Rosinak & Partner Ziviltechniker GmbH

Dipl.-Ing. Lisa Purker, Dipl.-Ing. Wolfgang Gerlich,
Dipl.-Ing. Hanna Posch, Dipl.-Ing. Andrea Dobersberger
PlanSinn Planung & Kommunikation GmbH

Dipl.-Ing. Claudia Schönegger
Terra Cognita Claudia Schönegger KG

Gesamtkoordination – ÖROK-Geschäftsstelle

Dipl.-Ing. Alexandra Bednar, Mag. Eliette Felkel,
Dipl.-Ing. Paul Himmelbauer, Mag. Johannes Roßbacher,
Mag. Markus Seidl

Think Tank

Dr. h.c. Lukas Bühlmann
Ehem. Direktor von EspaceSuisse- Verband für Raumplanung
Bellaria Raumentwicklung

Prof. Dr. Rainer Danielzyk
ARL - Akademie für Raumforschung und Landesplanung
Geschäftsstelle

Univ.-Prof. Dr. Sigrid Stagl
Wirtschaftsuniversität Wien
Institut für ökologische Ökonomie

Ao. Univ.-Prof. Mag. Dr.rer.soc.oec. Karl Steininger
Karl-Franzens-Universität Graz
Wegener Center für Klima und Globalen Wandel

Univ.-Prof. Ing. Dr.phil. Dr.h.c. Verena Winiwarter
Universität für Bodenkultur Wien
Institut für Soziale Ökologie

Univ.-Prof. Dipl.-Ing. Sibylla Zech
Technische Universität Wien
Institut für Raumplanung
Forschungsbereich Regionalplanung und Regionalentwicklung

Climate Observer

Dipl.-Ing. Wolfgang Lexer
Dipl.-Ing. Günther Lichtblau
Umweltbundesamt GmbH

Prozessbeteiligte und inhaltliche Abstimmung

Birgit Akagündüz-Binder, Michael Albrecht, Gunter Amesberger, Wolfgang Andexlinger, Michael Angermann, Roland Arbter, Karl Bauer, Michael Werner Baumgartner, Martin Binder, Heide Birngruber, Brigit Bratengeyer, Elsa Brunner, Katharina Conrad, Alexandra Deimel, Dominik Dittrich, Melanie Dobernigg-Lutz, Susanne Erker, Beate Fellner, Alexandra Ferdin, Thomas Fefll, Bernhard Fromm, Bernhard Futter, Christoph Gahleitner, Gerhard Genser, Winfried Ginzinger, Ilse Göll, Georg Greutter, Alfred Grieshofer, Patricia Grimm-Hajek, Paul Grohmann, Julian Gschnell, Edgar Hagspiel, Christoph Haller, Gerald Hammer, Roland Hanak, Christian Härtel, Bertram Häupler, Bernhard Hefinger, Markus Hemetsberger, Petra Hiermann-Fochta, Martin Hirt, Pia Hlava, Werner Hochreiter, Florian Hofstetter, Robert Holnsteiner, Barbara Holzberger, Veronika Holzer, Ernst Holzinger, Harald Horvath, Pia Paola Huber, Karl Irresberger, Christine Itzlinger-Nagl, Christian Janitsch, Oskar Januschke, Clemens Kanonier, Bernhard Karning, Oliver Kleifl, Manfred Kopf, Bruno Kracher, Michael Kraft, Katrin Krampl, Peter Kranner, Christian Kropfitsch, Erich Kühnelt, Enisa Kurpejovic, Gregor Lahounik, Roland Lang, Johannes Lebesmühlbacher, Stefan Leeb, Martin Leist, Wolfgang Lexer, Günther Lichtblau, Julia Lorenz, Kristina Mandl, Andreas Mandlbauer, Andreas Marlin, Elisabeth Mayer, Wolfgang Mayrhofer, Robert Muchl, Michael Nagl, Martin Nagler, Ingrid Nausch, Stefan Obkircher, Hermann Öggl, Robert Ortner, Elisabeth Pacher, Andreas Pichler, Christian Pichler, Rupert Pichler, Wolfgang Pichler, Lisa Piller, Gilbert Pomaroli, Christian Popp, Irene Primosch, Kurt Rakobitsch, Michael Redik, Veronika Resch-O'Hógáin, Markus Roider, Michael Rosenberger, Christian Rosenwirth, Michael Roth, Florian Rudolf-Miklau, Reinhold Russinger, Johannes Sailer, Gerhard Schadler, Georg Schadt, Andreas Schmidbaur, Teresa Schmidt, Monika Schuh, Arnold Schweifer, Stephanie Schwer, Marc Seebacher, Gerald Sochatzy, Andrea Spanischberger, Tanja Spennlingwimmer, Daria Sprenger, Gotthard Steininger, Renate Steinmann, Alexander Strondl, Brigitta Tauer, Robert Thaler, Werner Thalhammer, Rita Trattnigg, Martin Traxl, Andreas Trisko, Alexandra Tuitz-Novacek, Stefan Umnig, Christian Wampera, Herbert Wandl, Anne Weidner, Manuela Weissenbeck, Andrea Weißenböck, Reinhold Weratschnig, Martin Wieser, Antonia Wietersheim, Christian Wodnek, Herbert Wöginger, Christian Zenz, Peter Zinggl

Wir bedanken uns bei allen Teilnehmer:innen an der ÖREK 2030 Online-Fachkonferenz „Raum für Wandel" sowie den Reflexionsveranstaltungen für die wertvollen Rückmeldungen.

Literatur- und Quellenverzeichnis

- AGES (2018): Projekt „BEAT – Bodenbedarf für die Ernährungssicherheit in Österreich"
- APCC (2018): Special Report Gesundheit, Demographie und Klimawandel
- Arbeiterkammer Wien (2020): Pendlerpauschale und Fahrtkosten für ArbeitspendlerInnen
- ARE bzw. Rat für Raumordnung (2019): Megatrends und Raumentwicklung Schweiz, Bern
- AustriaTech, ÖROK (2019): ÖV-Güteklassen 2019
- Bertelsmannstiftung (2018): Globalisierungsreport 2018
- BKA (2016) – siehe Webseiten
- BKA (2017): Dritter Österreichischer Baukulturreport. Szenarien und Strategien 2050.
- BKA (2020): Aus Verantwortung für Österreich – Regierungsprogramm 2020–2024
- BMEIA (2019): Integrationsbericht 2019. Integration in Österreich – Zahlen, Entwicklungen, Schwerpunkte.
- BMF (2021): Österreichischer Aufbau- und Resilienzplan 2021–2026
- BMK (2020): Energie in Österreich 2020 – Zahlen, Daten, Fakten
- BMK (2021): Biodiversitätsstrategie Österreich 2030+
- BMLRT (2021a): Grüner Bericht 2020
- BMLRT (2021b): Breitbandatlas 2021
- BMNT (2017): Die österreichische Strategie zur Anpassung an den Klimawandel
- BMNT (2018): #mission 2030 Die österreichische Klima- und Energiestrategie
- BMNT (2019a): Integrierter Nationaler Energie- und Klimaplan für Österreich 2021–2030
- BMNT (2019b): Flächeninanspruchnahme durch Kompensationsmaßnahmen
- BMNT (2019c): Plan T-Masterplan für Tourismus des Bundes
- BMNT, BMBW, BMVIT (2019): Bioökonomie – Eine Strategie für Österreich
- BMVIT (2019): Vortrag von Thomas Spiegel beim Infrastrukturtag der ÖROK am 28.11.2019
- Böhme, K. et.al. (2015): Report on the Assessment of Territorial Cohesion and the Territorial Agenda 2020 of the European Union
- Convelop (2016): Politikrahmen zu Smart Specialisation in Österrreich, in: ÖROK-Schriftenreihe Nr.199
- ESPON (2018): ESPON Alps 2050 – Common Spatial Perspectives for the Alpine Area. Towards a Common vision, Atlas (ESPON by University of Erlangen, 2018)
- Europäische Kommission (2010): Europa 2020 – Eine Strategie für intelligentes, nachhaltiges und integratives Wachstum, (KOM (2010) 2020 endgültig)
- Europäische Kommission (2011): Fahrplan für ein ressourcenschonendes Europa (KOM(2011)571 endgültig)
- Europäische Kommission (2019): The EU-Regional Competitiveness Index 2019
- Europäische Kommission (2020): „Vom Hof auf den Tisch" – eine Strategie für ein faires, gesundes und umweltfreundliches Lebensmittelsystem (KOM(2020)381 final)
- Europäische Kommission (2020): Der Europäische Green Deal
- Europäische Kommission (2020): EU-Biodiversitätsstrategie für 2030 – Mehr Raum für die Natur in unserem Leben (KOM(2020)380 final)
- Europäische Kommission (2020):Europäisches Klimagesetz (KOM(2020) final)
- Eurostat (2019): Europäische Statistiken
- Hiess H. (2015): Rahmenbedingungen und Trends der räumlichen Entwicklung, in: ÖROK: 14.Raumordnungsbericht
- Horx, M. (2011): Die Macht der Megatrends. Wie die Welt von morgen entsteht
- IEA - Internationale Energieagentur (2019): World Energy Outlook
- Informelles Treffen der MinisterInnen für Raumordnung, Raumentwicklung und territoriale Zusammenarbeit (2020b): Territoriale Agenda 2030 – Eine Zukunft für alle Orte
- Informelles Treffen der MinisterInnen für Stadtentwicklung (2020a): Die neue Leipzig-Charta – Die transformative Kraft der Städte für das Gemeinwohl
- IPPC (2013): 5th Assessment Report: Climate Change 2013
- KMU Forschung Austria (2020): E-Commerce-Studie Österreich 2020
- ÖROK (2013): Flächenfreihaltung für linienhafte Infrastrukturvorhaben: Grundlagen, Handlungs-bedarf & Lösungsvorschläge
- ÖROK (2014): Beiträge der Raumordnung zur Unterstützung "leistbaren Wohnens", in: ÖROK-Schriftenreihe Nr. 191
- ÖROK (2014): Vielfalt und Integration im Raum – Abschlussbericht der ÖREK-Partnerschaft, in: ÖROK-Schriftenreihe Nr.190
- ÖROK (2015): Die regionale Handlungsebene stärken – Fachliche Empfehlungen und Materia-lienband, in: ÖROK-Schriftenreihe Nr. 194
- ÖROK (2015): Energieraumplanung – Materialienband, in: ÖROK-Schriftenreihe Nr.192
- ÖROK (2015): Für eine österreichische Stadtregionspolitik – Agenda Stadtregionen in Österreich
- ÖROK (2015): ÖROK-Regionalprognosen 2014-2030, Teil 1: Bevölkerung, in: ÖROK-Schriftenreihe Nr. 196/I
- ÖROK (2015): ÖROK-Regionalprognosen 2014-2030, Teil 2: Erwerbsprognose in: ÖROK-Schriftenreihe Nr. 196/II
- ÖROK (2015): Risikomanagement für gravitative Naturgefahren in der Raumplanung – Fachliche Empfehlungen & Materialienband, in: ÖROK-Schriftenreihe Nr. 193
- ÖROK (2016): ÖROK-Empfehlung Nr.54: „Risikomanagement für gravitative Naturgefahren in der Raumplanung", Rahmen, Erläuterungen, Empfehlungen & Beispiele
- ÖROK (2017a): ÖROK-Regionalprognosen 2014–2030, Teil 3: Haushalte, in: ÖROK-Schriftenreihe Nr. 196/III
- ÖROK (2017b): ÖROK-Empfehlung Nr.55: "Für eine Stadtregionspolitik in Österreich", Ausgangslage, Empfehlungen und Beispiele
- ÖROK (2017c): ÖROK-Empfehlung Nr.56: „Flächensparen, Flächenmanagement & aktive Bodenpolitik"
- ÖROK (2018a): 15. Raumordnungsbericht. Analysen und Berichte zur räumlichen Entwicklung Österreichs 2015–2017
- ÖROK (2018b): Ergebnisse der ÖREK-Partnerschaft: „Strategien für Regionen mit Bevölkerungsrückgang", in: ÖROK-Materialien Nr.6
- ÖROK (2018c): ÖROK-Empfehlung Nr.57: Hochwasserrisikomanagement" – Ausgangslage & Rahmen, Empfehlungen, Erläuterungen und Beispiele
- ÖROK (2018d): ÖROK-Erreichbarkeitsanalyse 2018 (Datenbasis 2016) – Analysen zum ÖV und MIV, in: ÖROK-Schriftenreihe Nr. 203
- ÖROK (2018e): Zwischenevaluierung des Österreichischen Raumentwicklungskonzepts 2011 (ÖREK 2011) – Reflexion zu Inhalten, Umsetzung, Ausblick, in: ÖROK-Schriftenreihe Nr.201
- ÖROK (2019a): Stärkung von Orts- und Stadtkernen in Österreich – Materialienband, in: ÖROK-Schriftenreihe Nr. 205
- ÖROK (2019b): Kleinräumige Bevölkerungsprognose 2018-2040

- ÖROK (2020): Die regionale Handlungsebene stärken: Status, Impulse & Perspektiven, in: ÖROK-Schriftenreihe Nr.208
- ÖROK (2021): ÖROK-Atlas
- Schad H. et al (2015): Multilokales Wohnen in der Schweiz – erste Einschätzungen zum Aufkom-men und den Ausprägungen. In: Weichhart P., Rumpolt Peter.A. (Hrsg.): Mobil und doppelt sesshaft, Studien zur residenziellen Multilokalität. Abhandlungen zur Geographie und Regional-forschung, Band 18, Wien
- Ständiges Sekretariat der Alpenkonvention (2019): Klimaneutrale und klimaresiliente Alpen 2050
- Statistik Austria (2018): „Lebensqualität und Sicherheit in Österreich"
- Statistik Austria (2019): Bevölkerungsprognose 2019
- Statistik Austria (2020): Regionalatlas Österreich, Brutto-regionalprodukt/EW
- Steininger et al (2020): Klimapolitik in Österreich: Innovati-onschance Coronakrise und die Kosten des Nicht-Handelns
- Umweltbundesamt (2014): Methoden und Werkzeuge zur Anpassung an den Klimawandel – Ein Handbuch für Bundesländer, Regionen und Städte
- Umweltbundesamt (2019): 12.Umweltkontrollbericht
- Umweltbundesamt (2021): Flächeninanspruchnahme – Ent-wicklung des jährlichen Bodenver-brauchs in Österreich
- Vereinte Nationen (2015): Resolution der Generalver-sammlung Transformation unserer Welt: die Agenda 2030 für nachhaltige Entwicklung
- WIFO (2019): Beschäftigungseffekte der Digitalisierung in den Bundesländern sowie in Stadt und Land, i.A.d. Ver-bindungsstelle der Bundesländer
- WIFO (2020): WIFO-Wettbewerbsradar
- WIIW (2020): Interreg CENTRAL-Europe Programme – Analysis of the main challenges, needs and transnational cooperation potentials and strategy building
- WIIW, Rosinak&Partner ZTGmbH (2016): Aktuelle Entwick-lungen und Trends in den Regionen Mittelost- und Südost-europas und des Donauraums, i.A.d. BKA
- WKÖ (2017): Monitoring Report 2018 – Österreich im internationalen Vergleich
- WKÖ (2020): Mobilitätsmasterplan 2030

Webseiten

- http://www.daseinsvorsorge.org/wissenswertes-ueber-die-daseinsvorsorge/ (2020-02-15)
- https://ec.europa.eu/clima/policies/strategies/2030_de#tab-0-0 (u.a. 2020-02-15)
- https://ec.europa.eu/eurostat/cache/infographs/qol/in-dex_de.html (2020-02-15)
- https://www.across-magazine.com/bringing-life-back-to-uk-town-and-city-centres/ (2020-02-15) (=ACROSS 2020)
- https://www.are.admin.ch/are/de/home/medien-und-pub-likationen/publikationen/strategie-und-planung/mega-trends.html (u.a. 2020-02-15)(=ARL 2020)
- https://www.bundeskanzleramt.gv.at/themen/nachhaltige-entwicklung-agenda-2030/berichterstattung-agenda-2030.html (2020-01-29) (= BKA 2016)
- https://www.gdi.ch/en/publications/trend-updates/kristi-an-villadsen-we-need-cities-where-it-easy-do-good?utm_source=newsletter_EN200611&utm_medium=email&utm_campaign=iht20 (2020-02-15)
- https://www.handelsverband.at/publikationen/studien/fachmarktzentren-in-oesterreich/ (2020-01-29)
- https://www.handelszeitung.at/handelszeitung/oester-reichs-shopping-center-169631 (2020-01-29)
- https://www.kdz.eu/de/search/node/Dienstleistungen%20Daseinsvorsorge (2020-02-15)
- https://www.klimawandelanpassung.at/kwa-politik/kwa-bundeslaender (u.a. 2020-02-15)
- https://www.oerok-atlas.at (unterschiedliche Indikatoren verschiedentlich abgerufen)
- https://www.umweltbundesamt.at/umweltthemen/boden/flaecheninanspruchnahme (u.a. 2020-02-15)
- https://www.wko.at/branchen/handel/statistik_handel.html (2020-01-29)
- https://www.kmuforschung.ac.at/zahlen-fakten/ (2020-01-29)
- https:// www.klimawandelanpassung.at/goal (u.a. 2020-02-15)
- https:7/coin.ccca.ac.at (u.a. 2020-02-15)
- https://regiosuisse.ch/node/2957 (2020-02-15)(=region. suisse 2020)
- https://www.espon.eu/ (u.a. 2020-02-15)
- https://www.espon.eu/tools-maps (u.a. 2020-02-15)

Abbildungen

Entstehung der Luftbilder

Die Luftaufnahmen entstanden in Zusammenarbeit mit der Fotografin und ehemaligen Mitarbeiterin des Wirtschaftsmi-nisteriums Stefanie Grüssl, die für die Burghauptmannschaft Österreich und das Bundesdenkmalamt Fotodokumenta-tionen zur historischen Landschaftsarchitektur durchführte. Besonderer Dank gilt daher der Flugpolizei und den Luftstreit-kräften des Österreichischen Bundesheeres, durch die diese Dokumentationen erst möglich wurden. Die Flugaufnahmen wurden in einem Zeitraum von mehr als fünf Jahren bei ver-schiedenen Überwachungs- und Einsatzflügen der Flugpolizei bzw. Schulungsflügen der BMLV-Luftstreitkräfte erstellt.

Stefanie Grüssl, geboren 1960, ist Absolventin der Ortwein-schule in Graz und der Universität für angewandte Kunst in Wien. Sie gewann 2008 einen Golden-Pixel-Award, 2018 erschien ihre Publikation „Höhenflüge, Österreichs Kulturerbe in Luftaufnahmen" im Amalthea Signum Verlag als Gastge-schenk im Rahmen der EU-Ratspräsidentschaft.

Luftbilder von Stefanie Grüssl finden sich inzwischen in zahl-reichen Publikationen und Fachzeitschriften.
www.stefanie-kunst.at

Fotonachweise Vorwort
Elisabeth Köstinger: BMLRT, Paul Gruber
Günther Platter: Land Tirol, Kaser
Michael Ludwig: Stadt Wien PID, Königshofer
Alfred Riedl: Philipp Monihart, Charakterfotos

Medieninhaber und Herausgeber
Geschäftsstelle der Österreichischen Raumordnungskonferenz (ÖROK)
Geschäftsführer: Mag. Johannes Roßbacher / Mag. Markus Seidl
Fleischmarkt 1, A-1010 Wien
Tel.: +43 (1) 535 34 44
oerok@oerok.gv.at
www.oerok.gv.at

**Entwickelt, geschrieben und abgestimmt an vielen Orten Österreichs
unter Mitwirkung von Expert:innen aller ÖROK-Mitglieder.**

Karten
www.oerok-atlas.at

Luftbilder
© Stefanie Grüssl
Mit Dank an die BMI-Flugpolizei und die Luftstreitkräfte des BMLV

Visuelle Gestaltung
buero bauer, www.buerobauer.com

Druck
Gerin Druck GmbH, A-2120 Wolkersdorf

Eigenverlag
ISBN-Nr.: 978-3-9519791-1-3
ÖROK-Schriftenreihe 210

**Bestellung der gedruckten Ausgabe
bzw. Download der digitalen Fassung**
www.oerok.gv.at/publikationen

Digitale Fassung des ÖREK 2030
www.oerek2030.at

Hinweise:
Die Quellen aller veröffentlichten Bilder und Grafiken wurden nach bestem Wissen und
Gewissen sorgfältig recherchiert. Sollte uns ein bestehendes Urheberrecht entgangen sein,
teilen Sie uns dies bitte mit, wir werden die Nutzungsrechte auf dem schnellsten Weg mit
Ihnen klären.

PEFC zertifiziert
Dieses Produkt stammt aus nachhaltig bewirtschafteten Wäldern
und kontrollierten Quellen. www.pefc.at